工业互联网基础

中国工业互联网研究院 ◎ 组编

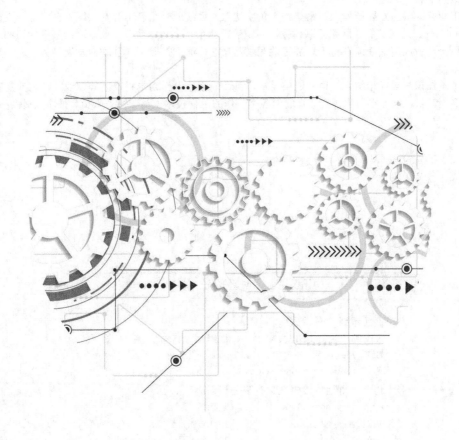

人民邮电出版社

北京

图书在版编目（CIP）数据

工业互联网基础 / 中国工业互联网研究院组编. --北京：人民邮电出版社，2023.4
ISBN 978-7-115-60893-2

Ⅰ. ①工… Ⅱ. ①中… Ⅲ. ①互联网络－应用－工业发展 Ⅳ. ①F403-39

中国国家版本馆CIP数据核字（2023）第001461号

内 容 提 要

工业互联网作为新一代信息通信技术与工业经济深度融合的新型基础设施、应用模式和工业生态，是加速数字化转型的基石。

本书从工业互联网的发展历程、体系架构等角度切入，系统地介绍了工业互联网平台、工业大数据、工业软件与工业 App、边缘计算、网络互联体系、标识解析体系、安全体系等工业互联网基础知识和应用实践案例，紧密贴合产业应用，使读者易于理解工业互联网概念，深刻把握工业互联网发展趋势，掌握其内在机理和核心技术。

本书将理论知识与实践相结合，语言通俗易懂，可读性强，可作为本科及高等职业院校工业互联网相关专业的基础课程教材，也可作为从事工业互联网各类工作的工程技术人员、管理人员、推广人员的参考用书。

♦ 组　　编　中国工业互联网研究院
　　责任编辑　李成蹊
　　责任印制　马振武
♦ 人民邮电出版社出版发行　北京市丰台区成寿寺路 11 号
　邮编　100164　电子邮件　315@ptpress.com.cn
　网址　https://www.ptpress.com.cn
　北京九州迅驰传媒文化有限公司印刷
♦ 开本：787×1092　1/16
　印张：20　　　　　　　　2023 年 4 月第 1 版
　字数：322 千字　　　　　2024 年 8 月北京第 5 次印刷

定价：79.90 元

读者服务热线：(010)53913866　印装质量热线：(010)81055316
反盗版热线：(010)81055315
广告经营许可证：京东市监广登字 20170147 号

《工业互联网基础》编委会

主　　编：王宝友

副主编：张玉良　孙楚原　张　昂

成　员：许大涛　吕　民　王健全　孙建国　高　聪　何　强

　　　　李义章　姚午厚　张丽萍　朱　浩　田春华　陈　丹

　　　　贾雪琴　马彰超　孙　雷　刘泽超　庄　园　张　硕

　　　　徐　地　王　帅　史　可　肖　羽　张　浩　栾　超

　　　　杜雪飞　王理想

前言

工业互联网是新一代信息通信技术与工业经济深度融合的新型基础设施、应用模式和工业生态,通过对人、机、物、系统等的全面连接,构建起覆盖全产业链、全价值链的全新制造和服务体系,为工业乃至产业数字化、网络化、智能化发展提供了实现途径,是第四次工业革命的重要基石。工业互联网作为数字化转型的关键支撑力量,正在全球范围内不断颠覆传统制造模式、生产组织方式和产业形态。

工业互联网不是互联网在工业领域的简单应用,而是具有更丰富的内涵和外延。它以网络为基础、以平台为中枢、以数据为要素、以安全为保障,既是工业数字化、网络化、智能化转型的基础设施,也是互联网、大数据、人工智能与实体经济深度融合的应用模式,同时也是一种新业态、新产业,将重塑企业形态、供应链和产业链。当前,工业互联网融合应用向国民经济重点行业广泛拓展,形成平台化设计、智能化制造、网络化协同、个性化定制、服务化延伸、数字化管理六大新模式,赋能、赋值、赋智作用不断显现,有力促进了实体经济提质、降本、增效及绿色安全发展。

2021年,教育部印发《职业教育专业目录(2021年)》,明确增设工业互联网技术、工业互联网应用、工业互联网工程等专业。2022年,教育部发布新版《职业教育专业简介》,工业互联网相关9项专业简介首次完成研制并发布,这对于匹配工业互联网人才供需、引导工业互联网专业建设、优化数字人才发展结构具有重要意义。基于此,中国工业互联网研究院组织专家和学者编写本书。

本书共分10章。第1章介绍了工业互联网产生的背景及其在国内外的发展情况;第2章介绍了工业互联网的定义及体系架构相关知识;第3章介绍了工业互联网平台的概念、功能架构、应用场景,以及国内外的工业互联网发展现状;第4章介绍了工业大数据的概念、数据分析及数据治理知识等；第 5 章介绍了工业软件与工业 App 知识；第 6 章介绍了边缘计算概念及应用等；第 7 章介绍了网络互联架构、工厂内外网互联知识；第 8 章介绍了工业互联网标识解析体系及应用；第 9 章介绍了工业互联网安全体系及应用；第 10 章介绍了工业互联网典型应用模式及其在企业和产业集群中的场景应用。

本书由王宝友任主编，张玉良、孙楚原、张昂任副主编，他们负责总体策划与统稿，另外，张玉良、许大涛负责对内容统一进行修订。本书第 1 章、第 2 章、第 10 章由吕民副教授主要负责编写，许大涛、姚午厚、张丽萍、朱浩参与编写；第 3 章由高聪副教授、陈彦萍教授负责编写；第 4 章由田春华博士主要负责编写，张硕、徐地、张浩、栾超参与编写；第 5 章由何强、李义章编写；第 6 章由陈丹博士主要负责编写，张玉良、王帅、肖羽参与编写；第 7 章由王健全教授主要负责编写，马彰超、孙雷博士参与编写；第 8 章由贾雪琴博士主要负责编写，史可参与编写；第 9 章由孙建国教授主要负责编写，刘泽超、庄园参与编写。

本书可作为本科及高等职业院校工业互联网相关专业的基础课程教材，也可作为从事工业互联网各类工作的工程技术人员、管理人员、推广人员的参考用书。本书配有相应的教学资源，读者可通过扫描下方二维码，关注"信通社区"微信公众号，发送"工业互联网基础"获取。

由于技术发展日新月异，加之编者水平有限，书中难免有疏漏和不足之处，恳请广大读者批评指正。

编　者

2023 年 2 月

目录

第1章 工业互联网发展历程 ············· 1

1.1 工业互联网产生的背景 ············· 2
1.1.1 传统制造模式变革的需求 ············· 2
1.1.2 新一代信息通信技术向工业应用演进 ············· 3

1.2 我国工业互联网发展情况 ············· 6
1.2.1 从两化融合到工业互联网 ············· 6
1.2.2 我国工业互联网应用发展成效 ············· 8

1.3 国外工业互联网发展情况 ············· 11
1.3.1 德国"工业4.0"发展情况 ············· 11
1.3.2 美国工业互联网发展情况 ············· 12
1.3.3 英国工业互联网发展情况 ············· 13
1.3.4 巴西工业互联网发展情况 ············· 14

第2章 工业互联网体系架构 ············· 15

2.1 工业互联网定义及相关概念 ············· 16
2.1.1 工业互联网定义与内涵 ············· 16
2.1.2 工业互联网与相关概念的关联与区别 ············· 18

2.2 工业互联网体系架构介绍 ············· 20
2.2.1 工业互联网体系架构1.0 ············· 20
2.2.2 工业互联网体系架构2.0 ············· 21

2.3 工业互联网标准体系 ············· 25
2.3.1 工业互联网标准体系结构 ············· 25

	2.3.2	基础共性标准	26
	2.3.3	网络标准	27
	2.3.4	边缘计算标准	29
	2.3.5	平台标准	30
	2.3.6	安全标准	33
	2.3.7	应用标准	35

第3章 工业互联网平台 ················ 37

3.1 工业互联网平台概念 38
3.1.1 工业互联网平台定义 38
3.1.2 工业互联网平台类型 38
3.1.3 工业互联网平台核心作用 40
3.1.4 工业互联网平台本质 42

3.2 工业互联网平台功能架构 43
3.2.1 总体功能架构 43
3.2.2 边缘层 45
3.2.3 基础设施层 46
3.2.4 平台层 46
3.2.5 应用层 49

3.3 工业互联网平台应用场景 49

3.4 国内外工业互联网平台 51
3.4.1 国外典型工业互联网平台 51
3.4.2 国内典型工业互联网平台 54

第4章 工业大数据 ················ 61

4.1 工业大数据概念 62
4.1.1 工业大数据的定义 62
4.1.2 工业数据源 62
4.1.3 工业大数据的特点 63

4.2 工业大数据系统 64
4.2.1 工业大数据系统架构 64
4.2.2 数据采集技术 66

  4.2.3 数据清洗技术 ……………………………………………… 72
  4.2.4 数据存储与查询技术 ………………………………………… 73
  4.2.5 大数据处理技术 ……………………………………………… 77
 4.3 工业大数据分析 ……………………………………………………… 83
  4.3.1 工业大数据建模路线 ………………………………………… 83
  4.3.2 数据分析方法论 ……………………………………………… 84
  4.3.3 数据分析算法 ………………………………………………… 85
 4.4 工业大数据应用 ……………………………………………………… 95
  4.4.1 应用场景 ……………………………………………………… 95
  4.4.2 应用案例 ……………………………………………………… 97
 4.5 工业大数据与工业互联网平台 ……………………………………… 105
 4.6 工业大数据治理 ……………………………………………………… 106
  4.6.1 工业数据分类分级 …………………………………………… 106
  4.6.2 数据确权 ……………………………………………………… 108
  4.6.3 企业数据治理 ………………………………………………… 108

第5章 工业软件与工业App …………………………………………… 113

 5.1 工业软件 ……………………………………………………………… 114
  5.1.1 工业软件定义 ………………………………………………… 114
  5.1.2 工业软件类型 ………………………………………………… 118
  5.1.3 研发设计类工业软件 ………………………………………… 122
  5.1.4 生产制造类工业软件 ………………………………………… 130
  5.1.5 维修服务类工业软件 ………………………………………… 135
  5.1.6 嵌入式软件 …………………………………………………… 137
  5.1.7 经营管理类工业软件 ………………………………………… 140
 5.2 工业App ……………………………………………………………… 144
  5.2.1 工业App定义与内涵 ………………………………………… 144
  5.2.2 工业App的开发 ……………………………………………… 150
  5.2.3 工业App应用案例 …………………………………………… 157
 5.3 工业App与工业软件的关系 ………………………………………… 160
  5.3.1 工业App与传统工业软件的区别 …………………………… 161
  5.3.2 工业App与传统工业软件的联系 …………………………… 162

5.3.3 工业App是传统工业软件新形态 ………………………………………… 163

第6章 边缘计算 …………………………………………………………………… 165

6.1 边缘计算概念 …………………………………………………………………… 166
6.1.1 边缘计算的定义与特点 ……………………………………………… 166
6.1.2 工业互联网中的边缘计算 …………………………………………… 166

6.2 边缘计算在离散制造业中的应用 …………………………………………… 167
6.2.1 离散制造业转型发展对边缘计算能力的需求 …………………… 167
6.2.2 离散制造业边缘计算架构 …………………………………………… 169
6.2.3 离散制造业边缘计算应用案例 ……………………………………… 171

6.3 边缘计算在流程制造业中的应用 …………………………………………… 174
6.3.1 流程制造业转型发展对边缘计算能力的需求 …………………… 174
6.3.2 流程制造业边缘计算架构 …………………………………………… 176
6.3.3 流程制造业边缘计算应用案例 ……………………………………… 179

6.4 多接入边缘计算 ………………………………………………………………… 180
6.4.1 多接入边缘计算概念 ………………………………………………… 180
6.4.2 多接入边缘计算与5G的融合 ……………………………………… 181
6.4.3 多接入边缘计算与5G的融合应用案例 …………………………… 183

第7章 网络互联体系 ……………………………………………………………… 187

7.1 网络互联架构 …………………………………………………………………… 188
7.2 工厂内网互联 …………………………………………………………………… 189
7.2.1 工厂内网典型架构 …………………………………………………… 189
7.2.2 工厂内网常用通信技术 ……………………………………………… 191

7.3 工厂外网互联 …………………………………………………………………… 194
7.3.1 工厂外网典型架构 …………………………………………………… 194
7.3.2 典型工厂外网网络技术 ……………………………………………… 195

7.4 新型网络技术 …………………………………………………………………… 201
7.4.1 5G …………………………………………………………………… 201
7.4.2 TSN ………………………………………………………………… 206
7.4.3 SDN ………………………………………………………………… 211

第8章 工业互联网标识解析体系 …… 217

8.1 工业互联网标识解析的概念 …… 218
8.2 工业互联网标识解析体系的功能架构 …… 218
8.2.1 功能架构概述 …… 218
8.2.2 标识编码 …… 219
8.2.3 标识解析系统 …… 222
8.2.4 标识载体 …… 223
8.2.5 标识注册 …… 224
8.2.6 标识解析 …… 225
8.3 工业互联网标识解析体系的部署架构 …… 226
8.4 工业互联网标识解析的工作原理 …… 228
8.4.1 Ecode标头结构编码解析流程 …… 228
8.4.2 Ecode通用结构编码解析流程 …… 229
8.5 工业互联网标识解析的典型应用 …… 230
8.5.1 工业互联网标识解析在可信数据采集行业中的应用 …… 230
8.5.2 工业互联网标识解析在数据融合中的应用 …… 233

第9章 工业互联网安全体系 …… 237

9.1 工业网络安全威胁现状 …… 238
9.1.1 工业网络攻击事件与攻击手段 …… 238
9.1.2 安全威胁主要原因分析 …… 240
9.2 工业互联网安全体系 …… 241
9.2.1 工业互联网安全框架 …… 241
9.2.2 工业设备安全防护 …… 244
9.2.3 工业控制系统安全防护 …… 245
9.2.4 工业互联网网络安全防护 …… 247
9.2.5 工业互联网平台应用安全防护 …… 248
9.2.6 工业互联网数据安全防护 …… 251
9.3 工业互联网安全防护应用 …… 253
9.3.1 汽车制造工厂安全防护案例 …… 253
9.3.2 卷烟生产工厂安全防护案例 …… 255

9.3.3　电站信息安全监管与预警平台建设案例 259

第10章　工业互联网应用　265

10.1　工业互联网典型应用模式　266
10.1.1　智能化制造　266
10.1.2　网络化协同　270
10.1.3　个性化定制　274
10.1.4　服务化延伸　277
10.1.5　数字化管理　280

10.2　工业互联网在企业的应用　282
10.2.1　企业数字化转型解决方案一：装备制造企业智能工厂　282
10.2.2　企业数字化转型解决方案二：大数据技术驱动湛江钢铁转型　286
10.2.3　企业数字化转型解决方案三：智慧水务运营管理平台打通"信息孤岛"　290

10.3　工业互联网在产业集群的应用　294
10.3.1　工业互联网在箱包皮具产业集群的应用　295
10.3.2　工业互联网在钢铁产业集群的应用　298
10.3.3　工业互联网在模具产业集群的应用　301

参考文献　304

第 1 章
工业互联网发展历程

学习目标

- 了解传统制造模式变革的需求。
- 理解新一代信息通信技术向工业应用演进的路线。
- 掌握我国工业互联网的发展成效。
- 了解国外工业互联网的发展情况。

1.1 工业互联网产生的背景

1.1.1 传统制造模式变革的需求

人工智能、大数据、5G 等新一代信息技术的革命性进步,加速推动工业的智能化变革。第三次工业革命开启了电子和信息技术推动制造流程自动化的先河,形成了劳动投入驱动型、资本投入驱动型、知识创新驱动型 3 种典型发展路径,集约化和创新化成为主要焦点。

当前,世界经济局势发生深刻变革,传统制造模式的瓶颈有以下 4 个特征。一是设计生产管理的单向驱动。工厂生产任务逐级分解,无法根据现场生产情况动态优化生产计划排产和加工参数;产品设计制造服务逐环节推进,无法及时根据制造、服务改进产品设计。二是设计生产管理间缺乏协同。刚性的装备与生产线无法根据产品设计改变而灵活调整,刚性的资源组织与生产计划无法根据产品变化而灵活调整。三是基于经验的决策。以人为核心、基于经验的决策和优化无法实现更加准确的判断。四是有限范围的资源组织。在范围方面以企业内部资源为主,无法以低成本有效整合分布于全球的优秀资源;在形式方面以采购方式为主,缺乏不同主体间高效、紧密的协作。从以上四大特征总结得出,传统制造模式的生产效率与成本控制、产品质量与产品价值的提升已接近极限,且无法应对灵活多变的市场需求。

传统制造模式变革的需求日趋紧迫。一方面,传统制造模式陷入发展瓶颈,迫切需要转型升级。近年来,全球制造业呈现三大特征:一是生产效率增长逐渐放缓;二是发达国家制造业"空心化",即在劳动成本的驱使下,制造业向发展中国家转移,发达国家试图通过智能制造使制造业以更高水平回归;三是发展中国家高污染、高耗能的问题日益严重,资源环境压力使成本优势逐渐丧失,粗放式发展难以为继。因此,不管是对发达国家还是对发展中国家而言,通过创新技术与创新模式为制造产业注入新的增长动力已是大势所趋。另一方面,发达国家纷纷提出再工业化战略,力图发挥信息技术的领先优势,重新获得全球制造业的竞争优势。德国的"工业4.0"、美国的先进制造战略、英国的高价值制造等再工业化战略,促进了新工业革命在全球的迅速兴起。

制造业变革主要有以下5点特征:一是技术范式变革,不同领域的技术相互融合、渗透、扩散,技术变革和技术应用的周期变短;二是制造方式变革,传统工业通过提高技术、缩短研发周期、改进组织方式,逐步由规模化制造向个性化、绿色化、智能化制造转变;三是产业形态变革,制造业的生产制造环节将主要由新型装备和软件系统完成,而与之配套的装配和软件等生产性服务业成为制造业的主体;四是组织形式变革,得益于信息技术的支撑,具有明显分散化和个性化行动特征的创业方式迅速发展,使传统组织和协作的形式发生了巨大的变化;五是商业模式变革,随着新一代信息技术与传统制造业的有效融合,在工业领域催生了一批新的商业生态,例如工业领域中信息经济、知识经济、分享经济等。

伴随着再工业化浪潮,制造业再次成为全球经济发展的支撑点。在全球化的市场环境、科技革命和产业变革浪潮的共同影响下,全新的制造模式变革正在制造业内部和外部酝酿形成,平台化设计、网络化协同、个性化定制、服务化延伸、数字化管理正成为制造业的新模式新业态,有力推动制造业高端化、智能化、绿色化发展。随着新技术的迭代衍生,以信息物理系统(Cyber Physical System,CPS)融合为标志的第四次工业革命逐渐显现。工业互联网通过构建连接人、机、物、系统的基础网络,充分激活工业大数据这一数字经济时代的新生产要素,实现工业数据的全面感知、动态传输、实时分析,形成科学决策与智能控制,提高制造资源配置效率,推动制造业步入软件定义、数据驱动、平台支撑、服务增值、智能主导的网络化、智能化新阶段。

1.1.2 新一代信息通信技术向工业应用演进

1. 云计算技术支撑工业云平台发展

云计算自2006年被提出至今,已从新兴技术发展成为热门技术。它的核心在于通过网络把多个成本相对较低的普通计算机服务器整合成一个具有强大计算能力的系统,并借助基础设施即服务(Infrastructure as a Service,IaaS)、平台即服务(Platform as a Service,PaaS)、软件即服务(Software as a Service,SaaS)等先进的商业模式把强大的计算能力按照用户的变化的需求以可伸缩的方式分布到终端用户手中。云计算使存储和计算能力变成一种基础设施服务。人们可以购买存储和计算能力，按照实际使用量付费。

如今，全球云计算市场规模增长数倍，我国云计算市场从最初的十几亿增长到现在的千亿规模，云计算政策环境日趋完善，云计算技术不断发展成熟，云计算应用从互联网行业向政务、金融、工业等传统行业加速渗透。未来，在全球数字经济背景下，云计算成为企业数字化转型的必然选择，企业上云进程将进一步加速。云计算技术大大提高了人们存储和分析数据的能力，使人们能够将工业数据安全地存储起来，也使人们具有对海量工业数据进行分析和计算的能力。云计算提供的低价、强大的计算能力为工业大数据分析提供了计算基础。

工业互联网核心的计算技术之一是云计算，在工业互联网平台的实际应用中云计算呈现成本低、扩展性强和可靠性高的核心价值，随着互联网与各行业的深度融合，未来采用云平台进行计算的需求将呈爆发式增长。工业云是云计算在工业领域的应用，或者说是专门为工业提供的云计算服务。在工业云上的资源是云化工业软件。工业软件的分类决定了工业云也有相应分类，例如工业设计云、工业制造云、工业管理云、工业控制云、工业供应链云、工业标准云等。近年来，以工业云作为基础服务设施，各种工具软件和业务系统开始了上云的历程，云企业资源计划（Enterprise Resource Planning，ERP）、云供应链管理（Supply Chain Management，SCM）已经逐渐进入实用状态。

2. 大数据技术向工业大数据发展

工业数据来源于工业系统中人和物的活动，从人的行动、交往到产品的设计、制造、销售、使用与回收。没有数据作为支撑的工业是不可想象的，而在前信息时代，缺乏感知技术去记录，缺乏存储手段去保存，工业数据只能靠简单的工具来操作，数据运算更是一项耗时而低效的工作。直到信息革命的到来，人类在感知技术、传输技术、平台技术和数据分析技术上的突破，使数据的价值越来越大，人们开始有意识地收集各类数据。

在我国信息产业和工业高速发展的今天，工业大数据的发展方兴未艾。工业大数据技术是在工业领域中，围绕典型智能制造模式，从客户需求到销售、订单、计划、研发、设计、工艺、制造、采购、供应、库存、发货和交付、售后服务、运维、报废或回收再制造等整个产品全生命周期各个环节所产生的各类数据及相关技术和应用的总称。工业大数据以产品数据为核心，极大延展了传统工业数据范围，同时还包括工业大数据相关技术和应用。通过对海量数据的分析，找到相关性因素，获得机器智能，解决实际问题。

工业大数据技术以工业大数据应用技术为主，工业大数据技术是使工业大数据中蕴含的价值得以挖掘和展现的一系列技术与方法，包括数据规划、采集、预处理、存储、分析挖掘、可视化和智能控制等。工业大数据应用是对特定的工业大数据集，集成应用工业大数据系列技术与方法，从而获得有价值信息的过程。在流程制造业中，企业利用生产相关数据进行设备预测性维护、能源平衡预测及工艺参数寻优，可以降低生产成本、提高工艺水平、保障生产安全。对于离散制造业，工业大数据的应用促进了智慧供应链管理、个性化定制等新型商业模式的快速发展，有助于企业提高精益生产水平、供应链效率和客户满意度。

在工业生产和监控管理过程中，无时无刻不在产生海量的数据，例如生产设备的运行环境、机械设备的运转状态、生产过程中的能源消耗、物料的消耗、物流车队的配置和分布等。随着工业传感器的推广普及，智能芯片会植入设备和产品中，将自动记录整个生产流通过程中的数据。例如智能工厂作为智能制造的重要实践模式，核心在于工业大数据的智能化应用。

3. 人工智能技术向工业智能方向发展

人工智能自诞生以来，经历了从早期的专家系统、机器学习，到当前的深度学习等多次技术变革与规模化应用的浪潮。随着硬件计算能力、软件算法、解决方案的快速进步与不断成熟，工业生产逐渐成为人工智能的重点探索方向。通过工业大数据分析获得的工业智能将成为工业互联网时代工业生产力提高的主要源泉。

工业智能的本质是通用人工智能技术与工业场景、机理、知识结合，实现设计模式创新、生产智能决策、资源优化配置等创新应用。需要具备自感知、自学习、自执行、自决策、自适应的能力，以适应变化的工业环境，并完成多样化的工业任务，最终达到提升企业洞察力，提高生产效率或设备产品性能等目的。例如，工业智能可以用来预测机器的工作情况，在机器出现故障征兆时发出预警，从而可以在故障发生前排除故障因素。工业智能另外的重要应用是其分析能力。对于许多工业上的复杂问题，人们目前还无法对其构造出准确的模型。工业智能使用大数据，可以帮助人们对复杂问题进行分析，找到问题的解决方案。通过工业大数据分析获得的结果会被反馈到产品的设计中,从而改进下一代的产品设计。在工业互联网时代,随着感知技术的进步,人们可以获得产品在制造、销售、使用过程中的大量数据;随着计算能力的大幅度提高,人们可以对产品相关的数据进行分析。利用工业智能的反馈,人们将获得满足个性需要的产品和服务。

当前,新一轮科技革命和产业变革蓬勃兴起,工业经济数字化、网络化、智能化发展成为第四次工业革命的核心内容。作为助力本轮科技革命和产业变革的战略性技术,以深度学习、知识图谱等为代表的新一轮人工智能技术呈现爆发趋势,工业智能迎来发展的新阶段。通过海量数据的全面实时感知、端到端深度集成和智能化建模分析,工业智能将企业的分析决策水平提升到全新高度。

1.2 我国工业互联网发展情况

1.2.1 从两化融合到工业互联网

两化融合是信息化和工业化的高层次的深度结合,是指以信息化带动工业化、以工业化促进信息化,走新型工业化道路。两化融合的核心就是信息化支撑,追求可持续发展模式。从历史来看,西方发达国家走了一条先工业化后信息化的发展道路,而我国是在工业化还没有完成的情况下,迎来信息化发展浪潮。传统的资源密集、劳动密集型工业体系已经难以为继,推动互联网、大数据、人工智能等新一代信息技术与传统产业融合发展,成为提升研发生产效率、创新管理服务模式、优化资源配置的有效路径。从发展趋势看,互联网自诞生之日起就体现出融合、渗透的特征,随着互联网应用领域从消费环节向制造环节的扩散,两化融合的发展历程也逐步由数字化阶段步入网络化阶段,工业互联网应运而生,智能制造成为两化深度融合的主攻方向。通过映射和具象,设备、系统、生产线、车间、工厂以及生产、管理和服务过程正成为网络空间的组成部分,两化融合已经成为网络强国建设的重要推动力量。

大力推进信息化与工业化融合发展,是党中央、国务院作出的一项长期性、战略性部署。党的十五大首次提出"推进国民经济信息化",党的十六大提出"以信息化带动工业化,以工业化促进信息化",党的十七大正式提出"大力推进信息化与工业化融合",党的十八大又提出"推动信息化和工业化深度融合",党的十九大进一步明确提出"推动互联网、大数据、人工智能和实体经济深度融合",党的二十大提出"坚持把着力点放在实体经济上,推进新型工业化",这反映出我国对信息化与工业化关系的认识进一步深化,新时代,党中央、国务院对信息化和工业化融合作出的更为具体的诠释和部署,是两化深度融合的升级版。

2017年11月,国务院印发了《关于深化"互联网+先进制造业"发展工业互联网的指导意见》(以下简称《意见》),提出了深化"互联网+先进制造业"相关要求,部署了未来一段时期工业互联网发展的重点领域和政策措施。《意见》明确了到2025年、2035年、21世纪中叶的发展目标,强调到2025年,基本形成具备国际竞争力的基础设施和产业体系,成为推进工业互联网创新发展的纲领。《意见》提出建设和发展工业互联网的主要任务:一是夯实网络基础,推动网络改造升级提速降费,推进标识解析体系建设;二是打造平台体系,通过分类施策、同步推进、动态调整,形成多层次、系统化的平台发展体系,提升平台运营能力;三是加强产业支撑,加大关键共性技术攻关力度,加快建立统一、综合、开放的工业互联网标准体系,提升产品与解决方案供给能力;四是促进融合应用,提升大型企业工业互联网创新和应用水平,加快中小企业工业互联网应用普及;五是完善生态体系,建设工业互联网创新中心,有效整合高校、科研院所、企业创新资源,开展工业互联网产学研协同创新,构建企业协同发展体系,形成中央地方联动、区域互补的协同发展机制;六是提升安全防护能力,建立数据安全保护体系,推动安全技术手段建设;七是推动开放合作,鼓励国内外企业跨领域、全产业链紧密协作。《意见》还部署了7项重点工程:工业互联网基础设施升级改造工程、工业互联网平台建设及推广工程、标准研制及试验验证工程、关键技术产业化工程、工业互联网集成创新应用工程、区域创新示范建设工程、安全保障能力提升工程。

为加快推进工业互联网创新发展,加强对有关工作的统筹规划和政策协调,经国家制造强国建设领导小组会议审议,在国家制造强国建设领导小组下设立工业互联网专项工作组,统筹协调工业与信息化、财政、科技、金融、人才等各方面力量,推动相关政策制定出台,为工业互联网创新发展提供了机制保障。在专项工作组的大力推动下,《工业互联网发展行动计划(2018—2020年)》《工业互联网创新发展行动计划(2021—2023年)》陆续出台。2018—2020年是工业互联网的起步发展期。这期间打造了一批高水平的公共服务平台，培育了一批龙头企业和解决方案供应商。网络基础、平台中枢、数据要素、安全保障作用进一步显现，工业互联网新型基础设施不断夯实，新模式、新业态创新活跃，产业生态不断壮大，地方与产业各界共识不断凝聚，积极性不断提升，为下一步发展打下坚实基础。2021—2023年将是我国工业互联网的快速成长期。到2023年，新型基础设施进一步完善，融合应用成效进一步彰显，技术创新能力进一步提升，产业发展生态进一步健全，安全保障能力进一步增强。工业互联网创新发展进一步聚焦基础设施、融合应用、技术创新、产业生态、安全保障五大方面，通过11个重点行动和10项重点工程，着力解决工业互联网发展中的深层次难点、痛点问题，推动产业数字化，带动数字产业化。同时，为落实中央关于推动工业互联网加快发展的决策部署，《工业和信息化部办公厅关于推动工业互联网加快发展的通知》就加快新型基础设施建设、加快拓展融合创新应用、加快健全安全保障体系、加快壮大创新发展动能、加快完善产业生态布局、加大政策支持力度六大领域进行了部署。

1.2.2　我国工业互联网应用发展成效

1. 基础设施建设成效

近年来，我国加速建设工业互联网基础设施，推进网络、平台、数据、安全四大体系同步建设，促进工业互联网数据流通、有效利用和安全保障，成效斐然。

（1）网络体系基础建设不断推进

我国加快5G新型基础设施建设，5G网络覆盖范围持续扩展，以建带用、以用促建。企业外网覆盖持续扩张。基础电信企业加快建设低时延、高可靠、大带宽的高质量企业外网，已覆盖全国300多个地市，并与产业龙头企业探索高质量外网应用模式。第六版互联网协议（Internet Protocol Version 6，IPv6）规模部署广度、深度不断推进，支持IPv6的网络超过半数，新型互联网交换中心为构建网络互联互通提供有力支撑。企业内网改造加快推进。工业企业积极运用窄带物联网（Narrowband Internet of Things，NB-IoT）、5G、边缘计算等新型网络技术和先进适用技术进行内网改造升级。标识解析体系不断突破。我国标识解析体系包括国际根节点、国家顶级节点、二级节点、企业节点和递归节点等。工业和信息化部数据显示，截至2022年6月底，我国工业互联网标识解析体系基本建成，国家顶级节点日均解析量显著提升，达到1.5亿次，二级节点覆盖全国29个省（自治区、直辖市）的 34 个重点行业。

（2）平台体系纵深范围不断扩大

我国已基本形成"综合型＋特色型＋专业性"3 类工业互联网平台的发展体系。综合型工业互联网平台标杆引领效应显著。截至 2022 年 6 月底，具有一定行业和区域影响力的特色平台超过 150 家，其中重点平台的工业设备连接数超过 7900 万台（套），工业 App 数量达 28 万余个。特色型工业互联网平台在行业领域深耕发展，一般聚焦特定行业、特定区域。在 2020 年制造业与互联网融合发展试点示范和 2021 年新一代信息技术与制造业融合发展试点示范工作中，工业和信息化部共遴选出 104 个特色型工业互联网平台。专业性工业互联网平台聚焦关键技术突破，旨在突破数据采集、平台管理、开发工具、微服务框架、建模分析等关键技术瓶颈。

（3）国家工业互联网大数据中心体系初见成效

国家工业互联网大数据中心体系是工业互联网数据资源管理体系的核心。我国基本建成"全国一盘棋"的工业互联网大数据中心体系。"1+N"的体系包括 1 个国家工业互联网大数据中心和 N 个区域分中心、行业分中心。国家工业互联网大数据中心已形成覆盖京津冀、长三角、粤港澳大湾区等经济圈的体系化布局，汇聚约 29 亿条工业互联网数据，覆盖约 703 万家企业。国家工业互联网大数据中心通过构建工业互联网数据资源管理体系，推进工业数据资源整合利用和开放共享，促进数据要素配置市场化进程，通过提供"低成本、快部署、易运维、强安全"的轻量化应用，赋能中小企业快速形成自身数字化能力，有效降低中小企业数字化转型门槛。我国已在北京、重庆、山东、浙江、江苏、广东、安徽、福建、湖南 9 个省（直辖市）开展区域分中心建设，面向石油、建材等 20 个行业开展行业分中心建设，汇聚工业互联网解决方案，形成一批可复制、可推广的行业解决方案。

（4）安全体系保障力度逐步构建

我国国家、省（自治区、直辖市）、企业三级协同联动的技术监测服务体系基本建成，制度建设、技术手段、服务能力同步提升。工业和信息化部安全态势感知平台与 31 个省（自治区、直辖市）系统实现对接，覆盖汽车、电子、航空等 14 个重要行业领域，威胁监测和信息通报处置不断强化，企业安全主体责任意识显著增强，安全保障能力持续提升。该平台支持 10 余个平台企业完成企业级集中化监测平台、综合防护系统建设，实现企业侧安全风险的实时感知、资产汇聚和风险研判，切实加强企业安全防护，同时，支持企业建成综合服务、测试验证、安全众测等近 20 个公共服务平台，面向数千家大中小企业提供万余次安全服务，指导成立了涵盖发电、核工业等七大行业分中心的安全领域工业和信息化部重点实验室。

2. 工业互联网应用成效

工业互联网应用创新日益活跃，已渗透到包括装备制造、电子设备制造、钢铁、石化、电力等在内的 45 个国民经济重点行业，进产业基地、进产业园区、进重点企业持续提速，产业规模迈过万亿元大关，行业赋能、赋值、赋智作用日益凸显。

（1）工业互联网与装备制造业

装备制造业的产品结构高度复杂、产品体型偏大，具有技术要求高、生产安全标准严格、资本投入大、劳动力密集等行业特点，对成品件、结构件、化工材料、工艺辅料和标准件等百万量级生产资源的协同设计和泛在感知需求较高。在产品的研发设计阶段，通过工业互联网可以实现复杂生产过程的管理，有效提升产品的质量；在产品的售后阶段，通过工业大数据的技术应用，进行服务化延伸，提供覆盖高端装备全生命周期的远程智能维护。

（2）工业互联网与电子设备制造业

电子设备制造业自动化水平高，数字化、网络化基础好，产品迭代速度快，存在降低劳动力成本、减少物料库存、严控产品质量、快速响应客户差异化要求等迫切需求，发展智能化制造、个性化定制、精益化管理等模式潜力大。企业利用 5G 技术积极实践柔性生产制造、现场辅助装配、机器视觉质检、厂区智能物流等典型应用场景，显著提高了生产制造效率，降低了生产成本，提升了系统柔性，为电子设备制造行业实现数字化转型进行了有益探索。

（3）工业互联网与钢铁行业

钢铁行业生产流程长、生产工艺复杂，当前主要面临设备维护效率低、生产过程不透明、下游需求碎片化、绿色生产压力大等痛点，发展智能化制造、精益化管理等模式潜力大。推动工业互联网与钢铁行业深度融合，可以高度整合资源，实现全要素、全产业链全面连接，从而产生规模效应和协同效应；可以利用相关软件分析技术，充分释放钢铁行业潜力，提高生产效率；可以有效提升钢铁行业智能化水平，满足个性化、多元化需求，提高钢铁行业有效供给。

(4)工业互联网与石化行业

近年来,石化行业面临着产能过剩、市场竞争加剧、安全环境严控、新能源替代等方面的冲击。工业互联网的发展,将使化工行业的产业链进一步集聚协同和优化,为企业的生产监控、设备状态检修、工艺优化、供应链管理带来全新的变革。通过大数据、人工智能、边缘计算等数字化技术,可以实现厂内的生产智能化监测与分析、管理精益化,实现厂外供应链智能化协同、产业链供给优化,为企业优化资源配置、降本增效、提质降耗、内控管理等提供新途径。

(5)工业互联网与电力行业

电力行业是国民经济发展的基础产业和战略支撑产业,具有技术密集和装备密集型特点,其面临着发电设备管理问题和并网调度问题两大痛点。工业互联网成为电力行业解决设备远程维护、新能源并网消纳问题的重要途径。目前,电力设备制造商、大数据服务商与发电企业展开合作,通过平台接入源、网、荷实时数据,利用大数据分析建模,开展体系性的调度、管控服务,提高新能源并网率与整体用电效率。

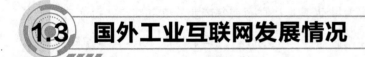

1.3 国外工业互联网发展情况

世界主要国家结合各自比较优势和产业特色,加快工业互联网产业布局,工业互联网成为世界主要国家推进制造业转型升级的共同选择和重要抓手。

1.3.1 德国"工业4.0"发展情况

德国围绕"工业4.0"战略推进工业互联网在智能制造领域的纵向延伸。在新一轮技术革命和产业变革中,为继续保持其在高端制造领域的全球地位,德国政府以"工业4.0"战略为核心,并将工业互联网作为"工业4.0"的关键支撑,通过研发投入、联邦支持、机构成立等多种方式,长期为相关领域的技术研发提供政策支持和资金投入,加快推动工业互联网在智能制造领域的纵向延伸,鼓励深度应用信息通信技术和信息物理系统,推进智能生产,建设智能工厂,积极抢占产业发展的制高点。

2012年10月,德国联邦信息技术、电信和新媒体协会(BITKOM)、德国机械设备制造业联合会（VDMA），以及德国电气和电子工业联合会（ZVEI）（它们拥有6000多家会员公司）组成的工作组交付了报告《保障德国制造业的未来：关于实施"工业4.0"战略的建议》。2013年，"工业4.0"被德国联邦经济事务和能源部（BMWi）、德国联邦教育及研究部（BMBF）纳入德国"2020高技术战略"中，成为德国政府确定的面向未来的十大项目之一。德国电气和电子工业联合会于2013年12月发布"工业4.0"标准化路线图。2015年3月，德国BMWi和BMBF共同启动升级版"工业4.0"平台建设，正式由政府接管三大协会发起成立的"工业4.0"平台，并先后成立"工业4.0"参考架构模型、研究与创新、网络安全、法律框架、教育和培训等工作组。2016年，德国发布《数字化战略2025》，规划了包括强化"工业4.0"在内的十大重点步骤。更积极地应对与其他国家在工业互联网领域的竞争，2019年2月，德国发布《国家工业战略2030》，提出政府将持续扶持钢铁铜铝、化工、机械、汽车、航空航天、3D打印等10个关键工业部门，提供更廉价的能源和更有竞争力的税收政策，以更好地提高德国工业的全球竞争力。

1.3.2 美国工业互联网发展情况

美国依托工业软件领先优势着力推动工业互联网在各产业的横向覆盖。为了在新一轮工业革命中占领先机，美国一直在用政府战略推动先进制造业发展，并将工业互联网作为先进制造的重要基础。自2006年起，美国先后出台一系列法案，对工业互联网关键技术的研发提供政策扶持和专项资金支持，确保美国先进制造业的未来竞争力。

2011年6月，美国启动"先进制造伙伴计划"，重点扶持软件工具和软件应用平台开发。2012年2月，美国进一步提出"先进制造业国家战略计划"，鼓励发展高新技术平台、先进制造工艺、数据基础设施等工业互联网基础技术。2012年11月，通用电气公司（General Electric Company，简称GE）发布了《工业互联网：打破智慧与机器的边界》，阐述了工业互联网的概念，指出工业互联网的目的是提高工业生产效率，提升产品和服务的市场竞争力。2013年1月，美国提出《国家制造业创新网络：一个初步设计》，投资10亿美元组建美国制造业创新网络（National Network for Manufacturing Innovation，NNMI），集中力量推动数字化制造等先进制造业的创新发展，近年来大力支持"网络与信息技术研发计划"和CPS项目，持续加大对工业互联网核心技术的资金投入力度。与此同时，美国国防部一直在军工行业高调而持久地推动着核心自主工业软件的发展，并且不遗余力将这些软件推向民用市场。2014年3月，GE联合AT&T、Cisco（思科）、IBM和Intel（英特尔）联合成立工业互联网联盟（Industrial Internet Consortium，IIC），意在建立一个致力于打破行业、区域等技术壁垒，促进物理世界与数字世界融合的全球开放性会员组织，并通过主导标准设立来引领技术创新、互联互通、系统安全和产业提升。

2018年7月，美国国防部高级研究计划署（DARPA）启动了一项"电子复兴计划（ERI）"，计划在5年内斥资15亿美元，用于灵活设计和开发芯片，其中工业设计软件获得了同级项目中金额最多的扶持。在美国政府的大力支持下，以GE、Oracle（甲骨文）、Autodesk等为代表的美国本土工业软件厂商在云计算等领域也加强了投资并购和创新技术研发，雄厚的技术基础为美国发展工业互联网提供了强有力的支撑。

1.3.3 英国工业互联网发展情况

为增强英国制造业对全球的吸引力，英国政府致力于以智能化创新为导向重构制造业价值链，加快工业互联网布局，积极推动制造业转型升级，重振英国制造业。

2011年，英国政府提出"先进制造业产业链倡议"，计划投资1.25亿英镑，支持创新领域相关技术的研发，打造先进制造业产业链，从而带动制造业竞争力的恢复。2013年，英国政府科技办公室推出了旨在提振制造业的《英国工业2050战略》，强调未来制造业的主要趋势是个性化的低成本产品需求增大、生产重新分配和制造价值链的数字化。这对制造业的生产过程、技术、地点、供应链、人才和文化产生了重大影响。2014年，英国启动"高价值制造战略"，正式提出以智能化创新为导向，应用智能化技术和专业知识，带动高经济价值潜力的产品、生产过程和相关服务，重构制造业价值链。2017年1月，英国政府发布《工业发展战略绿皮书》，将人工智能、5G无线互联网、智能能源技术及机器人技术列为"脱欧"之后的工业战略核心，主要包括在5年内持续投入约47亿英镑的研发资金，建立工业战略风险基金，完善工业标准体系，加速工业互联网相关科研成果商业落地等。2017年12月，英国政府正式推出以"工业数字化"为核心的《工业战略：建设适应未来的英国》，旨在通过增强研发和创新，促进英国制造业发展和转型。为确保贯彻落实，英国制造技术中心受英国政府委托发布了《2017制造更智能评论》的报告，提出强化人工智能、物联网、机器人和数据分析等数字技术在工业企业价值链中的应用，利用工业互联网改变产品设计、生产、运行和服务方式，整合和强化供应链，显著提高生产效率，通过大规模定制为用户提供个性化产品和服务。

2022年7月，英国科技和数字经济部对前期发布的《英国数字战略》（*UK Digital Strategy*）进行更新，新增了"数字雇主的签证路线"。该战略旨在通过数字化转型建立更具包容性、竞争力和创新性的数字经济，使英国成为世界上开展和发展科技业务的最佳地点之一，提升英国在数字标准治理领域的全球领导地位。为此，英国将重点关注数字基础、创意和知识产权、数字技能和人才、为数字增长畅通融资渠道、高效应用和扩大影响力、提升英国的国际地位6个关键领域的发展。

1.3.4　巴西工业互联网发展情况

巴西积极对接"工业4.0"，加快工业互联网布局。巴西政府采取了一系列促进互联网和数字经济发展的政策和措施：2007年，将发展信息产业列入"加速增长计划（PAC）"，大幅度降低针对信息产业的税收；2016年，发布"智慧巴西"国家宽带发展计划，着力推进巴西数字基础设施建设。巴西政府积极推进数字政务发展，提高在线政府指数。

巴西的产业结构中服务业约占GDP的70%，工业约占20%，工业基础有较大提升空间。巴西政府先后推出了"国家物联网计划"（2017年）、"巴西工业4.0"（2018年）和"国家创新战略"（2021年），自上而下地推动和改革制造业，全面实施数字化转型。巴西的新工业政策致力于改善投资环境，调动企业的积极性，增加工业技术投资，提高产品的有效竞争机制。从数字经济发展现状来看，巴西小微企业占企业总数的90%以上，贡献了巴西国内生产总值的30%。由瓦加斯基金会和巴西工业发展署联合进行的调查显示，66%的巴西小微企业数字化程度不高，仍处于初级阶段。美洲发展银行报告显示，到2024年，巴西中小企业数字化转型有望为巴西国内生产总值注入90亿美元增量，巴西数字经济仍有很大的发展空间。

 思考题

1. 简要描述工业互联网产生的背景。

2. 如何理解新一代信息通信技术对工业的支撑作用？

3. 简要描述我国工业互联网基础设施建设成效。

4. 简要描述我国工业互联网的应用成效。

5. 对比分析我国工业互联网与国外工业互联网发展的异同。

第 2 章 工业互联网体系架构

学习目标

- 了解工业互联网定义及相关概念。
- 掌握工业互联网体系架构 2.0。
- 理解工业互联网标准体系结构。
- 了解工业互联网标准体系各类标准。

2.1 工业互联网定义及相关概念

2.1.1 工业互联网定义与内涵

1. 工业互联网定义

2012年《工业互联网：打破智慧与机器的边界》白皮书的发布拉开了工业数字化转型的序幕。该白皮书阐述了对工业互联网概念的理解："我们研究了新一类生产力增长的潜力。我们特别提出了工业革命的成果，及其带来的机器、设施和系统网络是如何与互联网革命的最新成果（智能设备、智能网络和智能决策）相融合的。我们将这种融合称为工业互联网。"

工业互联网是新一代信息通信技术与工业经济深度融合的新型基础设施、应用模式和工业生态，通过对人、机、物、系统等的全面连接，构建起覆盖全产业链、全价值链的全新制造和服务体系，为工业乃至产业数字化、网络化、智能化发展提供了实现途径，是第四次工业革命的重要基石。

2. 工业互联网内涵

工业互联网包含了网络、平台、数据、安全四大体系。

（1）网络体系是基础

工业互联网网络体系包括网络互联、数据互通和标识解析3个部分。网络互联实现要素之间的数据传输，包括企业外网、企业内网。典型技术包括传统的工业总线、工业以太网，以及创新的时间敏感网络（Time-Sensitive Networking, TSN）、确定性网络、5G等技术。企业外网用于连接企业各地机构、上下游企业、用户和产品。企业内网用于连接企业内人员、机器、材料、环境、系统，主要包含信息技术（Information Technology, IT）网络和运营技术（Operational Technology, OT）网络。数据互通是通过对数据进行标准化描述和统一建模，实现要素之间传输信息的相互理解，涉及数据传输、数据语义语法等不同层面。标识解析体系实现要素的标记、管理和定位,由标识编码、标识解析系统和标识数据服务组成,通过为物料、机器、产品等物理资源和工序、软件、模型、数据等虚拟资源分配标识编码,实现物理实体和虚拟对象的逻辑定位和信息查询,支撑跨企业、跨地区、跨行业的数据共享共用。我国标识解析体系包括国际根节点、国家顶级节点、二级节点、企业节点和递归节点等。

（2）平台体系是中枢

工业互联网平台体系包括边缘层、IaaS、PaaS 和 SaaS 4 个层级,有 4 个主要作用。一是数据汇聚。网络层面采集的多源、异构、海量数据,传输至工业互联网平台,为深度分析和应用提供基础。二是建模分析。提供大数据、人工智能分析的算法模型和物理、化学等各类仿真工具,结合数字孪生、工业智能等技术,对海量数据挖掘分析,实现数据驱动的科学决策和智能应用。三是知识复用。将工业经验知识转化为平台上的模型库、知识库,并通过工业微服务组件方式,方便二次开发和重复调用,加速共性能力沉淀和普及。四是应用创新。面向研发设计、设备管理、企业运营、资源调度等场景,提供各类工业 App、云化软件,帮助企业提质增效。

（3）数据体系是要素

工业互联网数据有 3 个特性。一是重要性。数据是实现数字化、网络化、智能化的基础,没有数据的采集、流通、汇聚、计算、分析,各类新模式就是"无源之水",数字化转型也就成为"无本之木"。二是专业性。工业互联网数据的价值在于分析利用,分析利用的途径必须依赖行业知识和工业机理。制造业千行百业、千差万别,每个模型、算法背后都需要长期积累和专业队伍,只有深耕细作才能发挥数据价值。三是复杂性。工业互联网运用的数据来源于"研、产、供、销、服"各个环节,"人、机、料、法、环"各个要素,ERP、MES[1]、PLC[2] 等各个系统,维度和复杂度远超消费互联网,面临采集困难、格式各异、分析复杂等挑战。

（4）安全体系是保障

工业互联网安全体系涉及设备、控制、网络、平台、工业 App、数据等多个方面的网络安全问题,其核心任务就是通过监测预警、应急响应、检测评估、功能测试等手段确保工业互联网健康有序发展。与传统互联网安全相比,工业互联网安全具有三大特点。一是

---

1 MES：Manufacturing Execution System,制造执行系统。
2 PLC：Programmable Logic Controller,可编程逻辑控制器。

涉及范围广。工业互联网打破了传统工业相对封闭可信的环境，网络攻击可直达生产一线。联网设备的爆发式增长和工业互联网平台的广泛应用，使网络攻击面持续扩大。二是造成影响大。工业互联网涵盖制造业、能源等实体经济领域，一旦发生网络攻击、破坏行为，安全事件影响严重。三是企业防护基础弱。我国广大工业企业安全意识、防护能力仍然薄弱，整体安全保障能力有待进一步提升。

2.1.2 工业互联网与相关概念的关联与区别

1. 工业互联网与消费互联网

工业互联网是互联网发展的新领域，是在互联网基础之上、面向实体经济应用的演进升级。通常所说的互联网一般是指消费互联网，与之相比，工业互联网有3个明显特点。

① 连接对象不同。消费互联网主要连接人，应用场景相对简单，工业互联网实现人、机、物等工业经济生产要素和上下游业务流程更大范围的连接，连接种类、数量更多，场景复杂。

② 技术要求不同。消费互联网网络技术特点突出体现为"尽力而为"的服务方式，对网络时延、可靠性等要求相对不是特别严格。但工业互联网既要支撑对网络服务质量要求很高的工业生产制造，也要支撑高覆盖高灵活要求的网络化服务与管理，因此在网络性能上要求时延更低、可靠性更强，同时由于直接涉及工业生产，工业互联网安全性要求更高。

③ 发展模式不同。消费互联网应用门槛较低，发展模式可复制性强，完全由谷歌、脸书、亚马逊、阿里、腾讯等互联网企业主导驱动发展。工业互联网涉及应用行业标准杂、专业化要求高，难以找到普适性的发展模式，因此，GE、西门子、航天科工等制造企业发挥着至关重要的作用。同时，互联网产业多属于轻资产，投资回收期短，对社会资本吸引大。而工业互联网相对重资产，资产专用性强，投资回报周期长，且还存在一些认知壁垒。

2. 工业互联网与两化融合

从世界科技和产业发展的历程看，人类经历了3次产业革命，而每次产业革命都是由科技革命引发并推动的。物联网、云计算、大数据等新一代信息技术正在加速与制造技术、新能源、新材料等其他工业技术，以及新的商业模式渗透融合，柔性制造、网络制造、智能制造、服务型制造日益成为生产方式变革的重要方向。传统的行业界限正在逐步消失，制造业创造新价值的过程正在发生改变，随之而来的是各种新的活动领域和合作形式的涌现，产业链分工将被重组。发达国家政府和企业正在积极布局新兴产业战略计划，争抢新一轮产业革命的制高点。在德国"2020高技术战略"行动计划中，德国为未来项目"工业4.0"设立了雄心勃勃的目标：德国要成为现今工业生产技术（即网络物理融合式生产系统）的供应国和主导市场。在美国，制造业龙头企业GE正在积极推进工业互联网。我国一直大力推进信息化与工业化融合发展道路，2013年9月，工业和信息化部发布《信息化和工业化深度融合专项行动计划（2013—2018年）》，将促进实体经济实质性和持续发展的重任放在了"两化深度融合"上，提出了互联网与工业融合等创新行动。工业互联网的出现为"两化深度融合"提供了重要抓手，为进一步提高工业生产效率，促进生产力发展提供了新机遇。

3. 工业互联网与智能制造

当前，全球各主要工业国家纷纷投入以工业互联网、智能制造为代表的新工业革命的竞争。总的来说，智能制造是发展目标和方法，工业互联网是实现目标的可行路径。工业互联网与智能制造从表面看各有侧重，一个侧重于工业服务，另一个侧重于工业制造，但究其本质都是实现智能制造与智能服务。工业互联网是实现智能制造的路径。智能制造则是全球工业的终极目标，让全球的工厂都可以实现智能自动化。

工业互联网是支撑智能制造的关键综合信息基础设施，是将机器、人、控制系统与信息系统有效连接的网络信息系统。以网络连接与协同为支持，基于数据分析结果，在安全可信的前提下，工业互联网支撑实现单个机器到生产线、车间、工厂乃至整个工业体系的智能决策和动态优化。工业互联网集成了物联网、移动宽带、云计算、大数据等新一代信息技术最新创新成果，并与先进制造相关软硬件技术相结合，将信息连接对象由人扩大到有自我感知和执行能力的智能物体，体现了通信、互联网、信息技术等的集成优势，是互联网的演进和发展的新阶段，是信息通信技术支撑信息社会发展的新手段。

2.2 工业互联网体系架构介绍

2.2.1 工业互联网体系架构1.0

2016年,我国工业互联网产业联盟发布了《工业互联网体系架构(版本1.0)》,将网络、数据和安全作为工业互联网体系架构的三大核心,使我国工业互联网多方面发展有了部署方法与指导方针。

"网络"是工业系统互联和工业数据传输交换的支撑基础,包括网络互联体系、标识解析体系和应用支撑体系,表现为通过泛在互联的网络基础设施、健全适用的标识解析体系、集中通用的应用支撑体系,实现信息数据在生产系统各单元之间、生产系统与商业系统各主体之间的无缝传递,从而构建新型的机器通信、设备有线与无线连接方式,支撑形成实时感知、协同交互的生产模式。

"数据"是工业智能化的核心驱动,包括产业数据采集交换,生产反馈控制,数据集成处理,产业建模、仿真与分析,车间/工厂/企业运营决策优化等功能模块,表现为通过海量数据的采集交换、异构数据的集成处理、机器数据的边缘计算、经验模型的固化迭代、基于云的大数据计算分析,实现对生产现场状况、协作企业信息、市场用户需求的精确计算和复杂分析,从而形成企业运营的管理决策及机器运转的控制指令,驱动从机器设备、运营管理到商业活动的智能和优化。

"安全"是网络与数据在工业中应用的安全保障,包括设备安全、网络安全、控制安全、数据安全、应用安全,表现为通过涵盖整个工业系统的安全管理体系,避免网络设施和系统软件受到内部和外部攻击,降低企业数据被未经授权访问的风险,确保数据传输与存储的安全性,实现对工业生产系统和商业系统的全方位保护。工业互联网体系架构1.0如图2-1所示。

基于网络、数据与安全,工业互联网将构建面向工业智能化发展的三大优化闭环:一是面向机器设备运行优化的闭环,核心是基于对机器操作数据、生产环境数据的实时感知和边缘计算,实现机器设备的动态优化调整,构建智能机器和柔性生产线;二是面向生产运营优化的闭环,核心是基于信息系统数据、制造执行系统数据、控制系统数据的集成处理和大数据建模分析，实现生产运营管理的动态优化调整，形成各种场景下的智能生产模式；三是面向企业协同、用户交互与产品服务优化的闭环，核心是基于供应链数据、用户需求数据、产品服务数据的综合集成与分析，实现企业资源组织和商业活动的创新，形成网络化协同、个性化定制、服务化延伸等新模式。

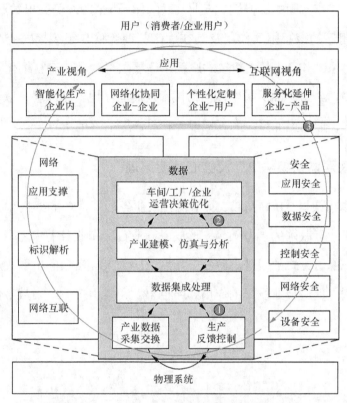

图2-1　工业互联网体系架构1.0

2.2.2　工业互联网体系架构2.0

1. 从1.0到2.0：工业互联网体系架构的演进

新技术要素与实施落地需求不断推动着我国工业互联网体系的发展，丰富和多样化的企业实践和各类新技术的应用对工业互联网的体系架构提出了新的需求。随着实践应用，工业互联网体系架构1.0出现一些短板：具有较强的技术通用性但制造业特点不够突出，未结合制造业需求与生产工艺等特点；需要进一步结合人工智能、边缘计算、5G等新技术；技术要素等详细应用实践指导仍待落地等。据此，《工业互联网体系架构（版本2.0）》结合工业制造特点、软件和通信架构设计方面的不同方法论,融入网络、数据和安全新技术并突出数字孪生基本功能原理进行升级,强化数据智能优化闭环在技术解决方案开发与行业应用推广的实操指导性,以此支撑我国工业互联网下一阶段的发展。

工业互联网体系架构 2.0 是对工业互联网体系架构 1.0 的升级,强化了在技术解决方案开发与行业应用推广方面的实操性。工业互联网体系架构 2.0 仍突出数据作为核心要素,突出数据智能化闭环的核心驱动作用及其在生产管理优化与组织模式变革方面的提升作用。工业互联网体系架构 2.0 融入新技术原理以拓展垂直领域,丰富细化要素以指引各个领域的系统性布局,给出详细的指南以推动技术发展与落地实施部署,以及构建完整体系从而加强国际对接,形成更加系统的顶层设计和更详细的落地指导。

2. 工业互联网体系架构 2.0 及核心功能原理

工业互联网体系架构 2.0 如图 2-2 所示,它从业务视图、功能架构和实施框架 3 个角度进一步定义了工业互联网的参考架构,形成以商业目标和业务需求为牵引,进而明确系统功能定义与实施部署方式的设计思路 3 个角度层层深入、自顶向下形成逐层映射,其目标在于从工业互联网促进产业发展的作用和路径出发,指引企业明确数字化转型的商业目标与业务需求。

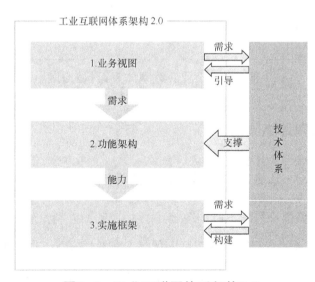

图 2-2 工业互联网体系架构 2.0

业务视图明确了企业应用工业互联网实现数字化转型的目标、方向、业务场景及相应的数字化能力。业务视图首先提出了工业互联网驱动的产业数字化转型的总体目标和方向,以及这一趋势下企业应用工业互联网构建数字化竞争力的愿景、路径和举措。这在企业内部将会进一步细化为若干具体业务的数字化转型策略,以及企业实现数字化转型所需的一系列关键能力。业务视图主要用于指导企业在商业层面明确工业互联网的定位和作用,提出的业务需求和数字化能力需求对于后续功能架构设计是重要指引。

功能架构明确企业支撑业务实现所需的核心功能、基本原理和关键要素。功能架构首先提出以数据为驱动的工业互联网功能原理总体视图,形成物理实体与数字空间的全面连接、精准映射与协同优化,并明确这一机理作用于从设备到产业等各层级,覆盖制造、医疗等多行业领域的智能分析与决策优化,进而细化分解为网络、平台、安全三大体系的子功能视图,描述构建三大体系所需的功能要素与关系。

功能架构主要用于指导企业构建工业互联网的支撑能力与核心功能,并为后续工业互联网实施框架的制定提供参考。实施框架描述各项功能在企业落地实施的层级结构、软硬件系统和部署方式。实施框架结合当前制造系统与未来发展趋势,由设备层、边缘层、企业层、产业层4层组成,明确了各层级的网络、标识、平台、安全的系统架构、部署方式及不同系统之间的关系。实施框架主要为企业提供工业互联网具体落地的统筹规划与建设方案,可用于进一步指导企业技术选型与系统搭建。

工业互联网的核心功能原理是基于数据驱动的物理系统与数字空间全面互联与深度协同,以及在此过程中的智能分析与决策优化。通过网络、平台、安全三大功能体系构建,工业互联网全面打通设备资产、生产系统、管理系统和供应链条,基于数据整合与分析实现IT与OT的融合和三大体系的贯通。工业互联网以数据为核心,数据功能体系主要包含感知控制、数字模型、决策优化3个基本层次,以及一个由自下而上的信息流和自上而下的决策流构成的工业数字化应用优化闭环。工业互联网的核心功能原理如图2-3所示。

在工业数字化应用的优化闭环中,信息流是从数据感知出发,通过数据的集成和建模分析,将物理空间中的资产信息和状态向上传递到虚拟空间,为决策优化提供依据。决策流则是将虚拟空间中决策优化后形成的指令信息向下反馈到控制与执行环节,用于改进和提升物理空间中资产的功能和性能。优化闭环就是在信息流与决策流的双向作用下,连接底层资产与上层业务,以数据分析决策为核心,形成面向不同工业场景的智能化生产、网络化协同、个性化定制和服务化延伸等智能应用解决方案。

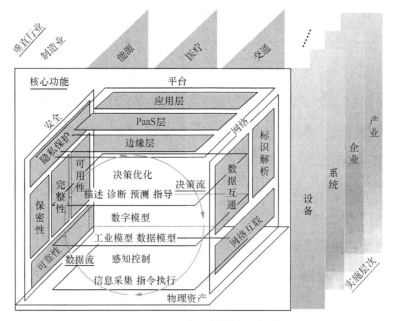

图2-3 工业互联网的核心功能原理

3. 实施框架总体视图

工业互联网实施框架是整个工业互联网体系架构 2.0 中的操作方案,解决"在哪做""做什么""怎么做"的问题。工业互联网实施框架如图 2-4 所示,当前阶段工业互联网的实施以传统制造体系的层级划分为基础,适度考虑未来基于产业的协同组织,按设备、边缘、企业、产业 4 个层级开展系统建设,指导企业整体部署。设备层对应工业设备、产品的运行和维护功能,关注设备底层的监控优化、故障诊断等应用;边缘层对应车间或生产线的运行维护功能,关注工艺配置、物料调度、能效管理、质量管控等应用;企业层对应企业平台、网络等关键能力,关注订单计划、绩效优化等应用;产业层对应跨企业平台、网络和安全系统,关注供应链协同、资源配置等应用。

工业互联网的实施重点明确工业互联网核心功能在制造系统各层级的功能分布、系统设计与部署方式,通过网络、标识、平台、安全四大实施系统的建设,指导企业实现工业互联网的应用部署。其中,网络系统关注全要素、全系统、全产业链互联互通新型基础设施的构建;标识系统关注标识资源、解析系统等关键基础设施的构建;平台系统关注边缘系统、企业平台和产业平台交互协同的实现;安全系统关注安全管控、态势感知、防护能力等建设。

第 2 章 工业互联网体系架构

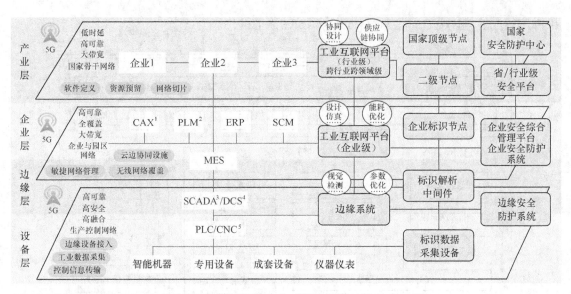

1. CAX 指计算机辅助技术，包括计算机辅助设计（CAD）、计算机辅助工程（CAE）等。
2. PLM：Product Lifecycle Management，产品生命周期管理。
3. SCADA：Supervisory Control and Data Acquisition，监控与数据采集系统。
4. DCS：Distributed Control System，分散控制系统。
5. CNC：Computer Numerical Control，计算机数控。

图2-4　工业互联网实施框架

工业互联网实施不是孤立的行为，需要四大系统互相打通、深度集成，在不同层级形成兼具差异性、关联性的部署方式，通过要素联动优化实现全局部署和纵横联动。另外需要注意的是，工业互联网的实施离不开智能装备、工业软件等基础产业支撑，新一代信息技术的发展与传统制造产业的融合将为工业互联网实施提供核心供给能力。

2.3　工业互联网标准体系

2.3.1　工业互联网标准体系结构

工业互联网标准体系包括基础共性、网络、边缘计算、平台、安全、应用六大部分，工业互联网标准体系结构如图 2-5 所示。基础共性标准是其他类标准的基础支撑。网络标准是工业互联网体系的基础，边缘计算标准是工业互联网网络和平台协同的重要支撑和关键枢纽，平台标准是工业互联网体系的中枢，安全标准是工业互联网体系的保障，应用标准面向行业的具体需求，是对其他部分标准的落地细化。

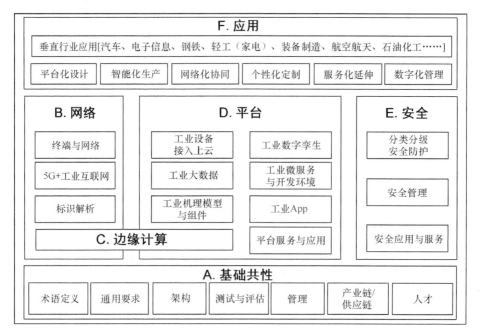

图2-5 工业互联网标准体系结构

2.3.2 基础共性标准

基础共性标准包括术语定义、通用要求、架构、测试与评估、管理、产业链/供应链、人才等标准。

① 术语定义标准：主要规范工业互联网相关概念，为其他各部分标准的制定提供支撑，包括工业互联网场景、技术、业务等主要概念的定义、分类、相近概念之间的关系等。

② 通用要求标准：主要规范工业互联网的通用能力要求，包括业务、功能、性能、安全、可靠性和管理等。

③ 架构标准：主要规范工业互联网体系架构和各部分参考架构，用于明确和界定工业互联网的对象、边界、各部分的层级关系和内在联系等。

④ 测试与评估标准：主要规范工业互联网技术、设备/产品和系统的测试要求，以及工业互联网、"5G+工业互联网"的应用领域（含工业园区、工业企业等）和应用项目的成熟度要求，包括测试方法、评估指标、评估方法、验收方法、度量、计价等。

⑤ 管理标准：主要规范工业互联网项目/工程建设及运行相关责任主体及关键要素的

管理要求，包括工业互联网项目/工程建设、运行、维护、服务、交易、资源分配、绩效、组织流程等方面的标准。

⑥ 产业链/供应链标准：主要包括基于工业互联网的产业链协作平台上下游企业供需对接、产业链上下游协同运作、产业链协作平台等标准，以及供应链数据共享、供应链风险管理、供应链性能评估、供应商管理、供应链安全、供应链预警平台等标准。

⑦ 人才标准：主要包括工业互联网从业人员能力要求、能力培养和能力评价等标准。工业互联网从业人员能力要求包括综合能力、专业知识、技术技能、工程实践能力等。工业互联网人才能力培养包括培养形式、内容、教材、学时等。工业互联网人才能力评价包括评价内容和方法等。

2.3.3 网络标准

1. 终端与网络标准

终端与网络标准包括工业设备/产品联网、工业互联网企业内网、工业互联网企业外网、工业园区网络、网络设备、网络资源和管理、互联互通互操作等标准。

① 工业设备/产品联网标准：主要规范哑设备网络互联能力改造，工业设备/产品联网涉及的功能、接口、参数配置、数据交换、时钟同步、定位、设备协同、远程控制管理等要求。

② 工业互联网企业内网标准：主要规范工业设备/产品、控制系统、信息系统之间网络互联要求，包括现场总线、工业以太网、工业光网络、时间敏感网络（TSN）、确定性网络、软件定义网络（Software Defined Network，SDN）、工业无线、IT/OT融合组网等关键网络技术标准。

③ 工业互联网企业外网标准：主要规范连接生产资源、商业资源以及用户、产品的公共网络（互联网、虚拟专用网络等）和专网要求，包括基于灵活以太网技术（Flexible Ethernet，FlexE）、光传送网、SDN、分段路由IPv6(SRv6)、移动通信网络、云网融合等关键网络技术标准。

④ 工业园区网络标准：主要规范工业园区网络相关要求，包括网络架构、功能和性能、组网技术、运营维护等技术标准。

⑤ 网络设备标准：主要规范工业互联网内使用的网络设备功能、性能、接口等关键技术要求，包括工业网关、工业交换机、工业路由器、工业光网络设备、工业无线访问等标准。

⑥ 网络资源和管理标准：主要规范工业互联网涉及的地址、无线电频率等资源使用技术要求，以及网络运行管理要求，包括工业互联网 IPv6 地址规划、应用、实施、管理等标准，用于工业环境的无线电发射设备等标准，以及工业互联网企业内网管理、工业互联网企业外网管理、工业园区网络管理等标准。

⑦ 互联互通互操作标准：主要规范跨网络、跨领域的网络互联（例如工业互联网交换中心等）的技术与管理要求，多源异构数据互通（例如接口、协议、信息模型等）的架构和技术要求，跨设备、跨系统的互操作（例如协议交互等）规范和指南。

2. "5G+ 工业互联网"标准

"5G+ 工业互联网"标准包括"5G+ 工业互联网"网络技术与组网、"5G+ 工业互联网"适配增强技术、"5G+ 工业互联网"终端、"5G+ 工业互联网"边缘计算、"5G+ 工业互联网"应用、"5G+ 工业互联网"网络管理等标准。

① "5G+ 工业互联网"网络技术与组网标准：主要规范 5G 与工业互联网融合的关键技术与网络架构，包括面向工业需求的可定制核心网、工业小基站、5G 局域网（5G-Local Area Network，5G-LAN）、非公共网络（Non-Public Network，NPN），以及面向工业企业的专网架构等标准。

② "5G+ 工业互联网"适配增强技术标准：主要规范 5G 面向工业互联网需求的增强型技术要求，包括 5G 上行增强、高精度时间同步、高精度室内定位、与其他网络协议对接等标准。

③ "5G+ 工业互联网"终端标准：主要规范面向不同行业和场景的融合终端技术要求，包括工业 5G 通信模组、工业 5G 通信终端，例如仪器仪表传感器、自动导引车（Automated Guided Vehicle，AGV）、监控设备、增强现实/虚拟现实（AR/VR）设备等。

④ "5G+ 工业互联网"边缘计算标准：主要规范 5G 多接入移动边缘计算（Mobile Edge Computer，MEC）设施的相关要求，包括面向工业场景的部署架构、基础设施（网络、算力、存储等）、平台、接口等标准。

⑤ "5G+ 工业互联网"应用标准：主要规范面向不同行业的 5G 与工业互联网融合应用场景和技术要求等，包括采矿、钢铁、石化、建材、电力、装备制造、轻工、电子等行

业的融合应用标准。

⑥ "5G+工业互联网"网络管理标准：主要规范 5G 融合基础网络管理、5G 多接入边缘计算管理、5G 切片网络管理等要求。

3. 标识解析标准

标识解析标准包括编码与存储、标识采集、解析、交互处理、设备与中间件、异构标识互操作、标识节点、标识应用等标准。

① 编码与存储标准：主要规范工业互联网的编码方案，包括编码规则、注册操作规程等，以及标识编码在被动标识载体（例如条码、二维码、射频识别标签等）、主动标识载体（例如通用集成电路卡、通信模组、芯片等）及其他标识载体上的存储方式等。

② 标识采集标准：主要规范工业互联网各类标识采集实体间的通信协议及接口要求等。

③ 解析标准：主要规范工业互联网标识解析的分层模型、实现流程、解析查询数据报文格式、响应数据报文格式和通信协议、解析安全等。

④ 交互处理标准：主要规范标识数据建模方法和交互服务机制，包括数据模型、语义化描述、产品信息元数据，以及交互协议与接口、数据共享与服务、数据安全等标准。

⑤ 设备与中间件标准：主要规范工业互联网标识采集设备、解析服务设备、数据交互中间件等涉及的功能、性能、接口、协议、同步等。

⑥ 异构标识互操作标准：主要规范不同工业互联网标识解析服务之间的互操作，包括实现方式、交互协议、数据互认等标准。

⑦ 标识节点标准：主要规范工业互联网标识解析节点（例如国际根节点、国家顶级节点、二级节点、企业节点、递归节点，以及与区块链技术结合的节点等）的系统能力、互通接口、运营与管理、分布式存储与管理等。

⑧ 标识应用标准：主要规范基于特定技术（例如主动标识载体、区块链等）、特定场景（例如产品溯源、仓储物流、供应链金融等）的标识应用技术。

2.3.4 边缘计算标准

边缘计算标准包括边缘数据采集与处理、边缘设备、边缘平台、边缘智能、边云协同、算力网络等标准。

① 边缘数据采集与处理标准：主要规范各类设备/产品的数据采集技术要求，包括协议解析、数据转换、数据边缘处理、数据存储、数据与应用接口、相关应用指南等标准。

② 边缘设备标准：主要规范边缘计算设备的功能、性能、接口等技术要求，包括边缘服务器/一体机、边缘网关、边缘控制器、边缘计算仪表等标准。

③ 边缘平台标准：主要规范边缘云、边缘计算平台等技术要求，包括计算、存储、网络资源管理、设备管理、应用管理、运维管理等标准。

④ 边缘智能标准：主要规范实现边缘计算智能化处理能力技术，包括虚拟化和资源抽象技术、边缘端的智能算法接口、边缘设备智能化控制和管理模型接口、实时数据库管理接口、实时操作系统、分布式计算任务调度策略和技术、开放的边缘智能服务等标准。

⑤ 边云协同标准：主要规范边云协同架构等技术要求，包括资源协同、应用协同、服务协同、数据协同等接口、协议等标准。

⑥ 算力网络标准：主要规范算力网络架构等技术要求，包括算力溯源、算力度量、算力可信等标准。

2.3.5 平台标准

平台标准包括工业设备接入上云、工业大数据、工业机理模型与组件、工业数字孪生、工业微服务与开发环境、工业应用程序（工业App）、平台服务与应用等标准。

1. 工业设备接入上云标准

工业设备接入上云标准包括工业设备接入数据字典标准、工业设备上云管理标准、工业设备数字化管理标准等。

① 工业设备接入数据字典标准：主要规范不同行业工业设备数据的结构化描述，包括对工业设备元数据分类、元数据模型构建及工业设备数据描述方法、格式的统一，实现设备、系统、平台间数据的互理解与互操作。

② 工业设备上云管理标准：主要规范工业互联网平台对工业设备上云的相关要求，包括工业设备上云的通用管理要求、基础能力要求、应用场景、实施指南、效果评价等标准。

③ 工业设备数字化管理标准：主要规范基于工业互联网平台的工业设备数字化管理要求，包括基于工业互联网平台的工业设备运行监控、智能调度、预测性维护、质量全过

程管控等标准。

2. 工业大数据标准

工业大数据标准包括工业数据交换标准、工业数据分析与系统标准、工业数据管理标准、工业数据建模标准、工业大数据服务标准、工业大数据中心标准等。

① 工业数据交换标准：主要规范工业互联网平台内不同系统之间数据交换体系架构、互操作、性能等要求。

② 工业数据分析与系统标准：主要规范工业互联网数据分析的流程及方法，包括一般数据分析流程及典型场景下数据分析使用的工具、大数据系统等标准。

③ 工业数据管理标准：主要规范工业互联网数据的存储结构、数据字典、元数据、数据质量、数据生命周期管理、数据治理与管理能力成熟度等要求。

④ 工业数据建模标准：主要规范物理实体（在制品、设备、生产线、产品等）在网络空间中的映像及相互关系，包括静态属性数据描述、运行状态等动态数据描述，以及物理实体之间相互作用及激励关系的规则描述等标准。

⑤ 工业大数据服务标准：主要规范工业互联网平台运用大数据能力对外提供的服务，包括大数据存储服务、大数据分析服务、大数据可视化服务、数据建模及数据开放、数据共享等标准。

⑥ 工业大数据中心标准：主要规范工业大数据中心的功能架构、基础设施、分中心、资源管理、平台运维、用户授权、数据安全监测、数据汇聚、数据交换共享、数据应用、数据服务、数据互联互通等要求。

3. 工业机理模型与组件标准

工业机理模型与组件标准包括工业机理模型标准、工业微组件标准、工业智能应用标准等。

① 工业机理模型标准：主要规范工业机理模型开发、管理、应用等相关要求，包括工业机理模型开发指南、应用实施、模型分类、模型推荐、模型适配等标准。

② 工业微组件标准：主要规范工业微组件的开发、管理、应用等相关要求，包括工业微组件参考架构、开发指南、应用实施、组件分类等标准。

③ 工业智能应用标准：主要规范工业智能应用的技术、管理、评价等相关要求，包括工业知识库、工业视觉、知识图谱、深度学习、人机交互应用、工业智能场景、功能和性能评估等标准。

4. 工业数字孪生标准

工业数字孪生标准包括工业数字孪生能力要求标准、开发运维标准、应用服务标准等。

① 工业数字孪生能力要求标准：主要规范工业数字孪生架构、技术和系统等相关要求，包括工业数字孪生参考架构、开发引擎与管理系统功能要求，数字孪生体在速度、精度、尺度、广度、安全性、可靠性、稳定性等方面的性能要求，以及数字化支撑技术、数字主线、数字孪生建模等标准。

② 工业数字孪生开发运维标准：主要规范工业数字孪生开发、构建和运维等相关要求，包括产品、设备、生产线、工厂等的工业数字孪生开发流程、开发方法、建设指南、管理运维、数据交互与接口等标准。

③ 工业数字孪生应用服务标准：主要规范工业数字孪生的应用、服务和评价等相关要求，包括产品、设备、生产线、工厂等的工业数字孪生应用场景、数字化仿真、应用实施、服务模式、应用成熟度、管理规范等标准。

5. 工业微服务与开发环境标准

工业微服务与开发环境标准包括工业微服务标准与开发环境标准等。

① 工业微服务标准：主要规范工业互联网平台微服务功能与接入运行要求，包括架构原则、管理功能、治理功能、应用接入、架构性能等标准。

② 开发环境标准：主要规范工业互联网平台的应用开发对接和运行管理技术要求，包括应用开发规范、应用开发接口、服务发布、服务管理、开发和运行资源管理、开源技术等标准。

6. 工业 App 标准

工业 App 标准包括工业 App 开发标准、工业 App 应用标准、工业 App 服务标准。

① 工业 App 开发标准：主要规范工业 App 的参考架构、分类分级、开发方法和过程、开发环境和工具、开发语言和建模语言、接口与集成、组件封装等相关要求。

② 工业 App 应用标准：主要规范工业 App 的应用需求、业务模型、应用模式（包括独立应用模式和组配化应用模式）、应用评价等相关要求。

③ 工业 App 服务标准：主要规范工业 App 的知识产权、实施与运维、服务能力、质量保证、流通服务、安全防护、应用商店等相关要求。

7. 平台服务与应用标准

平台服务与应用标准包括服务管理标准、应用管理标准、"工业互联网平台 + 安全生产"标准、平台互通适配标准。

① 服务管理标准：主要规范工业互联网平台的选型、服务、评价等要求，包括体系架构、选型指南、监测分析、解决方案、区域协同、服务商评价、质量管理要求、度量计价等标准。

② 应用管理标准：主要规范工业互联网平台的应用、管理、评价等要求，包括应用实施、应用评价，以及基于工业互联网平台的平台化设计、智能化制造、网络化协同、个性化定制、服务化延伸、数字化管理等应用模式标准。

③ "工业互联网平台 + 安全生产"标准：主要规范基于工业互联网平台的安全生产新型基础设施、新型管控能力和新型应用模式，包括数字化管理、网络化协同和智能化管控等"工业互联网平台 + 安全生产"典型融合应用实施方法标准，以及面向采矿、钢铁、石化、化工、石油，建材等重点行业开展"工业互联网平台 + 安全生产"建设规划、特定技术改造、应用解决方案、管控、数据应用等标准。

④ 平台互通适配标准：主要规范不同工业互联网平台之间的数据流转、业务衔接与迁移，包括互通、共享、转换、迁移、集成的数据接口和应用接口，数据及服务流转要求等标准。

2.3.6 安全标准

安全标准包括分类分级安全防护、安全管理、安全应用与服务等标准。

1. 分类分级安全防护标准

分类分级安全防护标准包括分类分级定级指南、应用工业互联网的工业企业网络安全、工业互联网平台企业网络安全、工业互联网标识解析企业网络安全,以及工业互联网企业数据安全、工业互联网关键要素安全等标准。

① 分类分级定级指南标准:主要规范工业互联网企业及关键要素的分类分级要求,包括工业互联网企业分类分级方法、平台及标识解析系统的定级备案要求等标准。

② 应用工业互联网的工业企业网络安全标准:主要规范应用工业互联网的工业企业的不同级别的安全防护技术要求及其他要求,包括企业在工业互联网相关业务应用过程中应遵循的安全管理及技术要求。

③ 工业互联网平台企业网络安全标准:主要规范工业互联网平台企业不同级别的安全防护技术要求及其他要求,包括企业建设与运营工业互联网平台过程中应遵循的安全管理及技术要求。

④ 工业互联网标识解析企业网络安全标准:主要规范工业互联网标识解析企业不同级别的安全防护技术要求及其他要求,包括企业提供工业互联网标识注册服务、解析服务过程中应遵循的安全管理及技术要求。

⑤ 工业互联网企业数据安全标准:主要规范工业互联网企业在工业互联网这一新模式、新业态下产生或使用的数据的安全防护技术要求及其他要求,包括数据分类与分级、全生命周期安全防护等安全管理及技术要求。

⑥ 工业互联网关键要素安全标准:主要规范工业互联网中涉及的关键要素在设计、开发、建设及运行过程中的安全防护技术要求及其他要求,包括设备与控制安全(边缘设备、工业现场设备、数控系统等)、网络及标识解析安全(工厂内外网、工业园区网络、标识载体及终端、标识节点及架构等)、平台与应用安全(边缘平台、云基础设施、应用开发环境、工业 App 等)标准。

2. 安全管理标准

安全管理标准包括工业互联网安全监测、安全应急响应、安全运维、安全评估、安全能力评价等标准。

① 安全监测标准:主要规范工业互联网安全监测技术要求,包括应用工业互联网工业企业、标识解析企业、平台企业的安全监测技术要求或接口规范等标准。

② 安全应急响应标准:主要规范工业互联网安全应急响应技术要求,包括工业互联

网安全应急演练、应急预案等标准。

③ 安全运维标准：主要规范工业互联网安全运维过程中的安全管理要求，包括工业互联网安全审计、灾难恢复等标准。

④ 安全评估标准：主要规范工业互联网安全评估流程及方法、测试评估技术要求、评估指标体系等要求，包括工业互联网设备、控制系统、平台、标识解析系统、工业App等安全评估标准。

⑤ 安全能力评价标准：主要规范工业互联网企业、关键标识解析节点、平台及数据等安全能力参考框架、评价模型与指标体系等。

3. 安全应用与服务标准

安全应用与服务标准包括工业企业安全上云、安全公共服务、"5G+工业互联网"安全、密码应用、安全技术及产品应用等标准。

① 工业企业安全上云标准：主要规范工业企业接入工业互联网平台过程中的安全技术要求及其他要求，包括工业设备、系统、产品、数据等安全上云标准。

② 安全公共服务标准：主要规范工业互联网安全公共服务提供方的技术要求及其他要求，包括威胁信息共享、安全众测、安全能力微服务化等标准。

③ "5G+工业互联网"安全标准：主要规范5G与工业互联网融合应用过程中的安全技术要求及其他要求，包括"5G+工业互联网"网络技术与组网、"5G+工业互联网"适配增强技术、"5G+工业互联网"终端、"5G+工业互联网"边缘计算、"5G+工业互联网"应用、"5G+工业互联网"网络管理等安全标准。

④ 密码应用标准：主要规范工业互联网应用密码过程中的技术要求及其他要求，包括设备、控制系统、标识解析系统、平台等密码应用标准。

⑤ 安全技术及产品应用标准：主要包括边界防护、安全分析、检测与响应、安全审计与运维、内生安全等产品技术标准及人工智能、可信计算、隐私计算等新兴技术应用的安全标准。

2.3.7 应用标准

应用标准包括典型应用和垂直行业应用等标准。

1. 典型应用标准

典型应用标准包括平台化设计、智能化制造、个性化定制、网络化协同、服务化延伸、数字化管理等应用标准。

① 平台化设计应用标准：主要面向产品设计、仿真验证、工艺设计、样品制造等场景，制定通用业务应用标准。

② 智能化制造应用标准：主要面向工业企业的生产制造环节，制定通用业务应用标准。

③ 个性化定制应用标准：主要面向个性化、差异化客户需求等场景，制定通用业务应用标准。

④ 网络化协同应用标准：主要面向协同设计、协同制造、供应链协同等场景，制定通用业务应用标准。

⑤ 服务化延伸应用标准：主要面向产品远程运维、预测性维护、基于大数据的增值服务等场景，制定通用业务应用标准。

⑥ 数字化管理应用标准：主要面向企业内部管控可视化、市场变化及时响应、资源动态配置优化等各管理环节，制定通用业务应用标准。

2. 垂直行业应用标准

依据基础共性标准、网络标准、边缘计算标准、平台标准、安全标准和典型应用标准，面向汽车、电子信息、钢铁、轻工（家电）、装备制造、航空航天、石油化工等重点行业或领域的工业互联网应用，制定行业应用导则、特定技术要求和管理规范。

思考题

1. 阐述工业互联网的定义与内涵。

2. 简要描述工业互联网体系架构1.0的内涵。

3. 试分析工业互联网体系架构1.0与工业互联网体系架构2.0之间的关系。

4. 简要描述工业互联网体系架构2.0的核心功能原理。

5. 工业互联网标准体系包括哪些内容，如何支撑工业互联网的发展。

第 3 章 工业互联网平台

学习目标

- 了解工业互联网平台的定义及类型。
- 了解工业互联网平台的核心作用。
- 掌握工业互联网平台的功能架构。
- 了解工业互联网平台的四大应用场景。

3.1 工业互联网平台概念

3.1.1 工业互联网平台定义

工业互联网平台是面向制造业数字化、网络化、智能化需求,向下接入海量设备、自身承载工业知识与微服务,向上支撑工业 App 开发部署的工业操作系统,是工业全要素、全产业链、全价值链全面连接和工业资源配置的中心,是支撑制造资源泛在连接、弹性供给、高效配置的载体。其本质是通过构建工业数据采集体系,建立面向工业大数据处理、分析的开发环境,实现工业技术、经验、知识的模型化、软件化、复用化,不断优化研发设计、生产制造、运营管理等资源配置效率。工业互联网平台主要有 3 个定位。

① 工业互联网平台是传统工业云平台的迭代升级。工业互联网平台在传统工业云平台的软件工具共享、业务系统集成基础上,叠加了制造能力开放、知识经验复用与开发者集聚的功能。

② 工业互联网平台是新工业体系的操作系统。工业互联网平台向下对接海量工业装备、仪器、产品,向上支撑工业智能化应用的快速开发与部署,发挥着类似于操作系统的重要作用,支撑构建了基于软件定义的高度灵活与智能的工业体系。

③ 工业互联网平台是资源集聚共享的有效载体。工业互联网平台将工业企业、信息通信企业、互联网企业、第三方开发者等主体在云端集聚,将数据科学、工业科学、管理科学、信息科学、计算机科学在云端融合,形成社会化的协同生产方式和组织模式。

3.1.2 工业互联网平台类型

工业互联网平台主要包括特定行业平台、特定领域平台、特定区域平台和跨行业跨领域平台 4 种类型。

1. 特定行业平台

特定行业平台主要包括行业设备接入能力、行业软件部署能力和行业用户覆盖能力。

① 行业设备接入能力。平台在特定行业具有设备规模接入能力，连接不少于一定数量特定行业工业设备（离散制造业）或不少于一定数量特定行业工艺流程数据采集点（流程制造业）。

② 行业软件部署能力。平台在特定行业具有工业知识经验的沉淀、转化与复用能力，提供不少于一定数量行业软件集成接口、特定行业机理模型、微服务组件，以及不少于一定数量特定行业工业 App。

③ 行业用户覆盖能力。平台在特定行业具有规模化应用能力，覆盖不少于一定数量特定行业企业用户或不少于一定比例特定行业企业。

2. 特定领域平台

特定领域平台主要包括关键数据打通能力和关键领域优化能力。

① 关键数据打通能力。特定领域平台能够实现研发设计、物料采购、生产制造、运营管理、仓储物流、产品服务等产品全生命周期，供应链企业、协作企业、市场用户、外部开发者等各主体数据的打通，实现全流程的数据集成、开发、利用。

② 关键领域优化能力。特定领域平台能够实现在某一关键领域的应用开发与优化服务，提升关键环节生产效率与产品质量。例如协同设计、供应链管理、智能排产、设备预测性维护、产品质量智能检测、仓储与物流优化等。

3. 特定区域平台

特定区域平台主要包括区域地方合作能力、区域资源协同能力和区域规模推广能力。

① 区域地方合作能力。平台在特定区域（工业园区或产业集聚区）落地，在该地具有注册实体，与地方政府签订合作协议，具备在地方长期开发投入、运营服务能力。

② 区域资源协同能力。平台具有面向特定区域产业转型升级共性需求的服务能力，能够促进区域企业信息共享与资源集聚，带动区域企业协同发展。

③ 区域规模推广能力。平台具有特定区域企业的规模覆盖能力，为不少于一定数量特定区域企业或不低于一定比例特定区域企业提供服务。

4. 跨行业跨领域平台

在特定行业能力、特定领域能力、特定区域能力基础上，跨行业跨领域平台还具有以下 5 个方面能力。

① 平台跨行业能力。平台覆盖不少于一定数量特定行业：每个行业连接不少于一定数量行业设备（离散制造业）或不少于一定数量行业工艺流程数据采集点（流程制造业）；每个行业部署不少于一定数量行业机理模型、微服务组件，以及不少于一定数量行业工业 App；每个行业覆盖不少于一定数量企业用户或不少于一定比例行业企业。

② 平台跨领域能力。平台覆盖不少于一定数量特定领域：每个领域之间能够实现不同环节、不同主体的数据打通、集成与共享；每个领域具有不少于一定数量面向该领域（关键环节）的工业机理模型、微服务组件或工业 App。

③ 平台跨区域能力。平台覆盖不少于一定数量特定区域：平台在全国主要区域（华北、华东、华南、华中、西北、东北）注册不低于一定数量的运营实体，负责平台在当地区域的运营推广，每个区域具有不少于一定数量的特定区域企业用户或为不低于一定比例的特定区域企业提供服务。

④ 平台运营能力。平台具备独立运营能力，具有独立法人实体或完整组织架构的集团独立部门，人员不少于一定规模；平台具备开放运营能力，建立"产、学、研、用"长期合作机制，建有开发者社区，且第三方开发者占平台开发者总数不低于一定比例。

⑤ 平台安全可靠能力。工控系统安全可靠。在平台中建立工控系统安全防护机制，主动防护漏洞危害与病毒风险。关键零部件安全可靠。在平台边缘计算或人工智能应用中，关键零部件安全可靠。软件应用安全可靠。平台创新开发一定数量工业机理模型、微服务组件或工业 App。

3.1.3 工业互联网平台核心作用

工业互联网平台能够有效集成海量工业设备与系统数据，实现业务与资源的智能管理，促进知识和经验的积累和传承，驱动应用和服务的开放创新。工业互联网平台是新型制造系统的数字化神经中枢，在制造企业转型中发挥核心支撑作用。

工业互联网平台已成为企业智能化转型的重要基础设施。第一，帮助企业实现智能化生产和管理。通过对生产现场"人、机、料、法、环"各类数据的全面采集和深度分析，发现导致生产瓶颈与产品缺陷的深层次原因，不断提高生产效率及产品质量。基于现场数据与企业计划资源、运营管理等数据的综合分析，实现更精准的供应链管理和财务管理，降低企业运营成本。第二，帮助企业实现生产方式和商业模式创新。企业通过平台可以实现对产品售后使用环节的数据打通，提供设备健康管理、产品增值服务等新型业务模式，实现从卖产品到卖服务的转变，实现价值提升。基于平台还可以与用户进行更加充分的交互，了解用户个性化需求，并有效组织生产资源，依靠个性化产品实现更高利润水平。第三，不同企业还可以基于平台开展信息交互，实现跨企业、跨区域、跨行业的资源和能力集聚，打造更高效的协同设计、协同制造，协同服务体系。

工业互联网平台的五大核心功能如图 3-1 所示。

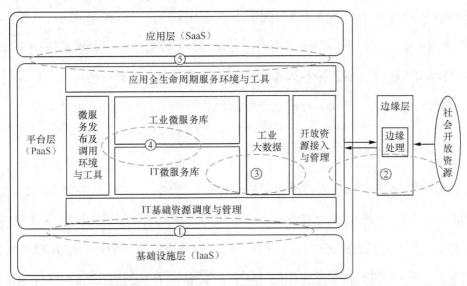

图中①②③④⑤分别对应分布式 IT 资源调度与管理、工业资源的泛在连接与优化配置、工业大数据管理与挖掘、工业微服务与 IT 微服务库、覆盖工业 App 生命周期的环境与工具服务。

图3-1　工业互联网平台的五大核心功能

1. 分布式 IT 资源调度与管理

工业互联网平台建立 IT 软硬件的异构资源池，提供高效的资源调度与管理服务，通过实现 IT 能力平台化，降低企业信息化建设成本，加速企业数字化进程，推动核心业务向云端迁移，为运营技术和 IT 的融合和创新应用提供基础支撑。平台具备 IT 资源调度与管理服务，可以对接入平台的计算、存储、网络等云基础设施进行注册、认证、虚拟化、运行维护等基础管理，结合微服务、工业 App 的运行，实现 IT 资源的动态调节，并且可以按照实际需求提供弹性扩容、多租户的资源隔离与计量等服务。

2. 工业资源的泛在连接与优化配置

工业互联网平台通过在边缘层运用边缘处理技术，围绕"人、机、料、法、环"等方面，将分布在各地的各类工业资源接入平台,并实现识别、注册、认证等基础管理功能。另外,将数据化、模型化的工业资源进行加工、组合、优化,形成模块化的制造能力,并通过对工业资源的基础管理、动态调度、优化配置等,促进制造能力的在线交易、动态配置、共享利用。

3. 工业大数据管理与挖掘

工业互联网平台应具备海量异构工业数据的汇聚共享、价值挖掘能力,支持多源海量异构数据的转换、清洗、分级存储、可视化处理等,并应提供多种分析算法和工具,支持相关方基于大数据处理形成工业机理模型、知识图谱等,提升数据利用水平,实现各参与主体知识的复用、传播、提升,形成基于数据驱动、持续迭代的工业知识体系。

4. 工业微服务与 IT 微服务库

工业互联网平台应支持各类微服务组件提供商,围绕"人、机、料、法、环"等方面,快速构建人员技能、设备、生产资源、工业环境等一系列高度解耦、可复用的工业微服务及微组件等。支持各类微服务组件提供商结合工业微服务及微组件、IT 微服务及微组件的使用情况,对它们进行持续迭代优化。同时,支持平台建设运营主体对各类微服务及微组件进行认证、注销等基础管理,并结合工业 App 的运行需求实现微服务及微组件的快速发现、编排与调用。

5. 覆盖工业 App 全生命周期的环境与工具服务

工业互联网平台应建立开发社区,汇聚工业、IT、通信等领域的各类开发者,并提供覆盖工业 App 全生命周期的环境与工具,支持各类工业 App 的开发、测试验证、虚拟仿真、实时部署、运行、调度、优化,为企业转型升级提供可用、好用的工业 App。支持开发者在多种开发工具及语言环境下,快速将其掌握的工业技术、经验、知识和最佳实践进行模型化、软件化和再封装,形成一系列工业 App,满足行业、领域的应用要求。

3.1.4 工业互联网平台本质

如果用一句话将工业互联网平台的本质抽象出来,那就是:"数据 + 模型 = 服务"。"数据+模型=服务"也是信息技术与制造技术融合创造价值的内在逻辑。工业互联网平台的本质如图3-2所示。

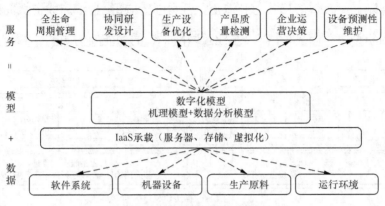

图3-2 工业互联网平台的本质

工业互联网平台实现了各类数据的采集，包括ERP、MES等软件系统数据的采集，机床、工业机器人、AGV、炼铁高炉等机器设备的数据采集，煤粉、矿石、橡胶等生产原料的数据采集，温度、压力、气象等运行环境的数据采集等。工业互联网平台不仅将越来越多的数据汇聚到了云端，还将各类机理模型和大数据分析模型部署在云端，在云端进行数据的集中存储、管理和计算。工业互联网平台通过各种各样的SaaS软件和工业App呈现服务，提供从单机设备、到生产线、到产业链、再到产业生态的系统的优化服务。

从实践上看，当把来自机器设备、业务系统、产品模型、生产过程，以及运行环境的大量数据汇聚到平台层，并将技术、知识、经验和方法以数字化模型的形式也沉淀到工业互联网平台上，通过调用各种数字化模型与不同数据进行组合、分析、挖掘、展现，可以快速、高效、灵活地开发出各类工业App，提供全生命周期管理、协同研发设计、生产设备优化、产品质量检测、企业运营决策、设备预测性维护等多种多样的服务。

3.2 工业互联网平台功能架构

3.2.1 总体功能架构

工业互联网平台是工业云平台的延伸发展，其本质是在传统云平台的基础上叠加物联网、大数据、人工智能等新兴技术，构建更精准、实时、高效的数据采集体系，建设包括存储、集成、访问、分析、管理功能的使能平台，实现工业技术、经验、知识模型化、软件化、复用化，以工业 App 的形式为制造企业各类创新应用，最终形成资源聚集、多方参与、合作共赢、协同演进的制造业生态。工业互联网平台的功能架构如图 3-3 所示。

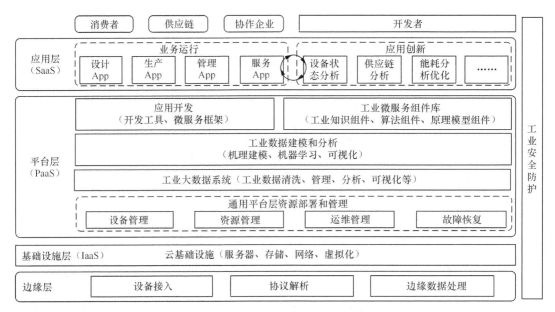

图3-3 工业互联网平台的功能架构

从构成来看，工业互联网平台包含四大要素：边缘层、基础设施层（IaaS）、平台层（PaaS）和应用层（SaaS）。

第一层是边缘层，通过大范围、深层次的数据采集，以及异构数据的协议转换与边缘处理，构建工业互联网平台的数据基础。一是通过各类通信手段接入不同设备、系统和产品，采集海量数据；二是依托协议转换技术实现多源异构数据的归一化和边缘集成；三是利用边缘计算设备实现底层数据的汇聚处理，并实现数据向云端平台的集成。

第二层是基础设施层，通过虚拟化技术将计算、存储、网络等资源池化，向用户提供可计量、弹性化的资源服务。

第三层是平台层，基于通用 PaaS 叠加大数据处理、工业数据分析、工业微服务等创新功能，构建可扩展的开放式云操作系统。一是提供工业数据管理能力、将数据科学与工业机理结合，帮助制造企业构建工业数据分析能力，实现数据价值挖掘；二是把技术、知识、经验等资源固化为可移植、可复用的工业微服务组件库，供开发者调用；三是构建应用开发环境，借助微服务组件和工业应用开发工具，帮助用户快速构建定制化的工业 App。

第四层是应用层，形成满足不同行业、不同场景的工业 SaaS 和工业 App，形成工业互联网平台的最终价值。一是提供设计、生产、管理、服务等一系列创新性业务应用；二是构建良好的工业 App 创新环境，使开发者基于平台数据及微服务功能实现应用创新。

3.2.2 边缘层

边缘层主要着眼于实时、短周期数据的分析，满足本地业务及时处理执行要求。边缘计算靠近设备端，可以有效缓解数据传输的压力，支撑云端应用的大数据分析。云端也可以通过大数据分析输出业务规则，下发至边缘处，以便执行和优化处理。利用泛在感知技术对多源设备、异构系统、生产要素信息进行实时高效采集和云端汇聚。工业互联网平台的边缘层功能主要包括设备接入、协议解析、边缘数据处理。

1. 设备接入

通过工业以太网、现场总线、工业光网络、4G/5G、窄带物联网（NB-IoT）等各类有线和无线通信技术，接入各种工业现场设备、智能产品/装备，采集工业数据。根据业务需要对设备安装传感器进行数字化改造，并通过有关协议将数据传输到云端。

2. 协议解析

运用协议解析与转换、中间件等技术兼容 Modbus、PROFINET、CANopen 等各类工业通信协议，实现数据格式转换和统一。利用 HTTP[1]、MQTT[2] 等方式将采集到的数据传输到云端数据应用分析系统或数据汇聚平台，实现设备、传感器、控制系统、业务系统等不同来源的海量数据在云端汇聚。

3. 边缘数据处理

基于高性能计算、实时操作系统、边缘分析算法等技术支撑，在靠近设备或数据源头的网络边缘侧进行数据预处理、存储及智能分析应用，提升操作响应灵敏度、消除网络堵塞，并与云端数据分析形成协同，实现对数据进行本地的运算和预处理，缓解云端压力。

1　HTTP：Hypertext Transfer Protocol，超文本传送协议。
2　MQTT：Message Queuing Telemetry Transport，消息队列遥测传输。

3.2.3 基础设施层

1. 基础设施层（IaaS）的功能

基础设施层（IaaS）是工业互联网平台的运行基础，由 IT 基础设施提供商为平台建设与运营提供虚拟化的计算机资源、网络资源、存储资源，为平台层（PaaS）、应用层（SaaS）的功能运行、能力构造及服务供给提供高性能的计算、存储、网络等云基础设施。基础设施层将基础的计算网络存储资源虚拟化，实现基础设施资源池化，消费者通过互联网可以从完善的计算机基础设施中获得服务。

2. 基础设施层关键技术

基础设施层涉及的技术是 IaaS 技术，其是基于虚拟化、分布式存储、并行计算、负载调度等技术，实现网络、计算、存储等计算机资源的池化管理，根据需求进行弹性分配，并确保资源使用的安全与隔离，为用户提供完善的云基础设施服务。

基础设施层的核心为虚拟化技术。服务器虚拟化的目的是改善计算机资源的使用效率。服务器虚拟化依赖 CPU[1] 虚拟化、缓存（Cache）虚拟化和输入/输出（Input/Output, I/O）虚拟化等资源虚拟化技术。但是服务器虚拟化只是基础设施层的一种交付方式，物理硬件资源的交付也是基础设施层的重要内容，但平台可对物理硬件池和虚拟化池进行可视化的管理和配置是前提条件。

3.2.4 平台层

1. 平台层（PaaS）的功能

平台层是整个工业互联网平台的核心，接收海量工业数据，并运用平台自身能力对数据进行处理和分析，以支持应用层（SaaS）工业 App 的开发与制定。

平台层基于平台使能技术进行资源调度，实现资源的合理部署和管理、工业资产管理，平台层根据业务对资源的需求量，动态调配相关基础资源，保证业务正常开展。基于工业大数据系统形成平台的数据处理能力，可对工业数据进行预处理、存储、计算和可视化等

---

1 CPU：Central Processing Unit，中央处理器。

操作。通过海量数据构建数据模型，再运用深度学习等方法进行分析，从而最大限度地挖掘工业数据的价值。

平台层提供微服务等平台开发技术和算法工具等支持，以便数据分析师采用特征提取、机器学习、决策优化等先进技术，对各类数据进行分析与处理，搭建数据模型，实现设备健康评估、参数异常发现、信号趋势预测等功能。平台层提供了用户可以访问的完整或部分的应用程序开发，将生产技术部署到云计算基础设施上去，为第三方提供开发语言和工具，简化工业 App 的开发难度。

2. 平台层关键技术

（1）平台使能技术

通用平台层应具有的环境：一是基础架构，借助 Cloud Foundry、OpenShift 等成熟架构技术，实现通用云平台层的快速、可靠构建，并具备在不同基础设施层间进行灵活迁移部署的能力；二是运行与管理，综合运用面向服务的体系结构（Service-Oriented Architecture，SOA）、微服务架构、容器、分布式等新型技术手段，构建具备资源调度分配等能力的应用运行环境，以及具备多租户管理等能力的平台管理环境。

① 资源调度：通过实时监控云端应用的业务量动态变化，结合相应的调度算法为应用程序分配相应的底层资源，从而使云端应用可以自动适应业务量的变化。

② 多租户管理：通过虚拟化、数据库隔离、容器等技术实现不同租户应用和服务的隔离，保护其隐私与安全。

（2）数据管理技术

数据处理框架：借助 Hadoop、Spark、Storm 等分布式处理架构，满足海量数据的批处理和流处理计算需求。

数据预处理：运用删除数据冗余、异常检测、归一化等方法对原始数据进行清洗，为后续存储、管理与分析提供高质量数据来源。

数据存储与管理：通过分布式文件系统、NoSQL 数据库、关系数据库、时序数据库等不同的数据管理引擎实现海量工业数据的分区选择、存储、编目与索引等。

（3）工业数据建模和分析技术

数据分析算法：运用数学统计、机器学习及最新的人工智能算法实现面向历史数据、实时数据、时序数据的聚类、关联和预测分析。

数据分析算法库：提供各类通用数学算法，支撑进行聚类分析、关联分析、文本分析和深度学习等。

机理建模：利用机械、电子、物理、化学等领域专业知识，结合工业生产实践经验，基于已知工业机理构建各类模型，实现分析应用。对机理模型的详细说明如下。

① 机理模型的定义：机理模型，也称"白箱模型"。根据对象、生产过程的内部机制或者物质流的传递机理建立起来的精确数学模型。它是基于质量平衡方程、能量平衡方程、动量平衡方程、相平衡方程，以及某些物性方程、化学反应定律、电路基本定律等获得对象或过程的数学模型。

② 机理模型的优点及缺点：优点是参数具有非常明确的物理意义，模型参数易于调整，所得的模型具有很强的适应性。其缺点是对于某些对象，难以写出它的数学表达式，或者当表达式中的某些系数还难以确定时，不能适用。机理模型往往需要大量的参数，如果参数不能精准地获取，则会影响到模型的模拟效果。

③ 机理模型的建模流程：机理建模是根据系统的机理（例如物理或化学的变化规律）建立系统模型的过程。首先，根据建模对象的应用场景和模型的使用目的进行合理的假设；其次，根据系统的内在机理建立数学方程，并比较过程变量数与独立方程数来进行自由度分析，以保证模型有解；最后，进行模型简化与验证。

④ 机理模型库：面向装备、电子、冶金、石化等不同行业，提供满足不同场景分析应用需求的各类机理模型，既包括基于物理化学规律的传统理论模型，也包括行业先验知识与数据分析算法互相融合的新型数据模型。

（4）应用开发和微服务技术

该技术具备以下3种功能。

① 多语言与工具支持：支持 Java、Python、JavaScript、Ruby 和 PHP 等多种语言编译环境，并提供 Eclipse Integration、JBoss Developer Studio、Git 和 Jenkins 等各类开发工具，构建高效便捷的集成开发环境。② 微服务架构：提供涵盖服务注册、发现、通信、调用的管理机制和运行环境，支撑基于微型服务单元集成的"松耦合"应用开发和部署。③ 图形化编程：通过类似 LabVIEW 的图形化编程工具，简化开发流程，支持用户采用非代码方式进行应用创建、测试、扩展等。

3.2.5 应用层

应用层（SaaS）为平台用户的不同业务需求提供个性化的解决方案。应用层形成满足不同行业、不同场景的工业业务应用和工业 App，形成工业互联网平台的最终价值。一是提供了设计、生产、管理、服务等一系列创新性业务应用。二是构建了良好的工业 App 创新环境，使开发者基于平台数据及微服务功能实现应用创新。

3.3 工业互联网平台应用场景

工业互联网平台四大应用场景如图 3-4 所示。

图3-4 工业互联网平台四大应用场景

1. 面向工业现场的生产过程优化

工业互联网平台能够有效采集和汇聚设备运行数据、工艺参数、质量检测数据、物料配送数据和进度管理数据等生产现场数据，通过数据分析和反馈在制造工艺、生产流程、质量管理、设备维护和能耗管理等具体场景中实现优化应用。其具体场景主要有制造工艺、生产流程、质量管理、设备维护和能耗管理。

① 制造工艺：通过对工艺参数、设备运行等数据进行综合分析，找出生产过程中的最优参数，提升制造品质。

② 生产流程：通过对生产进度、物料管理、企业管理等数据进行分析，实现提高排产、进度、物料、人员等方面管理的准确性。

③ 质量管理：通过产品检验数据和"人、机、料、法、环"等过程数据进行关联性分析，实现在线质量检测和成品分析，降低产品不良率。

④ 设备维护：通过设备历史数据与实时运行数据构建"数字孪生"，及时监控设备运行状态，并实现设备预测性维护。

⑤ 能耗管理：通过现场能耗数据的采集与分析，对设备、生产线、场景能效使用进行合理规划，提升能源使用效率，实现节能减排。

2. 面向企业运营的管理决策优化

借助工业互联网平台打通生产现场数据、企业管理数据和供应链数据，提升决策效率，并基于大数据挖掘分析实现管理决策优化。其具体场景主要有供应链管理、生产管控一体化和企业决策管理。

① 供应链管理：通过实时跟踪现场物料消耗，结合库存情况安排供应商进行精准配货，实现零库存管理，降低成本。

② 生产管控一体化：通过进行业务管理系统和生产执行系统集成，实现企业管理和现场生产的协同优化。

③ 企业决策管理：通过对企业内部数据的全面感知和综合分析，有效支撑企业智能决策。

3. 面向社会化生产的资源优化配置与协同

工业互联网平台可实现制造企业与外部用户需求、创新资源、生产能力的全面对接，推动设计、制造、供应和服务环节的协同优化。其具体场景主要有协同制造、制造能力交易、个性定制和产融结合。

① 协同制造：通过有效集成不同设计企业、生产企业及供应链企业的业务系统，实现设计、生产的并行实施，大幅缩短产品研发设计与生产周期，降低成本。

② 制造能力交易：通过对外开放空闲制造能力，实现制造能力的在线租用和利益分配。

③ 个性定制：通过企业与用户的无缝对接，形成满足用户需求的个性化定制方案，提升产品价值，增强用户黏性。

④ 产融结合：通过工业数据的汇聚分析，为金融行业提供评估支撑，为银行放贷、股权投资、企业保险等金融业务提供量化依据。

4. 面向产品全生命周期的管理与服务优化

工业互联网平台可以将产品设计、生产、运行和服务数据进行全面集成，以全生命周期可追溯为基础，在设计环节实现可制造性预测，在使用环节实现健康管理，并通过生产与使用数据的反馈改进产品设计。其具体场景主要有产品溯源、产品/装备远程预测性维护、产品设计反馈优化等。

① 产品溯源：通过借助标识技术记录产品生产、物流、服务等各类信息，综合形成产品档案，为全生命周期管理应用提供支撑。

② 产品/装备远程预测性维护：通过将产品/装备的实时运行数据与其设计数据、制造数据、历史维护数据进行融合，提供运行决策和维护建议，实现设备故障的提前预警，远程维护等设备健康管理应用。

③ 产品设计反馈优化：将产品运行和用户使用行为数据反馈到设计和制造阶段，从而改进设计方案，加速创新迭代。

3.4 国内外工业互联网平台

3.4.1 国外典型工业互联网平台

1. GE——Predix 平台

GE 是世界上最大的装备与技术服务企业之一，业务范围涵盖航空、能源、医疗、交通等多个领域。Predix 是 GE 推出的全球第一个工业互联网大数据分析服务平台，围绕工业设备健康管理、生产效率优化、能耗管理等提供了丰富的应用场景，并提供多种应用程序的微服务市场。GE 的工业互联网平台经历了一个从企业内部的资产管理平台向综合工业平台转型，由 IT 向 OT 延伸，最终发展为工业互联网平台的过程。Predix 平台的主要功能是将各类数据按照统一的标准进行规范化梳理，并提供随时调取和分析的能力。Predix 平台的架构如图 3-5 所示。

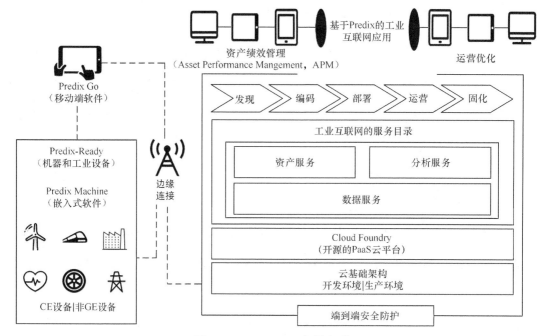

图3-5　Predix平台的架构

Predix 平台架构分为 3 层：边缘连接层、基础设施层和应用服务层。其中，边缘连接层主要负责收集数据并将数据传输到云端；基础设施层主要提供基于全球范围的安全的云基础架构，满足日常的工业工作负载和监督的需求；应用服务层主要负责提供工业微服务和各种服务交互的框架，主要提供创建、测试、运行工业互联网程序的环境和微服务市场。

GE 基于 Predix 平台开发部署了计划和物流、互联产品、智能环境、现场人力管理、工业分析、资产绩效管理、运营优化等多类工业 App。

2. ABB——ABB Ability 平台

ABB 是设备制造和自动化技术领域的领导厂商，拥有电力设备、工业机器人、传感器、实时控制和优化系统等广泛的产品线。ABB 于 2017 年推出了工业互联网平台 ABB Ability，探索将数字技术与其在电气自动化设备制造等领域的专业优势结合。

ABB Ability 定义为从设备、边缘计算到云服务的跨行业、一体化的数字化解决方案。简单来说，ABB Ability 平台就是"边缘计算＋云"架构，边缘设备负责工业设备的接入，对关键设备的参数、值和属性进行数据采集，由 ABB Ability 边缘计算服务进行数据的处理和展现，最上层云平台用来对工业性能的高级优化和分析。ABB Ability 平台架构如图 3-6 所示。

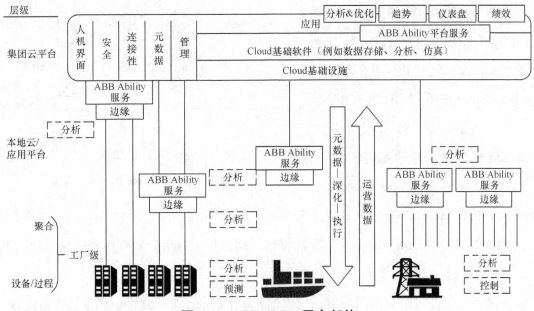

图3-6　ABB Ability平台架构

边缘计算对于工业环境下的设备数据采集使用两种方式。

第一种方式，通过 ABB Ability 智能传感器进行数据采集。第二种方式，对于不能通过贴附采集的工业设备，ABB Ability 也可通过对单台计算机或功能型服务器进行配置来实现对关键设备数据的采集。对服务器进行有效配置使服务器可支持 OPC UA[1]、Modbus 等常用的工业通信协议。边缘计算通过两种数据采集方式基本解决了设备的数据采集问题。边缘计算硬件在采集数据之后可以及时地对这些数据进行分析处理，包括关键性能指标、绩效、趋势和聚合等状态。

Ability Cloud 是基于 Microsoft 90 Azure 云基础架构及其应用服务，通过数据集成管理和大数据分析，形成智能化决策与服务应用。

3. 西门子——MindSphere 平台

西门子是全球电子电气工程领域的领先企业，业务主要集中在工业、能源、基础设施及城市、医疗四大领域。西门子于 2016 年推出 MindSphere 平台，是德国"工业 4.0"平台的典型代表，主要面向广大工业企业提供预防性维护、能源数据管理等数字化服务。该平台采用基于云的开放物联网架构，可以将传感器、控制器及各种信息系统收集的工业现

---

[1] OPC UA 中 OPC 是一种协议规范，UA 是 Unified Architecture，统一架构。

场设备数据，通过安全通道实时传输到云端，并在云端为企业提供大数据分析挖掘、工业 App 开发和智能应用增值等服务。MindSphere 平台架构如图 3-7 所示。

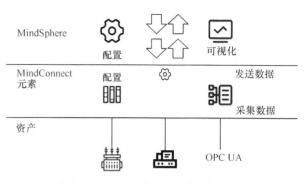

图3-7　MindSphere平台架构

基于云的开放式物联网操作系统 MindSphere 平台包括边缘连接层、开发运营层，应用服务层 3 个层级。主要包括 MindConnect、MindClound、MindApps 3 个核心要素，其中 MindConnect 负责将数据传输到云平台，MindClound 为用户提供数据分析、应用开发环境及应用开发工具，MindApps 为用户提供集成行业经验和数据分析结果的工业智能应用。

在对工业设备进行数据采集时，提供的 MindConnect 工具盒子，可以让设备连接入网。其中有 Nano 工具，拥有配套的网关，使连接变得容易，并且可以集成到 MES 软件上。这个工具目前是有限制条件的，要求设备支持西门子 S7 的通信协议或 OPC UA 通信协议。

MindSphere 平台主要依托 Nano 这一网关型硬件产品，向上与 MindSphere 的云端进行连接，向下与西门子众多的具有以太网通信能力的硬件产品和支持通用协议的其他品牌产品进行通信，完成数据采集与传输。如果设备的通信协议比较特殊，用户可以基于 Nano 中的开源软件自行开发设备通信与数据采集程序。

MindSphere 平台向下提供数据采集 API[1]，既支持开放式通信标准 OPC UA，也支持西门子和第三方设备的数据连接；向上提供开发 API，方便合作伙伴和用户开发应用程序。MindSphere 平台应用开发也是基于 Cloud Foundry 框架构建，即搭建完整的大数据预处理、存储及分析的技术框架，融合了西门子以前在若干个领域积累的分析模型与算法，提供开放的接口，便于用户嵌入满足个性化需求的分析算法模型。

3.4.2　国内典型工业互联网平台

1. 航天云网 INDICS 平台

航天科工集团基于自身在制造业的雄厚实力和在工业互联网领域的先行先试经验，打

---

[1] API：Application Program Interface，应用程序接口。

造了工业互联网平台——航天云网 INDICS。航天云网 INDICS 平台是一个以云制造服务为核心,以信息互通、资源共享、能力协同、开放合作、互利共赢为理念的"互联网+智能制造"产业化创新服务平台。航天云网 INDICS 平台架构如图 3-8 所示。

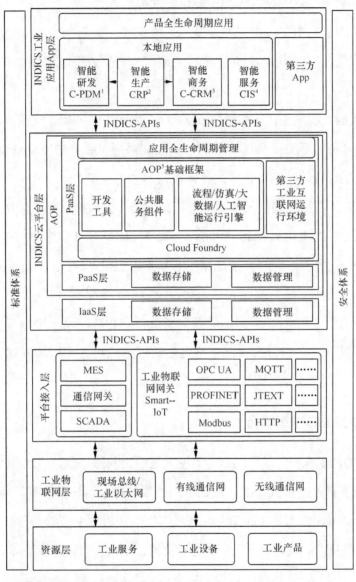

1. PDM:Product Data Management,产品数据管理。
2. CRP:Capacity Requirement Planning,能力需求计划。
3. CRM:Customer Relationship Management,客户关系管理。
4. CIS:Content Intelligence Services,内容智能服务。
5. AOP:Agent-Oriented Programming,面向智能体的程序设计。

图3-8 航天云网INDICS平台架构

航天云网 INDICS 平台总体架构包括资源层、工业物联网层、平台接入层、INDICS

云平台层、INDICS 工业应用 App 层 5 层。

① 资源层。实现产品研制全产业链资源 / 能力的接入，提供生产制造、试验验证、计量检测等各类资源 / 能力的接入能力，以及各类工业设备，包括机械加工、环境试验、电器互联、计量器具、仿真试验等 21 类工业设备的接入能力。

② 工业物联网层。实现各类工业设备的通信互联，支持 OPC UA、MQTT、Modbus、PROFINET 等主流工业现场通信协议的通信互联，支持工业现场总线、有线网络、无线网络的通信互联。

③ 平台接入层。实现工厂 / 车间的云端接入，提供自主知识产权的 Smart IoT 系列智能网关接入产品（标准系列、传感器系列、高性能系列）和 INDICS-APIs 软件接入接口，支持"云计算 + 边缘计算"的混合数据计算模式。

④ INDICS 云平台层。提供云资源基础设施管理、大数据管理和应用支撑公共服务等云服务功能。以业界主流开源 PaaS 云平台 Cloud Foundry 基础架构作为底层支撑架构，有效支持工业云的能力扩展；同时自建数据中心，直接提供 PaaS 层和通用平台 IaaS 层的基础云服务。

⑤ INDICS 工业应用 App 层。提供面向制造全产业链、基于平台开发的原生工业应用 App，同时提供开发接口，形成基于平台的第三方应用，支持多样化、个性化的用户需求。

2. 海尔 COSMOPlat 平台

海尔 COSMOPlat 是一个以用户驱动实现大规模定制的平台，COSMOPlat 将社会资源纳入平台中，能够有效连接人、机、物，不同类型的企业可快速匹配智能制造解决方案。该平台强调用户全流程参与、零距离互联互通、打造开放共赢的新生态三大特性，用户可以全流程参与产品交互、设计、采购、制造、物流、体验和迭代升级等环节，形成了用户、企业、资源三位一体，开放共赢的有机全生态。

COSMOPlat 平台全流程共有七大模块，包括用户交互定制平台、精准营销平台、开放设计平台、模块化采购平台、智能生产平台、智慧物流平台、智慧服务平台。COSMOPlat 平台已打通交互定制、开放研发、数字营销、模块采购、智能生产、智慧物流、智慧服务等业务环节，通过智能化系统使用户持续、深度参与产品设计研发、生产制造、物流配送、迭代升级等环节，满足用户个性化定制需求，为各方协同创造条件，帮助更多中小制造企业借助规范的平台进行转型升级。

海尔 COSMOPlat 平台 4 层架构如图 3-9 所示。

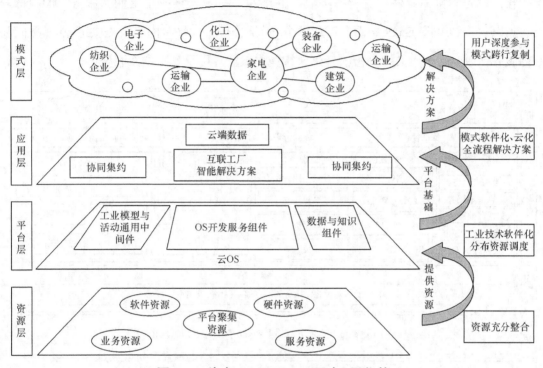

图3-9 海尔COSMOPlat平台4层架构

第一层是资源层，以开发模式对全球资源，包括软件资源、服务资源、业务资源、硬件资源等，进行聚集整合，打造平台资源库，为以上各层提供资源服务。

第二层是平台层，是 COSMOPlat 平台的核心技术所在，支持工业应用的快速开发、部署、运行、集成，实现工业技术的软件化，各类资源的分布式调度和最优匹配。

第三层是应用层，通过模式软件化、云化等，为企业提供具体的互联工厂应用服务，形成全流程的智能解决方案。

第四层是模式层，依托互联工厂应用服务实现模式复制和资源共享，实现跨行业的复制，通过赋能中小企业，助力中小企业提质增效，转型升级。

3. 东方国信 BIOP 平台

东方国信基于软硬件相结合的端到端工业大数据解决方案，推出工业互联网平台——BIOP。

东方国信 BIOP 平台架构如图 3-10 所示，平台包含采集层、传输层、IaaS 层、PaaS 层、SaaS 层 5 个部分。其中主要的是采集层、PaaS 层和 SaaS 层，采集层包含 BIOP-EG 智能网关接入设备和接口组件，支持各类数据的接入。PaaS 层集成了工业微服务、大数据分析、应用开发等功能。SaaS 层面向工业各个环节和场景，向平台内租户提供工业领域通用、专用服务，以及基于大数据分析的云化、智能化工业应用及解决方案服务。

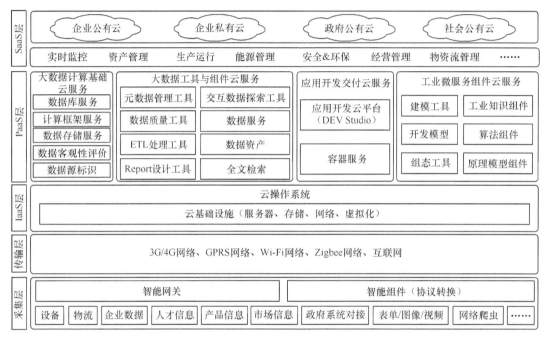

图3-10 东方国信BIOP平台架构

4. 树根互联根云（Root Cloud）平台

树根互联技术有限公司由三一重工物联网团队创建，是独立开放的工业互联网平台企业。2017 年年初，树根互联发布了根云（Root Cloud）平台。根云平台主要基于三一重工在装备制造及远程运维领域的经验，由 OT 层向 IT 层延伸构建平台，重点面向设备健康管理，提供端到端工业互联网解决方案和服务。树根互联根云平台架构如图 3-11 所示。

树根互联根云平台主要具备 3 个方面功能。

① 智能物联。通过传感器、控制器等感知设备和物联网，采集、编译各类设备数据。

② 大数据和云计算。面向海量设备数据，提供数据清洗、数据治理、隐私安全管理等服务，以及稳定可靠的云计算能力，并依托工业经验知识图谱构建工业大数据工作台。

③ SaaS应用和解决方案。为企业提供端到端的解决方案和即插即用的SaaS应用，并为应用开发者提供开发组件，方便其快速构建工业互联网应用。

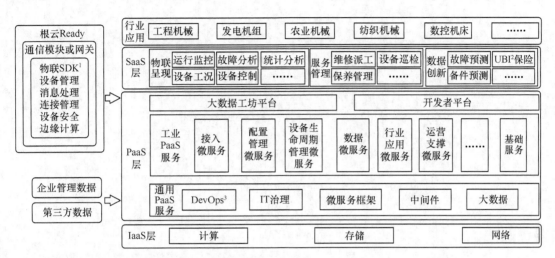

1. SDK：Software Development Kit，软件开发工具包。
2. UBI：Usage-based Insurance，基于使用量而定保费的保险。
3. DevOps：Development 和 Operations 的总称，即开发与运营维护。

图3-11 树根互联根云平台架构

目前，根云平台能够为企业提供资产管理、智能服务、预测性维护等工业应用服务。同时基于平台开展产业链金融创新，已有UBI保险、维保等产品实践，服务于保险公司等金融机构，提升其风险管控和金融服务能力。

 思考题

1. 简要描述工业互联网平台的定义及定位。

2. 主流的工业互联网平台通常分为哪4种类型？4种类型中哪种类型的平台应用最为广泛？

3. 结合实际的应用场景和企业需求，怎样能够更好地发挥工业互联网平台的核心作用？

4. 工业PaaS层中的主要技术有哪几类？这些主要技术之间通常是如何协同工作的？

5. 工业互联网平台面向"社会化生产"和"产品全生命周期"的应用场景在技术选型和落地实现上有什么联系与区别？

6. 目前国内外典型的工业互联网平台存在哪些优势和劣势？未来应该从哪些技术角度进行改进？

第 4 章 工业大数据

学习目标

- 了解工业大数据的概念范畴。
- 了解工业大数据系统的主要技术组件。
- 了解工业大数据分析算法。
- 掌握工业大数据的行业应用场景。
- 了解工业大数据在工业互联网中的定位。

4.1 工业大数据概念

4.1.1 工业大数据的定义

在概念范畴上,大数据包括数据思维(相对于逻辑思维、实证思维、构造思维等经典思维范式)、大数据技术、大数据应用3个方面。数据思维侧重的是如何有效利用内部和外部数据要素,通过合适的业务模式和技术手段,为企业、行业或社会创造新的价值。特别是在数据利用的技术手段上,工业大数据思维不拘泥于因果关系,采用统计学习获得关联关系,再结合现有的机理模型和经验模型进行概率性推理。从大数据技术的角度,需要根据工业大数据的特点,从数据平台、数据算法和实施方法等方面,解决工业数据采集、存储、融合、管理、访问、分析挖掘等功能。从大数据应用的角度,工业大数据需要满足工业企业及工业互联网的业务需求。《工业大数据白皮书(2019版)》将工业大数据定义为:在工业领域中,围绕典型智能制造模式,从客户需求到销售、订单、计划、研发、设计、工艺、制造、采购、供应、库存、发货和交付、售后服务、运维、报废或回收再制造等整个产品全生命周期各个环节所产生的各类数据及相关技术和应用的总称。

4.1.2 工业数据源

从业务语义的角度看,工业大数据主要包括3类数据:第一类是与企业运营管理相关的业务数据,主要来自企业信息化系统;第二类是设计与制造过程数据,主要指在工业生产过程中,装备、物料及产品加工的工况状态参数、环境参数等数据;第三类是企业外部数据,包括企业掌握的供应链与行业数据,也包括气象、地理等公共数据资源。

从业务应用的角度看,工业大数据覆盖了ISA-95[1]企业信息架构参考模型的大部分层次。ISA-95将制造业信息系统划分为物理过程层(Level 0)、传感层(Level 1)、监控层(Level 2,例如DCS、SCADA)、生产管理层(Level 3,例如MES)、经营管理层(Level 4,

---

1 ISA-95指企业系统与控制系统集成国际标准。

例如 ERP、SCM）。工业大数据在既有数据基础上，从更全要素、更大范围、更细时空颗粒度着手，通过跨域融合和深度挖掘，创造或支撑新型业务应用，是自动化系统、信息化系统的有益补充，实现了过去单一领域系统无法支撑的功能。

4.1.3 工业大数据的特点

从数据特征、资源供给、利用方法这3个维度，工业大数据的特点可以总结为以下3点。

1. 工业大数据具有多样性、多模态、高通量和强关联等特性

多样性主要体现在数据类型上，除了传统的关系型数据，工业大数据还包括大量的时序数据（例如传感器数据）、半结构化数据（例如文档数据）和无结构数据（例如多媒体数据）。多模态是指工业数据之间不仅是数据字段的关联，更多是物理对象和物理过程的语义关联。高通量体现在工业中存在大量物联网数据，采集量大（例如，振动传感器采样频率一般在上千赫兹），且负载相对稳定，对数据传输和计算模式提出了新课题。强关联指的是不同单元、不同维度要素间关联性强，包括物理连接上的强关联（例如，工质的管道连接、机械传动关系、电气或电磁连接、热交换关系等）、控制逻辑上的强关联（例如，闭环控制回路）、物理机理与管理机制上的强关联（例如，产品质量由"人、机、料、法、环"等多个维度要素共同影响）。这是典型的多源异构数据存储需求，不仅需要高效的数据存储，还需要能够通过元数据、索引、查询推理等进行高效便捷的数据读取。

2. 工业数据资源并不丰富

在宏观层面上，工业领域的数据类型和数据量非常丰富。但对于一个具体的大数据应用来说，有效数据量并不大。对于大数据分析来说，高价值的数据供给更少。一方面，大数据分析通常需要多个维度关联后的数据资源，但在数据供给上，常常出现维度不完整和序列间断，很多单一维度丰富的原始数据经过多个维度关联后，就变得相对稀疏，这导致当前获取到的数据并不能完整勾画出真实的物理过程。另一方面，工业数据样本通常有严重偏差，工业系统绝大多数时间稳定运行，异常工况相对稀缺，有标记的异常样本更是难得。

3. 工业大数据分析需要机理模型、经验模型、统计学习多种方法融合

工业是一个强机理、高知识密度的技术领域，监测数据仅是系统运行的部分表征。工业领域通常有机理模型和专家经验的深厚积累，工业大数据分析过程中通常会隐性甚至显性地利用大量行业知识，将统计学习算法、机理模型、经验规则融合，以形成可落地执行的分析模型。

4.2 工业大数据系统

4.2.1 工业大数据系统架构

工业大数据系统架构如图 4-1 所示，可分为通用平台与工具层、领域数据平台层和数据应用开发工具层。每一层都有子层级。

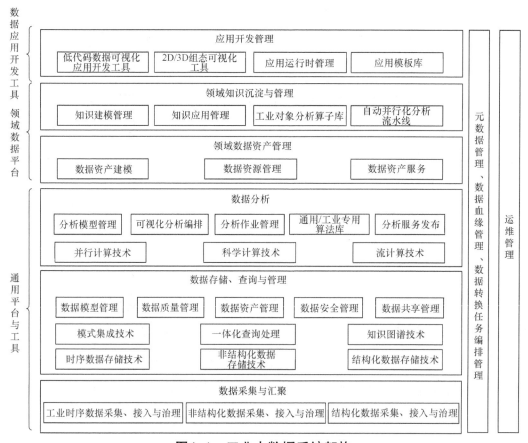

图 4-1 工业大数据系统架构

通用平台与工具层主要面向工业大数据采集汇聚、存储管理、集成查询、分析等关键技术，提供多源、异构、高通量、强机理的工业大数据核心技术支撑；领域数据平台层针对一个具体业务域，提供有针对性的领域数据资产管理、领域知识沉淀的平台支持，为工业大数据与业务应用架设更便捷的桥梁；数据应用开发工具层则基于通用平台与工具层提供的技术支撑与领域数据平台层提供的知识沉淀，面向智能化设计、网络化协同、智能化生产、智能化服务、个性化定制等业务应用场景，通过低代码开发、应用模板库等工具，支持工业大数据应用的开发。另外，工业大数据系统通过贯穿多层的元数据管理、数据血缘与数据转换任务编排管理，实现数据的溯源与追踪；通过运维管理实现资源管理、用户管理、权限、日志、审计、灾备等一系列基础保障。

数据采集与汇聚子层级，包括时序数据采集接入与治理、结构化数据采集接入与治理和非结构化数据采集接入与治理。工业数据采集组件解决适配各类工业数据源协议，适应数据传输链路特性，以及存储系统多样性等问题，数据治理组件与高性能时序数据接入系统适配"7×24小时"持续发送、质量问题突出等海量工业时序数据的特点，针对工业结构化与非结构化数据，同时兼顾可扩展性和处理性能。

数据存储、查询与管理子层级，包括工业大数据存储、集成、查询技术和管理功能。利用大数据分布式存储技术，构建容量和性能可横向扩展的时序数据存储、结构化数据存储和非结构化数据存储等。结合工业中重要的数据主维度，开发数据集成、统一数据建模、异构数据一体化查询处理等技术。基于以上存储、集成、建模与查询技术，并结合工业大数据在资产沉淀、开放共享等方面的特殊需求，构建数据模型管理、数据质量管理、数据资产管理、数据安全管理和数据共享管理技术体系。

数据分析子层级，包括工业大数据计算技术和工业大数据分析服务功能。工业大数据计算技术包括并行计算技术、数据科学计算技术和流计算技术等。在此之上构建工业大数据分析服务功能，包括分析模型管理、可视化编排、分析作业管理、工业专用/通用算法库和分析服务发布等，以此来管理和调度工业大数据分析，并通过数据建模、数据计算、数据分析形成知识积累。

领域数据资产管理子层级，包括数据资产建模、数据资源管理、数据资产服务。从领域业务活动侧重的角度出发，提炼领域数据管理最佳实践，支持领域数据模型构建与维护；结合领域数据组织和使用的特殊需求，构建领域模型化数据组织与索引，实现高效的数据资源管理；提供数据资产服务，通过积累领域数据资产，面向业务创新实现快速数据组装与配置，灵活适配多种业务活动与数据消费需求，降低数据使用门槛，提升数据使用效率。

领域知识沉淀与管理子层级，包括知识建模管理、知识应用管理、工业对象分析算子库、自动并行化分析流水线。构建知识建模管理工具和系统，应面向领域数据分析场景需求，结合领域专业和非专业人员现状，开发适用于工业领域应用特点的分析方法和框架，从而支撑领域人员实现工业大数据面向生产过程智能化、后服务智能化、新业态新模式智能化等业务方向的数据分析。

应用开发管理子层级，主要面向工业大数据的应用需求提供应用开发工具等支持，包括低代码数据可视化应用开发工具、组态可视化工具、应用运行时管理、应用模板库等。通过可视化技术，综合原始数据、加工数据和分析结果数据，以多层次、多维度以更加合适的形式直观展示数据，易于用户理解分析，提高决策效率。综合利用低代码开发工具及应用运行时管理等，辅以应用模板库的帮助，基于工业大数据管理与分析技术、领域资产服务和知识应用服务，快速实现工业大数据应用的开发与迭代，构建面向实际业务需求的，以数据为驱动的工业大数据应用。

工业大数据系统是支撑大数据分析与应用的基础。工业大数据系统的特点由工业大数据的数据负荷特性、分析和应用的特点共同决定。从大数据分析的角度看,建模时需要"全局信息"与应用时仅需"局部信息"形成了鲜明对比，工业大数据还具有数据"丰富"与信息"贫瘠"、分析工具丰富与通用算法平台短缺、分析模型大量存在且参差不齐等特点。从数据应用的角度来看，"流"与"批"的计算模式同时存在。从数据负荷的角度来看，数据传输一直是数据链路上的瓶颈环节。这些决定了工业大数据系统不能仅是一个灵活扩展、成本可控的大数据存储系统，还应是一个以业务主题为中心的数据服务提供者、一个支持知识沉淀和快速迭代的分析支撑平台、一个消除技术壁垒的协同应用平台。

4.2.2 数据采集技术

工业数据采集解决两个问题：一是适配工业数据源协议，能够读取数据源中的数据；二是将数据输送至工业大数据平台，除了接口与协议，需要注意性能与安全问题。

1. 工业数据接口

从业务角度看，工业大数据源涵盖了 ISA-95 企业信息集成模型的大部分层次。不同 ISA-95 层次系统的接口方式见表 4-1。从数据类型角度看，这些数据的形态是多样的，包括关系数据（例如 MES、ERP 等信息化应用数据）、时序数据（例如 DCS 监控数据）、对象数据（例如 AOI[1] 检测图像，CAD 设计文件），以及其他半结构化数据（例如工单等文档数据）。数据源的业务维度和技术维度分类是正交的，每一种特定的数据源的采集方式需要单独考虑。

表4-1 不同ISA-95层次系统的接口方式

层次	系统/设备	接口	开发工作
Level 1～2	DCS/SCADA 系统	OPC DA/UA	协议适配开发库
	支持工业通信协议的工业设备	工业以太网或者现场总线接口	结合厂商提供的数据编码规划，使用对应的协议进行数据帧的获取和解析
	支持物联网协议的工业设备	MQTT、NB-IoT	数据传输层协议的中间件
	非标准接口的工业设备	—	厂商配套接口或者数据访问 SDK
Level 3～4	MES 等生产管理系统	REST[2] 或者 Web Services[3] 数据库中间表	厂商提供的标准数据接口、数据库软件 SDK 等
	ERP/SCM 等经营管理系统	API 接口 数据库集成	厂商提供的标准数据接口、数据库软件 SDK 等
更高	数据平台	API 或数据库接口	根据平台软件，具体确定

由于工业生产现场的特殊性和企业数据管理的成熟度不够，还有一些离散的数据并不能集成到上述典型数据源中，例如手持点检仪的检测数据。甚至在一些场景中数据是离线的，例如户外仪器仪表、设备临时加装的传感器等，这些都需要额外考虑。需要注意的是，无论是哪种数据采集手段，都需要考虑工业现场的数据采集对控制或生产系统的影响，例如数据采集可能会对 DCS 产生额外的压力，引发报警，甚至严重的情况下会造成生产线停产。下面就几种典型的数据源说明其采集方法和注意事项。

（1）Level 1、Level 2 数据

主要包括仪器仪表、系统监控、智能设备传感等数据。在接入这部分数据时，优先考虑从 DCS/SCADA 系统中接入。通常情况下，厂商会在建设相关系统时优先将监控数据进行组态集成，将监控历史数据存储到实时数据库中，并提供 OPC DA/UA（分散/统一架构）标准数据访问接口，辅以配套或者开源的协议适配开发库，可以相对容易地访问到数据。

---

1 AOI：Automated Optical Inspection，自动光学检测。
2 REST：Representational State Transfer，描述性状态迁移。
3 Web Services：一个建立分布式运用的平台。

OPC 接口提供轮询和订阅两种数据访问模式，前者适合周期性的数据采集，后者适合在特定数据发生变化时触发采集（例如随机的报警事件）。

一些设备没有被 DCS 系统集成，但是提供了 Modbus-TCP[1] 或者串口等通信协议，例如老旧的 PLC 或者地磅等设备。这时就需要结合厂商提供的数据编码规划，使用对应的协议进行数据帧的获取和解析。

随着物联网技术的发展，工业现场也会加装一些新型智能设备，尤其是移动设备，通常会内置 MQTT 等标准物联网协议支持，新一代智能燃气表等智能设备也会支持 NB-IoT 等新一代物联网协议，对于物联网的开发生态，就不需要在协议适配层单独考虑，只需要在数据传输层选取支持这些协议的中间件。

工业现场还有非标准的移动设备数据采集，例如移动点检仪。一般来说这些数据是和设备或内置 App 的厂商相关的，需要厂商配合提供配套的接口或者数据访问 SDK 来实现数据采集。移动数据采集的一个重要用途是可以覆盖一些老旧的非联网、无接口设备仪表，例如机械式水表电表，或者一些难以实现技术改造的老旧设备和工艺段，配套相应的数据采集计划，包括采集点和采集频率定义，通过人工巡检的方式也可以采集到这部分数据。

（2）MES

生产过程数据包括工艺段、生产段配置、产品定义、生产计划、人员班组、物料、过程数据等很多要素。取决于 MES 建设的成熟度，这些数据可能在 MES 之内或之外，需要分情况考虑。如果数据已经被 MES 集成，那么可以把 MES 当成一个典型的信息化系统，优先考虑 MES 厂商提供的标准数据接口，例如 HTTP/REST 或者更传统一些的 HTTP/Web Services 接口。如果没有数据接口，也可以采用数据库中间表集成的方式进行。

通常会有一部分生产过程数据由于数据量太大、MES 成熟度低，没有被集成到 MES 中，例如一些生产机台的检测和过程数据。这时需要根据设备生产厂商提供的信息到机台中直接获取。这些数据通常以数据文件的方式存在，在数据采集阶段可以暂时不做结构化处理，存储到大数据平台的对象文件区，之后随需求进行转换处理。

（3）ERP/SCM

ERP/SCM 等 Level 4 系统虽然业务层次升高，从数据采集的角度看仍然属于典型的信息化系统，常用数据采集手段是 API 接口或者数据库集成两种方式。

1　TCP：Transmission Control Protocol，传输控制协议。

（4）自建或第三方数据平台

随着工业数智化的发展，很多企业建立了自己的数据平台。通常这些平台只会覆盖一部分业务范围，在建设新的业务时，为了减少企业重复投资，通常会考虑如何实现新旧系统的数据集成，而不是重新采集。

2. 数据传输协议

数据源适配解决如何读取数据，而数据传输解决如何运输数据到特定的数据存储。数据传输协议是数据源和数据存储同时决定的，因为数据源和数据存储技术的多样性，数据传输协议需要共同使用。以下是常见的工业数据传输协议。

（1）ETL[1] 工具

ETL 工具适用于数据源和数据存储都是数据库的情况，通过数据库查询语言来编写数据如何从数据源中抽取、转换、并加载到目标数据库中。

（2）特定传输协议

在分布式系统中，数据传输通常会遵守标准或者非标准的网络传输协议，例如物联网领域的 MQTT 协议。在这种情况下，需要构建特定协议的客户端程序，来接收和处理网络数据传输包。

（3）通用 TCP Socket 协议

一些厂商会根据实际需要制定自己的数据传输协议。通常会使用 TCP 可靠连接，结合自定义的网络帧数据包进行数据传输。这种情况下，数据接入需要开发通用的 TCP Socket 服务端，结合可插拔的帧解析插件进行数据的接入和读取，并转换存储到目标数据库中。

（4）流式接入

以上接入方式中，数据源和数据目标都是成对出现的，如果考虑一个数据源要存储到多个数据目的地，或者一个数据目的地要存储多个数据源的情况，就需要一个可扩展的架构，能够对数据源和数据目的地进行解耦并灵活配置，流式接入就用来解决这个问题。在流式接入的架构中，首先建立一个高吞吐的数据队列，可以看作一个典型的生产者—消费者队列。数据源作为生产者，把自己采集获取的数据都发送到数据队列中，而不用关心数据会如何被消费；数据目的地也不用关心数据是如何被采集的，只需要在数据处理程序的帮助下直接消费

1　ETL：Extract Transformation Load，抽取、转换、装载。

数据队列中的数据,将根据目标数据进行格式转换。在这个架构中,数据源和数据目的地的协议可以被持续扩充,同时通过管理数据转换任务的方式来配置数据接入流。

3. 性能问题

(1) 网络带宽与成本

数据跨地域传输需要解决网络带宽的瓶颈问题。在一个典型的将场站数据汇集到中心端的场景里,假设场站每天产生 200GB 数据,为了将这些数据传输到中心端,平均每秒需要传输约 2MB 的数据,考虑到数据的不均匀性和网络带宽的裕度,能够承载这些数据的网络带宽应在 40Mbit 以上,使用专线传输这些数据将为企业带来一笔不小的开销。

另外,有些生产现场地处偏远地区,或者生产设备本身是移动设备(例如车辆),没有铺设有线网络的条件,这种情况只能使用无线网络传输数据,而无线网络的带宽通常会比同等价格的有线网络低很多,因此更要考虑无线网络的带宽是否能够匹配数据传输的需要的问题。

为解决大量数据跨地域传输的问题,可以考虑:①通过数据压缩或降频,降低传输数据量;②数据预处理,抽取中心端所需的特征量,而不是将原始数据传输,例如很多高频振动波形数据在日常情形下就是传输频度特征量,只有在故障或密切监控时,才传输原始数据;③就地处理:将数据分析的算法直接运行在场站端的环境上,计算结果可以直接被场站端使用,这种情况下数据和计算结果可以完全脱离中心端。不过数据就地处理也有代价,首先,这对场站端的计算能力有较高的要求,分析算法的逻辑一般比较复杂,PLC 等工控处理器有可能满足不了计算能力要求;其次,由于分析算法逻辑的复杂性,必然存在算法版本迭代的需要,因此还要解决场站端算法版本及时更新的问题;再者,因为专业分工,复杂的分析结果以及相关的原始数据仍需要在线传输或离线传递到中心端处理,因此数据就地处理并非万能,而只是一种辅助手段。

(2) 网络传输的不可靠性

工业现场的网络通常是不可靠的,需要考虑在数据源和数据传输链路上构建一定规模的数据缓存,以便在网络中断时能保存一定时间窗的数据,在网络恢复后能自动进行重连传输。缓存的大小由业务需求的多少决定,但存储量受硬件资源条件的限制。如果存储量过大,就需要考虑数据压缩、降频等措施。

4. 安全问题

在实际的工业现场，受到安全合规等非技术因素影响，会出现数据源和数据目的地不能直连的情况。《中华人民共和国网络安全法》和《中华人民共和国数据安全法》中明确规定了重要数据处理者对数据的保护义务和责任。各行业也提出了细化的数据安全或网络安全标准，例如《国家电网公司智能电网信息安全防护总体方案》对发电、输电、用电等各个环节的数据规定了安全分区、网络专用、横向隔离、纵向认证等原则，从基础设施层面保证了电力数据安全。在电力系统中，核心生产系统被部署在安全Ⅰ区（控制区），而大数据系统作为应用，被部署在安全Ⅲ区（生产管理区），网络隔离的限制是网络通信不能跨区，并且只能单向发起连接请求，这样就需要在Ⅱ区构建一个数据传输中继（例如横向隔离装置），一方面接收来自Ⅰ区的数据，同时向Ⅲ区传输数据。需要注意的是中继并不能替代缓存，在这种架构下，Ⅰ区数据采集器和数据中继都需要有自己独立的缓存，来应对Ⅰ-Ⅱ和Ⅱ-Ⅲ之间可能出现的网络中断。数据传输中继如图4-2所示。

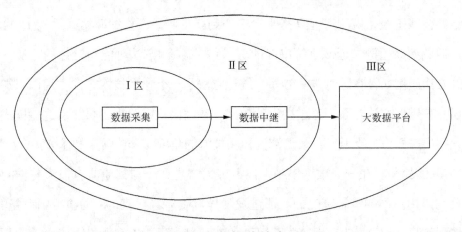

图4-2　数据传输中继

数据安全的这些要求对工业数据的传输也带来了挑战。首先，各行业和各企业对数据安全的具体要求并不统一，没有普适的满足所有数据安全要求的方法，例如在电力生产现场会使用专用的网络安全设备，现场需要进行比较多的定制化开发工作，不仅需要投入更多时间，也引入了很多影响数据质量的不确定因素。其次，网络安全设备可能带来额外的数据延迟，例如电网里普遍使用的单向隔离装置，在跨区传输时使用文件传输协议，这要求从设备采集的流式数据要先批量化才能通过，因而降低了整个数据链路的实时性。

4.2.3 数据清洗技术

数据作为数据分析和业务应用的基础，其准确性、完整性会影响分析结果和应用效果。人为输入/配置错误、网络重传、数据源本身或采集引入的数据缺失、数据格式不统一、数据字典不同等可能导致数据不完整、不准确、出错、重复等情况。数据清洗是对数据集中检测和纠正损坏或不准确的数据记录的过程，是指识别数据中的不完整、不正确、不准确或不相关的部分，然后替换、修改或删除脏数据。清洗后的数据集应与系统中的其他类似数据集保持一致。

数据清洗可以借助专门的工具交互式进行，也可以通过任务或脚本以批处理方式执行。数据清洗过程分为错误检测、错误修复两个阶段。错误检测阶段主要包括识别各种错误或违规，并按需将检测结果引入专家验证；错误修复阶段主要是对数据集执行修改操作或者将修改建议转给人工（待进一步确认执行），从而使数据达到可供下游分析应用使用的一个相较更高质量的状态。

在错误检测阶段，检测可能是基于严格的判断（例如严格编码格式检查）、也可能是模糊或近似的判断（例如近似字符串匹配）。另外，检测方法可能是定量的方法，也可能是定性的方法。例如，在定量方法方面，统计方法是一个典型技术方向，用以识别异常行为和错误。在定性方法方面，通过指定的数据一致性模式或约束，将违反这些模式或约束的数据识别出来标识为错误。从数据清洗相关技术的角度，一些常用技术如下。

① 离群值检测。在一个数据集中，离群值通常是那个与其他值有很大差异的值，以至于怀疑它是由不同的机制产生的。通过发现异常（离群）值，帮助检测到可能的错误。

② 数据记录匹配。判断两条数据记录的匹配度，通常在数据集的粒度级别上比较，即将一个数据集中的每个记录与另一个数据集中的记录进行匹配。

③ 模式匹配。模式匹配是在两个或多个结构化关系数据之间对齐表模式的过程。例如，对于两个关系表得到它们之间的属性对应关系。数据记录匹配之前通常要执行模式匹配。

④ 数据概要剖析（Data Profiling）。数据概要剖析通常包括计算和收集数据统计信息，例如记录数、最值、均值、中位数、平均值的标准偏差（Six-Sigma）、唯一值分布频率值等。利用这些统计信息，帮助发现数据可能存在的异常和问题等。

⑤ 重复数据删除。重复数据可能由多种原因导致，例如对于工业时序数据，在数据

源传输中断后重传时，人为设置重叠一段时间以防止遗漏数据；对于结构化数据，不同数据源中存在不同格式的数据记录，而它们表示相同实体对象。重复数据删除技术包括重复检测（例如实体解析、记录链接等）及高效删除执行。

⑥ 数据转换。将数据从一种格式转换为另一种格式的任务，例如，通过在适当位置添加"-"将电话号码转换为另一种格式。数据转换通常可以归类于错误修复。

针对工业大数据的数据特点及分析需求，构建面向多种数据类型、针对复杂数据传输链路特点、适应多模态数据关联特点的高效数据清洗方法与系统。这面临一系列的挑战，首先，工业数据源种类多，采集传输链路建设年代可能不同且复杂多样，数据类型多样（例如时序、关系、文本、图片等）；其次，工业数据之间的关联不仅是数据字段的关联，而且是物理对象之间、物理对象过程的关联；最后，工业数据具有海量规模。

结合工业机理按需进行数据清洗，不要过度。由于工业数据自身特点及同一个数据集之上承载不同分析主题和目的，往往通用的数据清洗难以适用和实施。需要结合数据类型、数据的来源类型、业务类型等多个方面因素，结合工业机理及分析主题与目标，在有适当指导和监督下，按需对特定范围的数据进行清洗。例如，风电中风速数据存在异常，对于风功率曲线分析师来说，他们希望将这些异常数据清洗和修复，但对于研究风速仪失效的分析师来说，这些异常反而是很有价值的数据，需要被保留。

4.2.4 数据存储与查询技术

数据存储与查询是数据库系统基于数据进行分析和应用的基础。为了有效管理和使用工业大数据，需要结合工业大数据各个方面的特点，研发包括高通量数据存储、多模态数据集成、一体化查询处理等技术。

数据库系统是构建在计算机与网络硬件之上、结合操作系统特性的软件系统。为了实现存储和查询的功能需求并达到较好的性能，从系统设计与实现角度有多个层面需要考虑。

① 如何进行数据模型设计使数据模型足够通用，在数据模型之上提供何种接口便于用户表达应用的数据需求，如何优化和处理请求使查询引擎准确高效运行。

② 如何进行文件或数据区块的数据布局与组织，采用何种数据压缩与编码方式、数据冗余与容错技术、统计信息及数据索引方法等，如何实现有效可靠的数据存储及正确高效的数据访问。

③ 如何结合好本地文件系统、分布式文件系统或对象存储等云服务基础设施等的特性。

④ 如何适配底层的非易失性存储设备的特性（例如旋转磁盘或 SSD）和网络等多种硬件设备的特性。

不同的应用场景与需求模式驱动产生了多种数据存储与查询技术，数据库系统的典型类型见表 4-2。

表4-2 数据库系统的典型类型

类型	数据模型	典型特性	数据库系统举例	工业中应用场景
关系数据库	关系模型	二维表结构，支持 SQL 语言，支持事务处理，广被使用	Oracle, MySQL, PostgreSQL, Greenplum, TiDB, Microsoft SQL Server	企业的信息化系统（例如 ERP、MES、CRM、WMS[1] 等）多采用关系数据库
键值数据库	键值模型	存取键值对，良好的性能和可扩展性	Redis, RocksDB, etcd, Riak KV	二进制或复杂对象的检索查询
时间序列数据库	时间序列模型	高速写入，支持时间序列特色查询（例如降采样等），高效压缩存储	InfluxDB, Prometheus, OpenTSDB, Apache IoTDB	物联网数据，包括设备状态监测、环境监测
宽列数据库	宽列模型	列不是提前固定的，可容纳大量列	HBase, Cassandra, Accumulo, Google Cloud Bigtable	大数据分析
文档数据库	文档模型	数据记录不需要结构一致，数据记录可以有嵌套结构	MongoDB, Couchbase, Realm, IBM Cloudant	图纸数据、仿真数据、异常日志
图数据库	图模型	由顶点和边的图结构表示，高效处理在以边构成的多跳关系上等查询	Neo4j, JanusGraph, Amazon Neptune, Nebula Graph	工业知识图谱

1. 数据存储技术

（1）事务处理与分析处理

在数据处理技术应用早期阶段，数据库主要用于商业交易场景，例如销售、订单、银行转账等。数据库的一次写入操作往往对应一次交易（或称为事务，Transaction）。尽管后来数据库应用领域大大扩展，其基本访问模式仍与处理商业交易类似，因此"事务"一词得以延续——主要是指组成一个逻辑单元的一组读写操作。此类访问模式称为联机事务处理（Online Transaction Processing，OLTP）。

---

[1] WMS：Warehouse Management System，仓库管理系统。

数据库也逐渐用于数据分析。数据分析具有不同的访问模式，通常需要扫描大量记录，读取少数几列（往往是个位数）数据，并计算统计信息（例如计数或平均值），而不是返回原始数据给用户。为了区别于事务处理，把这种使用数据库的模式称为联机分析处理（Online Analytical Processing，OLAP）。

（2）行式存储与列式存储

行式存储是表数据的一种自然的存储方式。类似于 CSV[1] 文件的存储方式，表的一行中所有列的值彼此相邻存储。以一个表数据举例，首先存储表第一行的所有列的值，然后是第二行的所有列的值，以此类推直至最后一行。

列式存储是将每列中的所有值存储在一起。以一个表数据举例，首先存储表第一列的所有值，然后是第二列的所有值，以此类推直至最后一列的所有值。由于同一列的数值都属于同一种数据类型，往往非常适合做数据压缩。

以数据仓库（Data Warehouse）上的一个全量聚合查询为例，如果记录事实的表有100 列，而查询只有 3 列，假设列式存储中每个列存储在一个单独的文件里，那么此查询只需要读取和解析 3 个文件并读取数据，这相对于在行式存储时要读取全部 100 列的数据可以节省大量的开销。

多数支持事务处理的关系数据库选择行式存储；而多数数据仓库支持列式存储的布局功能供用户使用。基于不同的数据存储方式，联机事务处理与联机分析处理的主要特性对比见表 4-3。

表4-3　联机事务处理与联机分析处理的主要特性对比

	联机事务处理（OLTP）	联机分析处理（OLAP）
读	基于键，每次查询返回少量的数据记录	主要是对大量数据记录进行汇总，返回少量的列
写	随机访问，低时延写入少量数据	批量导入或周期性作业运行的数据输出
应用场景	终端用户应用程序支持、关键业务运行支持等	决策支持，数据分析帮助解决问题、帮助做计划
存储方式	大多数使用行式存储	大多数使用列式存储

列式存储技术包括 Parquet、ORC、Greenplum、Vertica、Snowflake 等。Parquet 作为 Hadoop 生态中主流的列式存储技术，可以充分结合 Hadoop 分布式文件系统（Hadoop

---

[1] CSV：Comma-Separated Values，逗号分隔值。

Distributed File System，HDFS）的特性（例如按照数据块划分行组等）进行数据布局，从而对上层的数据访问提供高效支持。Snowflake 使用列式存储技术，并基于存储与计算分离架构，充分结合底层云服务基础设施的能力，实现高效的云原生分析处理。

（3）多源异构数据存储管理技术

多源异构数据是指数据源不同、数据结构或类型不同的数据集合。在各种工业场景中存在大量的多源异构数据。一方面，针对工业数据在不同阶段、不同流程、不同源头呈现多种类型（关系、时序、键值等）的特点，提供不同的数据存储管理引擎，实现数据高效地接入、存储和管理；另一方面，需要对元数据定义（例如多源异构数据的来源和结构随着时间推移不断增加与变化）和数据访问等进行优化，提供可扩展的数据管理系统和方法，实现多源异构数据的一体化管理。

在传统关系数据系统之外，还需要稳定而高效的数据存储管理系统，并落地到工业领域。

针对海量的工业时间序列数据在接入高吞吐量和查询高效性等方面的特点，构建满足数据接入与缓存、高性能读写、高效率存储、分布式查询与分析一体化等的时序数据管理系统，满足功能、性能、易用性、高可维护性等需求。同时需要提供通用的数据查询接口（例如 SQL 标准）降低工业用户的使用门槛。

构建面向工业场景的支持海量非结构化数据的建模、存储、检索和读取的存储管理系统：能够存储和管理包括仿真、试验等场景的海量小文件，能够按照产品生命周期、BOM 结构等多种维度进行灵活数据组织和高效检索，能够对数据进行高效批量读取分析。

2. 数据查询技术

（1）关系模型与时间序列模型

关系模型被广泛用于关系数据库中，数据被组织成关系（Relation），在数据库系统中称为表；每个关系都是元组的无序集合，在数据系统中称为行或数据记录。从数据库系统角度，关系模型通过简洁的接口，隐藏了背后的数据表示和存储实现细节。同时 SQL 语言通过声明式接口的方式为用户解除了考虑查询处理过程细节的负担，同时便于系统实现查询优化。表 4-2 中列出了一些典型的基于关系模型的数据库系统。

工业大数据中蕴含着海量的时间序列数据，时间序列数据库系统是相对而言适合对这类数据进行存储管理的。在典型的时间序列数据库系统中，时间序列是由一个序列标识和一个由时间戳与数据值的二元组组成的数据集。在不同的时间序列数据库系统中，时间序列标识的构成各有不同。例如，在 InfluxDB 中，由度量（Measurement）、标签集（Tag set）和一个字段键（Field Key）组合构成一个时间序列标识；在 Apache IoTDB 中，由一个设备（Device）与一个传感器（Sensor）构成一个时间序列标识。通过提供的类 SQL 查询接口可以实现对具有时间序列特点的原始数据进行时序降采样、多种聚合等查询处理。然而，工业大数据的数据源不同、涉及多种数据类型，具有多模态与强关联的特点，这要求在工业大数据集成和查询方面要利用更多信息，才能实现更有效的数据查询和使用。

（2）多模态、强关联数据的集成与一体化查询技术

工业大数据来源广泛，数据格式相异，结构版本多变且语义复杂。由于存在"信息孤岛"，数据源通常是离散的、非同步的。工业大数据集成重点关注数据之间是否存在某些内在联系；利用内在联系，让这些数据用于描述或者解释某些工业制造过程或者设备使用过程中的情况和现象，进而产生新的洞察、新的价值和创新机会。数据集成和查询的核心任务是在集成互相关联的多模态数据的基础上，用户能够以透明的方式统一访问这些数据源，并在数据融合的基础上进行全局查询。

① 强关联数据语义融合：面向工业领域在研发、制造和服务等各个阶段产生的多模态、强关联数据（例如核心工艺参数、检测数据、设备监测数据等），结合其存储分散、关系复杂的现状，实现统一数据建模；定义数字与物理对象模型，完成底层数据模型到对象模型映射；根据物料、产品、设备等核心要素及其关联关系，按照分析、管理等业务语义，构建全生命周期数据融合模型。

② 一体化查询处理：在统一查询优化和执行引擎中设计协同算法，由统一查询优化和执行引擎调用各模态数据查询引擎，协同完成全局查询优化和处理。在多模态数据集成模型基础上，利用全局查询优化和处理能力，通过语义模糊匹配等技术，实现在多种数据类型、不同结构及语义的异构数据上一体化查询处理。

4.2.5 大数据处理技术

在工业大数据系统层面，除了数据查询以外，还涉及另外两类技术。

① 批处理技术。接收大量输入数据，通过运行一个作业来处理数据。作业往往需要运行一段时间，用户通常不会等待作业完成，而是定期运行批量作业。例如，基于大量设备的时间序列数据进行模型训练等。

② 流处理技术。接收流式输入的数据，并在接入后很快对数据进行处理和输出。但此类输出可能不同于在线查询，它不是为了响应用户的某种请求，而是用于设备的状态分析与预警，需要进行较低时延的模型结果输出。

1. 批处理技术

批处理主要操作大数据量的有限静态数据集。将全部数据作为一批或者整理成几批来执行数据处理逻辑，并在计算过程完成后返回结果。批处理涉及的输入数据具有以下特征。

① 有限：批处理的输入数据集是有限的数据集合。

② 持久与大量：大量数据通常始终存储在某种类型的持久存储位置上。

具体来说，批处理输入的是在一段时间内已经收集保存好的数据，每次批处理产生的输出也可以作为下一次批处理的输入。批处理的输入数据是有边界数据，输出结果也同样是有边界数据。批处理关注的是事件时间，也就是数据本身的时间，例如时间序列数据中数据自带的时间戳，或者工业产品质量检测数据自带的检测时间。

批处理任务执行的主要特征包括以下几点。

① 定时：在许多情况下，批处理任务的执行方式会被提前设置，进而用此预定义的时间与间隔来进行一次性或周期运行。

② 高吞吐：批处理通常具有很高的吞吐性能。

需要处理大量数据的任务通常很适合使用批处理技术，例如计算企业某个维度的数据总量、计算企业全部设备某些项指标上在过去 5 年的聚合值等。批处理系统在设计过程中充分考虑了数据的体量，可合理和良好地使用大量的计算资源。其常被用于对历史数据的分析，因为大量数据的处理需要付出大量时间，通常情况下，只有到处理完毕以后才有完整的结果，因此批任务的处理通常具有较大的时延，可能数分钟、数小时或更长。其不适合具有低处理时延要求的场景。

批处理技术具有良好的可靠性和可扩展性。批处理技术往往是在分布式环境下处理大量数据，因此可靠性、规模可扩展性是批处理技术中的关键点。大数据批处理技术在系统设计之初就将出错等意外情况作为一种运行时会遇到的正常情况来考虑。这些典型的错误包括硬件故障、软件故障、人为失误等。在遇到这类错误时，系统应该可以继续正常运转，只是性能可能有所降低。

（1）MapReduce 技术

MapReduce 是一种经典的大数据批处理技术，在 2004 年由谷歌发表，并通过处理谷歌的超大量数据集证实了其技术能力。MapReduce 技术在多种开源系统中得以实现，包括 Hadoop、MongoDB、CouchDB 和 Greenplum 等。与数据仓库的并行处理系统相比，MapReduce 是一个级别很低的编程模型，但 MapReduce 可以在普通计算机硬件（Commodity Hardware）上处理大量数据，是一个很大的技术进步。

MapReduce 编程范式是指应用程序被分成许多小部分，而每个小部分都能在集群中的任意节点上运行或重新运行。基于 MapReduce 并行编程模型，用户只需要实现包含必要的 Map 与 Reduce 等方法，就可以完成一个分布式批处理任务的程序开发，而不需要显式编写处理分布式故障等相关的逻辑代码。以单词计数（Word Count）为例，其目标是从多个文本中统计输出每个单词出现的总次数，MapReduce 计算过程示例如图 4-3 所示。图 4-3 以 4 行文本简化展示了 MapReduce 的逻辑过程，在 Map 阶段，每行文本被分配到一个计算节点上并行处理，输出是每个单词在该行出现的次数；Shuffle 阶段按主键（这里就是单词）将 Map 结果记录合并，并且分配到多个 Reduce 节点（这里假设有 3 个），Reduce 节点并行处理并输出结果。注意，上面谈的是逻辑角度，一个物理节点可以处理多个任务，一个任务有可能在多个节点上被处理。计算机能够自动处理集群节点的故障，批处理任务可以自动地在可伸缩的集群上并行执行，可以处理和分析大规模的数据。当运行集群的计算资源不能得到满足时，用户不需要修改程序代码，而可以通过增加计算机的方式来扩展计算能力，处理更大量的数据。

（2）数据流引擎

尽管 MapReduce 可以处理大量数据，但它具有一些明显的不足，例如执行效率较低，编程模型（只有 Map 和 Reduce）表达力有限。为了解决 MapReduce 的问题，用于分布式批处理的新的计算框架和执行引擎（例如 Spark）出现。新的框架和引擎把整个批处理的工作流作为一个作业来处理，而不是把它分解成独立的由 Map 和 Reduce 构成的子作业。新引擎通过若干个处理阶段来明确地建模数据流，因此被称为数据流引擎。

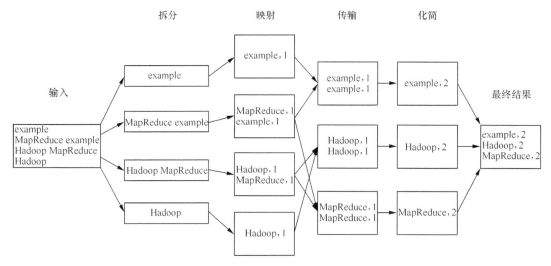

图4-3　MapReduce计算过程示例

与 MapReduce 一样，数据流引擎通过反复调用用户定义的函数来处理数据记录；通过对输入进行分区来并行工作；通过网络将一个函数的输出复制给另一个函数作为输入。但与 MapReduce 不同的是，这些函数不需要严格地交替扮演 Map 和 Reduce 的角色，而是以更灵活的方式进行组合。数据流引擎提供了多种不同的选项来连接一个函数的输出到另一个函数的输入。

数据流引擎可以用来执行与 MapReduce 工作流相同的数据处理。相比 MapReduce 的优点包括：①执行速度通常会明显加快；②开发更加简便高效，框架提供了算子、数据抽象和多种编程语言的应用程序接口（API）。

2. 流处理技术

流处理指对随时进入系统的数据进行计算，不需要针对整个数据集，而是对传输进入系统的每个数据记录执行操作，并按照设定的规则实时输出结果。

流处理技术中涉及的数据集具有以下特征。

① 无界：流处理的输入数据集是无界的，无界数据集示意如图 4-4 所示。

② 非持久：数据往往存储在某个消息引擎中供处理系统使用，消息引擎一般不会持久化保存全部数据，而是只保留最近一段时间的数据。

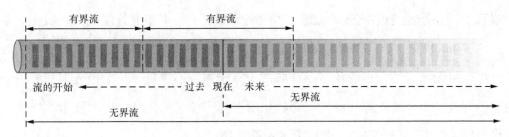

图4-4　无界数据集示意

流处理任务执行的特征包括以下几点。

① 长时运行：流数据没有尽头，因此流处理任务往往是一经部署运行后即保持长时运行，除非有明确停止指令。

② 低时延：大数据流处理任务的很多场景往往都与低时延需求有关。

一个流处理任务的典型形式是由3个部分构成的有向无环的数据处理流图：①数据源节点；②数据输出节点；③算子构成的中间处理节点。数据处理流图描述了当数据记录进入流处理系统后，对每个传入的数据记录执行的不同转换、计算，以及最终输出的逻辑。

流处理任务在很多场景下都具有低时延和实时性的特征，但它们并不是流处理的必要特征。流处理更强调处理的数据是无界的，从内涵的角度，流处理与"实时"和"低时延"并没有必然联系。

（1）处理方式

流处理的典型处理方式有微批处理（Micro-batch Processing）和逐项处理（One-at-a-time）。

在成熟的流处理技术和系统出现之前，主要采用分批模式处理流数据：把源源不断的数据按照到达系统的时间少量分批依次处理，即微批处理。在微批处理方式中，系统需要对进入的数据进行缓存。缓存机制使该技术可以处理比较大量的传入数据，因此便于提高系统整体吞吐率，但等待本批次数据到达和等待缓存区清空等一些附加操作会导致处理的时延增高。因此，微批处理方式无法适用于对时延有较高要求的场景。

逐项处理是对流数据的一种更自然的处理方式。然而这种处理方式需要克服更多的技术挑战，包括维护和管理任务状态、妥善处理计算一致性等。

（2）有状态与无状态

算子的状态通常是指为了完成对当前数据的计算而必须保存的基于历史数据的信息。例如，对于一个计数算子（Count），当算子对当前数据记录进行处理时，它需要获知历史上该算子已经处理的数据记录数量，然后在此基础上加 1 作为处理完当前数据记录后的结果。这里，历史上该算子已经处理过的数据记录数量就是这个计数算子当时的状态。算子也可以是无状态的，它的状态存在取决于算子本身的逻辑。一个流处理任务由一系列的算子构成，一个流处理任务的状态就是所有算子状态的集合，同时要求其中所有算子的状态都是基于数据流中同一个数据记录的状态。

现实的很多流处理场景依赖有状态的算子，另外，处理大量工业数据需要分布式处理系统。因此，对任务的（分布式）状态的妥善维护、管理与容错，对一个流处理任务的稳定运行和流处理正确性至关重要。需要注意的是，现有的流处理系统对状态的支持程度不尽相同。

（3）数据时间与处理时间

工业领域有大量的与时间相关的数据，这些数据中的时间信息需要在采集和存储时予以保留，以便在分析和应用中使用。流处理系统中把这一类时间称为数据时间，数据时间常常是数据所记录的事件的发生的时间，因此通常也称为事件时间或发生时间等。

与批处理数据的有界性不同，流处理的输入数据是源源不断流入，流处理系统往往会按照数据进入系统后被处理的时间对数据进行划分（例如分批分次等）。因此数据被处理的时间也是一个被附着到数据记录上的重要信息。这个信息被系统在多个环节中使用，称为事件的处理时间。

按照处理时间来对流数据进行处理会相对容易，支持的系统也更多。但在工业大数据流处理的多种场景中，由于数据时间与业务相关，数据分析和应用往往需要使用数据时间。

（4）流处理一致性

流处理技术中的计算一致性分为 3 种：至多一次（At-most-once）、至少一次（At-least-once），以及精确一次（Exactly-once）。

① 最容易实现的是至多一次处理。但它无法保证处理结果反映数据的真实情况，即不保证正确性，因此也是最不理想的类型，很少使用。

② 至少一次处理保证系统不会漏掉对每条数据记录的处理。但是数据可能被重复多次处理。尽管未得到精确的结果，但是由于没有漏掉数据，所以在一些对数据精确性要求不高的场景下，这种处理方式还是可靠的。

③ 精确一次处理可以得到对输入流数据做且仅做一次处理的结果，既不漏算，也不

重算。这从正确性角度来说是最佳选择，但也是实现代价最大的。

通常情况下，可以根据具体的工业大数据流处理的场景需求来选择一致性类型。往往是从至少一次或精确一次中选择一种。

工业大数据处理中有很多流处理技术的适用场景，例如，有近实时处理需求的任务的场景，以及必须对变动或峰值做出及时响应，并且关注一段时间内数据变化趋势的场景。

4.3 工业大数据分析

4.3.1 工业大数据建模路线

工业大数据模型可以划分为认知模型、理论模型、经验模型三大类。工业大数据中的3类模型如图4-5所示。认知模型从定性角度描述概念的范畴、经验要素和不同要素间的系统动力学关系；理论模型是从定量的角度，探索物理世界背后，要素间作用的机制与规律；而经验模型是从实证角度，给出决策规则，以及不同量间的经验关系。在理论模型中，唯象模型用归纳法去刻画或反映系统规律，而机理模型采用公理化的演绎体系去研究系统运行机制和现象。

图4-5 工业大数据中的3类模型

在工业大数据分析应用中，采用的模型大多是形式化（或部分形式化）模型，包括机理模型、统计模型（包括统计与机器学习）、专家规则。不同模型的特点和适用场景见表4-4。仿真模型与经验公式在具体工业领域中有详细的分析，通常可以作为统计模型的输入。

表4-4 不同模型的特点和适用场景

	特点	适用场景
机理模型	推演能力强， 通常基于大量的简化或强假设	理论基础、实验条件良好
统计模型	群体的统计规律， 具有一定的不确定性， 具有一定的适用范围	大量类似的场景， 概念逻辑清楚，但缺乏具象的关系
专家规则	大量案例的归纳， 可解释性强， 规则的模糊与不完备	逻辑简单明了， 计算繁杂

4.3.2 数据分析方法论

CRISP-DM[1]是一种被广泛采用的数据挖掘分析方法论，由SPSS、Teradata等公司于1999年发布第一版。该方法将一个数据分析项目周期分为商业理解（Business Understanding）、数据理解（Data Understanding）、数据准备（Data Preparation）、模型建立（Modeling）、模型评估（Evaluation）、模型部署（Deployment）6个阶段。CRISP-DM方法如图4-6所示。和一般的IT项目不同，数据分析项目的不同阶段之间存在很强的迭代关系。

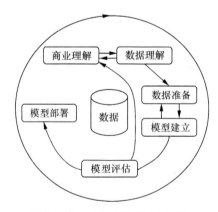

图4-6 CRISP-DM方法

商业理解：从商业角度理解项目的目标和要求，然后把理解转化为数据挖掘问题的定义和一个初步执行计划。

---

1 CRISP-DM：Cross-Industry Standard Process for Data Mining，跨行业数据挖掘标准流程。

数据理解：始于原始数据的收集，然后熟悉数据，发现数据质量问题，对数据进行初步探索和理解，形成对隐藏结构的假设。

数据准备：包括从原始数据集到形成最终数据集的所有活动。数据准备任务可能迭代多次，而且不存在一成不变的顺序。这些任务包括数据的整合、选择、清洗、特征加工。

模型建立：主要是分析算法选择、超参数调优和模型融合。在做的过程中，通常会发现新的数据质量问题，需要返回到数据准备阶段。

模型评估：项目在进入这个阶段时，通常已经有了一个或多个相对可靠的模型。在模型最后发布前，需要更彻底地评估模型和检查建立模型的各个步骤，从而确保它真正达到了业务目标和应用条件。此阶段的关键目的是检查是否忽略了一些重要的业务场景。模型是否可用也应该在此阶段确定下来。

模型部署：模型建立并不是项目的结尾，模型通常需要以业务应用为载体，将结果呈现给业务用户。模型部署是模型应用的阶段。

4.3.3 数据分析算法

数据分析可以分为描述型（Descriptive）、预测型（Predictive）、决策式（Prescriptive）3 类。描述型分析主要回答过去发生了什么，通过统计分析等手段从繁杂数据中获取有用的信息。预测型分析主要回答将要发生什么，通过系统仿真、统计学习等手段，找出数据背后的规律。决策式分析根据运筹优化模型或专家规则，基于当前状态，推荐决策和行动方案。本小节从这 3 个层面，对统计分析、机器学习（包括深度学习）、时序数据挖掘、工业知识图谱、运筹优化、规则推理算法进行了简要介绍。系统仿真、系统辨识等方法在经典工程学科中已有覆盖，不再赘述。R 语言和 Python 是两种常见的数据分析语言，Matlab 也提供了统计和数据挖掘算法包。在分析软件方面，有 R Studio 集成开发环境，也有 SPSS Modeler、Rapid Miner、KMine、Orange 等图形化建模环境。

1. 统计分析算法

统计分析算法包括描述性统计、统计推断这两类。描述性统计是在实际数据分析中最基础、应用最广泛的方法，它使用表格、图形和数值方法汇总和描述数据。统计推断是利用样本数据推断总体特征的统计方法，根据随机性地观测样本数据及问题的条件和假设，对未知事物做出概率描述形式的推断。推断统计主要包括参数化分布估计、非参数化概率分布估计和假设检验等方法。

参数化分布估计是指选择一个有参数的分布函数作为假设分布,基于样本数据进行参数的估计,通常是由分析师通过观察样本的描述性统计量,从概率分布家族中选择一个合适的分布函数。参数估计方法包括点估计和区间估计,区间估计是在点估计的基础上,给出总体参数估计的置信区间,从而反映样本统计量与总体参数的接近程度。

非参数化概率分布估计通常采用分箱、核函数等手段对局部数据分布进行拟合。在描述采样数据分布时,非参数化模型通常拟合度更高,但是参数化模型的结构简单(用很小的参数空间拟合数据分布),并且可以支持后续解析性分析,有坚实的理论支撑。

假设检验先对统计量的值提出某种假设,然后通过样本信息验证这个假设。按照总体分布是否已知,假设检验可以分为参数检验和非参数检验。参数检验和非参数检验如图 4-7 所示。

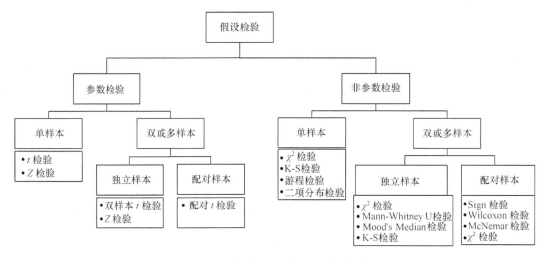

图4-7 参数检验和非参数检验

2. 机器学习算法

机器学习算法是一类自动分析数据并获得规律,利用规律对未知数据进行预测的算法。机器学习可以分成有监督、无监督、半监督和增强学习。分类和回归是有监督学习问题,聚类、关联规则是无监督学习问题。下面对机器学习算法进行概述,包括经典算法和近年发展起来的热度较高的深度学习算法。

（1）回归

回归监督学习用于建立连续或离散自变量（输入变量）和连续因变量（输出变量）之间的关系，等价于函数拟合问题。常见的工业应用场景包括工厂用电负荷预测、备件需量预测、故障预警、寿命预测等。按输入变量个数可将回归分为一元回归和多元回归；按照待估计的参数和输出变量的关系可分为线性回归和非线性回归。回归建模包括训练和预测两个过程，常用的评价指标包括均方误差（Mean Square Error，MSE）、决定系数（Coefficient of Determination，R^2）等。回归效果评价图包括拟合散点图、残差分布图、Q-Q 图等。

普通最小二乘法（Ordinary Least Square，OLS）是最常用的线性模型算法之一。该算法假设自变量与因变量之间存在线性关系，使用线性超平面拟合数据集，拟合的残差服从均值为零的高斯分布。线性回归统计理论成熟完善，不仅可以实现自变量对因变量影响的显著性检验，还可以给出因变量的区间估计（置信区间或预测区间）。在实际使用过程中，自变量高度相关会带来多重共线性问题，导致 OLS 拟合结果的回归系数不稳定，常用方法有自变量消除 [将相关系数低的项过滤、利用方差膨胀系数（Variance Inflation Factors，VIF）消除]、模型结构稀疏（岭回归、Lasso 回归等）。为应对数据异常对模型的影响，有稳健回归（Robust Regression），包括分位数回归、M 估计与 MM 估计、最小平方中位数回归、最小截尾二乘回归等。需要注意，线性模型指因变量与待拟合参数间的关系是线性的（因变量与自变量可以是非线性关系）。

非线性模型可以分为参数化模型（参数由模型结构决定，不依赖于样本数据）和非参数化模型。核平滑模型属于非参数模型，它用基函数对输入样本点附近的样本子集进行拟合，典型的方法有局部加权回归、径向基函数（Radial Basis Functions，RBF）等。K 最邻近（K-Nearest Neighbor，KNN）算法可看作核平滑算法的简化，只用与输入样本点距离最近的 K 个样本点的加权均值做近似处理。回归决策树采用"分而治之"的朴素思想，将输入空间划分成若干矩形子空间，在子空间内用简单的模型（例如平均值）对训练样本进行近似拟合。分类与回归树（Classification and Regression Trees，CART）是基本的决策树模型，既可以用来做回归（此时为回归决策树），又可以用来做分类（此时为分类决策树）。回归决策树模型的优点是算法简单、可解释性强。集成学习（Ensemble Learning）通过结合多个基学习器（模型）的预测能力，提高总体模型的泛化能力和鲁棒性。CART 是最常用的基学习器之一，可以将集成学习分为两类，一类是基于引导聚集算法（Bagging）的方法，即基于有放回采样（Bootstrap Sampling）的并行式集成，典型算法是随机森林（Random Forest，RF）；另一类是基于提升算法（Boosting）的方法，即针对已训练的基学习器的不足添加新的基学习器的前后关联式集成方法，典型算法有 Adaboost 和 XGBoost。其他常用的算法还有支持向量回归（Support Vector Regression，SVR）、多元自适应回归（Multivariate Adaptive Regression Splines，MARS）、投影寻踪回归（Projection Pursuit Regression，PPR）等算法。

在参数化模型方面，神经网络（Neural Network，NN）是应用广泛的非线性回归方法，NN 算法原理如图 4-8 所示，它是基于多个神经元的层级组合，每个神经元通过激活函数，对输入的线性加权做非线性变换，激活函数通常取 Sigmoid 函数、tanh 函数等。除了输入层和输出层，隐含层可以包含任意数目神经元，这种多层嵌套的网络结构使得 NN 具备强大的非线性拟合能力，同时也增加了网络参数的训练难度，降低了模型的可解释性，是典型的黑箱模型。

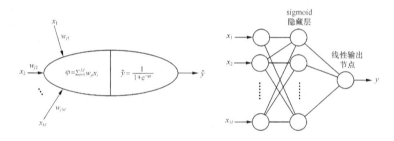

图4-8　NN算法原理

（2）分类

分类监督学习用于建立连续或离散自变量和取值有限的离散因变量之间的关系，根据因变量的数目可以分为二分类和多分类问题。常用的分类模型评价指标有准确率（Accuracy）、精确率（Precision）、召回率（Recall）、F1 值。多分类评价指标宏观（Macro）F1 和微观（Micro）F1 的区别在于，前者是各类别 F1 的直接平均，后者还考虑了各类别的样本量。分类效果评价图有混淆矩阵、接受者操作特征曲线（Receiver Operating Characteristic，ROC）、曲线下面积（Area Under the Curve，AUC）、精确率-召回率（Precision-Recall，P-R）曲线等。

常见的线性方法有逻辑回归、线性判别分析（Linear Discriminant Analysis，LDA），它们的分类决策边界为直线（或线性超平面）；非线性算法有灵活判别分析（Flexible Discriminant Analysis，FDA）、KNN、支持向量机（Support Vector Machine，SVM）、朴素贝叶斯、多层感知器模型、树方法（CART、RF、XGBoost）等。这些方法中有些只适合二分类，例如逻辑回归、SVM，但二分类器可使用"拆解法"来解决多分类问题，最经典的拆解策略有"One vs. One""One vs. Rest""Many vs. Many"3 种，拆解后可以通过投票结合分类置信度的方法进行最终决策。

样本不均衡是工业数据分析中经常出现的问题，严重的不均衡会使分类器预测偏向样本多的类别，从而使简单的模型评价指标（例如准确率）失去意义。解决方法有：①欠采样，即减少数量较多类别的样本量，例如 KNN 欠采样法；②过采样，即增加数量较少类别的样本量，例如合成少数类过采样技术（Synthetic Minority Oversampling Technique，SMOTE）；③评价指标调整，例如在训练模型时对样本点权重进行调整，或在设定二分类阈值时考虑不同类别的权重。

（3）聚类

聚类属于无监督学习问题，指基于样本数据的内在规律（例如相似度），将其划分为若干类别的方法。聚类既能作为探索数据分布的单独任务，也能作为分类等其他机器学习任务的前序步骤。基于"类内相似度高，类间相似度低"的思想，聚类结果的评价指标分为外部指标和内部指标，外部指标对聚类结果和参考类别进行比较，衡量其相似度，包括 Jaccard 系数、FM 指数、Rand 指数等；内部指标对多次聚类结果进行统一对比，常用指标包括 DB 指数、Dunn 指数等。

常见的聚类算法有 3 种：①基于原型的聚类算法，例如 K-means 聚类、高斯混合模型（Mixture of Gaussian Models，GMM）聚类，GMM 算法采用概率模型来表达聚类原型，最终得到的是每个样本点属于某个类别的概率；②基于密度的聚类算法，从样本密度的角度考察样本点之间的可连接性，基于可连接样本点不断扩展聚类簇，此类方法能得到任意形状的聚类簇，具有噪声的基于密度的聚类（Density-Based Spatial Clustering of Applications with Noise，DBSCAN）方法即为此类算法；③层次聚类算法，采用"自顶向下"的分拆策略或"自底向上"的聚合策略，可以将样本数据划分为不同层级的树形结构，层次聚类算法可以获得任意数目的聚类结果。

（4）降维

工业分析问题的变量往往成百上千，变量的高维度不仅导致对训练样本量的要求呈指数上升，还会使基于样本间距离的模型算法失效，降低模型的计算效率和可解释性。降维方法常作为回归和分类的前序步骤。常见降维方法有两类：①线性降维方法，例如主成分分析（Principal Component Analysis，PCA）、独立成分分析（Independent Component Analysis，ICA）等，PCA 将变量重组为不相关的因素，ICA 将变量重组为独立的因素；②非线性降维方法，例如核主成分分析（kernel PCA）、等距映射（Isometric Mapping，ISOMAP）、t 分布随机邻居嵌入（t-Distributed Stochastic Neighbor Embedding，t-SNE）等，ISOMAP 保证降维后邻近样本的距离不变，而 t-SNE 保证数据的概率分布不变，t-SNE 主要用于高维数据的低维可视化。

（5）关联规则

关联规则用于从大量数据中挖掘关联性或相关性，从而描述某些属性同时出现的规律和模式。关联分析的最终目标是在数据集中找到强关联规则，即拥有较高支持度和置信度的规则。常见的关联规则算法有 Apriori 算法和 FP-growth 算法，后者通过构建 FP-Tree 获得频繁项集，以减少对数据集的访问和读取，提高了算法的单机执行效率。在工业场景中，关联规则常用于挖掘生产过程中的高频工况（控制变量和状态变量的强关联组合），还可以用于挖掘工单文本中的高频共现词，从而发现与故障现象相关的故障原因和需要更换的备件。

（6）深度学习

深度学习在传统 MLP 的基础上发展而来，两者的主要区别在于深度学习网络的层次更深，每层的神经元更多，但各层之间的连接参数更稀疏，对层次和结构关系的表达能力更强，深度学习网络需要强大的矩阵计算能力进行训练。深度学习网络发展迅速、种类繁多，下面仅对 3 种基础网络和主流框架工具进行简单介绍。

卷积神经网络（Convolutional Neural Network，CNN）是深度学习网络的一种，卷积神经网络原理如图 4-9 所示，其在计算机视觉领域的应用非常广泛，名字来自组成其隐藏层的种类。CNN 的隐藏层通常包含卷积层、池化层、全连接层，以及归一化层。

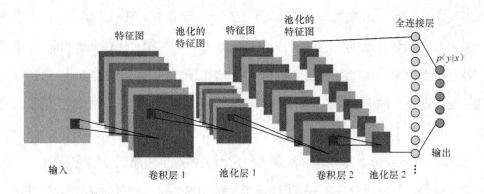

图4-9 卷积神经网络原理

循环神经网络（Recurrent Neural Network，RNN）用于处理输入、输出不定长且存在上下文依赖的序列数据。RNN的核心思想是将数据按时间轴展开，当前时刻的输出不仅与当前时刻的输入有关，还与上一时刻的输出有关，即隐藏层节点的输入不仅包括输入层的输出还包括上一时刻隐藏层的输出。长短时记忆（Long Short-Term Memory，LSTM）网络通过增加门结构实现信息保留和信息选择功能（遗忘门、输入门），LSTM原理如图4-10所示，通过网络训练决定哪些序列信息应该被遗忘，哪些序列信息应该被保留，从而解决序列的长期依赖问题。

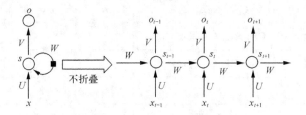

图4-10 LSTM原理

生成对抗网络（Generative Adversarial Network，GAN）是一种无监督网络架构，它由生成网络（G）和判别网络（D）构成，这两个网络可以是各种神经网络（CNN、RNN、自编码器）。以图像生成为例，在训练过程中，G尽量生成真实的图片去欺骗D，而D则尽量把G生成的图片和真实图片区分开。G和D构成动态的博弈过程。

主流的深度学习开源框架包括TensorFlow、Keras、Pytorch、Mxnet、PaddlePaddle、Cnt等，深度学习处于蓬勃发展阶段，对工具框架的选择应综合考虑使用需求和开源社区活跃度。

（7）模型评价

机器学习训练模型应具有较好的泛化能力（Generalization），即不仅对已知的数据（训练集）表现良好，对未知的数据（测试集）也应该表现良好。在机器学习中，泛化能力的高低，最直观的表现就是模型的过拟合（Overfitting）和欠拟合（Underfitting）。理想的解决方案是对候选模型的泛化误差进行评估，并选择泛化误差最小的模型。

选择泛化误差小的模型需要把训练集与测试集分开（Dropout方法），用测试集评价泛化误差，并重复多次训练测试过程，用多次计算的测试指标及其标准差来客观地评价模型。k折（k-fold）、Bootstrap、重复采样法是3种常用的训练集和测试集划分方法。

没有一种普适算法能解决所有问题。在实际应用中，需要充分理解要处理的问题，并通过综合考虑预处理方式、模型可解释性、模型计算时间、模型准确性等来选择算法。常用的有监督学习模型使用要求和特点见表4-5。

表4-5 常用的有监督学习模型使用要求和特点

模型	允许记录数小于特征数	预处理	可解释性	自动变量选择	超参数	对于预测变量噪声稳健性	计算时间
线性回归◎	×	CS，NZV，Corr	√	×	0	×	√
偏最小二乘◎	√	CS	√	○	1	×	√
岭回归◎	×	CS，NZV	√	×	1	×	√
Lasso◎	×	CS，NZV	√	√	1	×	√
逻辑回归※	×	CS，NZV，Corr	√	×	0	×	√
MLP	√	CS，NZV，Corr	×	×	2	×	√
SVM	√	CS	×	×	1～3	×	×
K近邻	√	CS，NZV	×	×	1	×	√
最近质心收缩	√	NZV	○	√	1	×	√
决策树	√		○	√	1	√	√
随机森林	√		×	○	0～1	√	×
Adaboost	√		×	√	3	√	×
朴素贝叶斯※	√	NZV	×	×	0～1	○	○

注：◎表示算法仅用于回归问题，※表示算法仅用于分类问题。CS表示标准化输入，NZV表示需要去除近零方差输入，Corr表示对输入的共线性问题敏感。√表示肯定，×表示否定，○表示介于两者之间。

3. 时序数据挖掘算法

在经典机器学习中，通常假设不同记录是独立同分布的（严格意义上的数据集）。但在一些领域，记录之间存在结构关系（序列关系、空间关系、网络关系等）。在工业大数据分析中，状态监测、测量活动、生产活动等很多数据具有明显的时序结构特征。

时间序列在不同行业中具有不同特性，对应的分析算法也不同，具有不同特性的时间序列对应的分析算法见表4-6。

表4-6 具有不同特性的时间序列对应的分析算法

维度	类别	描述及示例	算法方法需求
长度	长序列	自然环境的传感数据：风速 持续生产的过程数据：长周期的化工过程	时序分割 多尺度（Multi-scale）分解
	周期性短序列	周期性运行设备：往复式设备的力矩或位移 周期性生产：轧制过程数据	时序再表征 时序聚类
形态	周期性或趋势	季节性数据：零配件需求曲线 振动数据：旋转机械的振动	时序模式分解 频域分析算法
	已知模态	单变量的时序模态：单道次轧制力曲线 双变量的相位模态：示功图、轴心轨迹	时序再表征 时序相似度匹配
	未知模态	风速	频繁模式挖掘 时序聚类
	动力学驱动关系	风速—发电功率间	ARIMA或动力学建模
数据质量	数值准确	电流、电压数据	只需要少量的质量预处理（线性滤波等）
	零星强噪声	风速测量、工程机械中的压力测量	需要非线性滤波（中值滤波等）或STL等半参数化分解
	趋势可信	化工过程中的流量、工程机械中的油位	时序分解 时序再表征

时序数据挖掘算法可分为 8 类（可视化为共性特征）：分割（Segmentation）从时间维度将长序列切分为若干子序列，不同的子序列对应不同的工况类别；分解（Decomposition）按照变化模式，将时间序列分解为若干分量；表征（Representation）用于进行时间序列简化或特征提取，为分类提供支持；序列模式（Sequential Pattern）主要用于发现时间序列中频繁出现的子序列（模式）或事件间的时序模式关系；聚类（Clustering）将若干时间序列（等长或不等长）聚类，为基于时序片段的分类或回归提供支持；异常检测（Anomaly Detection）用于发现时间序列中的异常点或异常子序列；分类（Classification）和回归（Forecasting）与机器学习算法中的分类和回归类似，区别是融入了时序结构特征。8 类时序数据挖掘算法如图 4-11 所示。

图4-11　8类时序数据挖掘算法

4. 工业知识图谱

在工业生产过程中会积累大量文本，例如产品手册、维修工单、工艺流程文件、故障记录等，这些数据中蕴含着丰富的专家经验，利用文本分析技术能够实现事件实体和类型提取（故障类型抽取）、事件线索抽取（故障现象、征兆、排查路线、结果分析），通过专家知识的沉淀形成专家知识库。这些知识可以应用到产品研发设计、设备运行检修，甚至营销采购等多个方面。工业知识图谱是一种重要的知识沉淀工具，它的本质是语义网络，是一种基于图的数据结构，由节点（实体）和边（关系）组成，工业知识图谱是把所有类型的工业数据连接在一起得到的一个关系网络，因此具备从"关系"的角度分析问题的能力。不同于通用领域知识图谱的泛而浅，工业应用场景要求图谱的知识专而深，这决定了工业知识图谱的构建是一个自上而下的过程——确定应用场景、定义问题、组织相关数据。

5. 运筹优化

运筹学主要研究各种资源的合理配置，在满足外界各类约束的情况下，选择一种方案，达到总体目标最优。运筹优化算法在工业界的主要应用场景包括生产调度、维修计划、库存优化、生产参数优化、生产阶段划分、产品设计等。这些场景被描述为待求解的优化模型，优化模型包括目标函数、决策变量、约束条件3个部分。在求解算法上有数学规划、约束规划两种范式。数学规划模型包括线性规划、整数规划、混合整数规范、非线性规范等，数学规划算法利用模型的结构和性质，尝试获取最优解或近优解；约束规划利用搜索策略获得一些较好的可行解。

6. 规则推理算法

专家规则经过梳理后，通常采用业务规则集或规则流的表达形式。为提高处理效率，业务规则引擎常采用 Rete 前向规则快速匹配算法，通过缓存条件结果和触发关系，避免了相同条件的多次计算（即用空间换时间）。其现在仍是各规则引擎背后常用的算法（有些局部改进）。Rete 前向规则可以分为两个部分：规则编译和运行时执行。规则编译是指根据规则集生成推理网络的过程，充分利用规则条件的结构相似性，运行时执行是指将数据送入推理网络进行筛选的过程。

4.4 工业大数据应用

4.4.1 应用场景

在工业数据的应用模式上，业界从不同角度提出了很多类似的思想。德国"工业4.0"强调通过横向全供应链集成、纵向全自动化集成（智能工厂）和设计工程全数字化集成这3条技术路线，构建基于物理信息系统（CPS）的全新生产环境，实现以数字制造为核心的第四次工业革命。美国国家标准及技术协会（NIST）则是从产品生命周期（设计、工艺规划、生产工程、制造、使用和服务、废弃和回收共6个阶段）、生产系统（设计、修建、调试、运营和维护、退役和回收共5个方面）和商务（采购、制造、交付、售后等供应链活动）这3个制造生命周期维度去构建智慧制造（Smart Manufacturing System，SME）。《工业大数据白皮书(2019版)》将工业大数据的典型应用场景概括为智能化设计、智能化生产、网络化协同制造、智能化服务和个性化定制5种模式。日本RIETI研究中心也从业务部门和业务模式的角度提出了类型的框架。综上所述，结合实践经验，下面按七大业务领域总结了大数据应用场景，大数据应用场景如图4-12所示。

新业务模式	数字化研发	智能制造 纵向整合	智能制造 横向整合	智能运维	数字化营销	数字化工作空间
智能产品	研发数字化协同	产品全生命周期管理	计划执行的一体化管理	产品履历档案	市场洞察	管控透明化
新商业模式（例如按需付费、增值服务等）	数字化研发（建模、仿真、智能提醒、案例推荐、测试）	数字化工厂（透明化）	物流过程的透明化	设备健康管理	动态定价	知识沉淀与共享
	研发洞察（产品使用性能分析等）	制造过程优化	供应链优化	预测性维修	市场与生产的协同	上下文敏感的信息支撑
		安全管控	采购智能化	整合的数字化工程	全渠道营销	
平台战略	数字化移交	资产管理	备件管理优化	维修过程智能化（AR/VR）		维修过程智能化（AR/VR）

图4-12 大数据应用场景

很多工业大数据应用基于数据分析模型，工业大数据分析的典型场景见表4-7。

表4-7 工业大数据分析的典型场景

业务领域	分析场景	分析课题示例
智能装备、产品	设备故障诊断与健康管理	• 失效预警； • 异常报警； • 故障诊断； • 健康评估； • 剩余寿命； • 传感器有效性分析； • 运维优化	往复式压缩机阀片断裂预警； 透平机械振动分析； 管道泄漏检测； 管道焊缝缺陷X射线识别； 气化炉温度软测量； 电梯保养排班优化； 运维知识图谱
	装备效能优化	• 工况聚类； • 性能评估； • 控制优化	压缩机能耗优化； 管道输送系统的节能降耗； 风力发电机组偏航对风优化
	产品运作闭环	• 使用行为分析； • 研发洞察； • 定向营销	机械工程车辆的路谱分析； 风力发电机组技改效果后评估； 管道批次缺陷追踪
智慧工厂、车间	生产效率优化	• 需求预测； • 调度优化； • 节能降耗	汽车制造冲压车间排班优化； 管道输送优化； 钢铁生产二次能源利用优化
	生产质量分析	• 根本原因分析； • 工艺参数优化； • 质量异常预警； • 表面质量检测； • 质量问题的智能排查与溯源； • 质量问题的时空规律分析	AMOLED的电参数波动性分析； AMOLED蒸镀掩膜的张网优化； SMT生产线钢网开孔参数优化； 轧钢断面尺寸优化； 气化炉的操作参数优化； 多晶硅质量等级的自动研判（基于图像）

续表

业务领域	分析场景	分析课题示例
智慧工厂、车间	生产安全	• 微观生产安全分析与管理; • 宏观安全态势分析	管控分析(人脸识别、安全帽识别、车辆识别); 风险事件识别(烟火识别、摔倒识别)
产业互联	协作效率	• 市场洞察; • 供需预测; • 协同优化	化工产销协同优化; 能源互联网中的供需平衡、不同类型能源协同; 天然气调度优化(需求预测、供应预测、调度优化)

4.4.2 应用案例

1. 风力发电机组的综合健康管理

我国风电市场蓬勃发展,在风电制造、风场建设、风场运营、能源互联网等关键技术领域取得了长足进步。整机制造商存在提高发电效率、确保装备可靠性、优化成本结构、打造全优产业链等业务与技术挑战,需要基于对现场风力发电机组全面的洞察,进行设计仿真与实际运行对比,通过设计优化来降低设计成本、实现智能控制、增加风电场发电收益;要将现场问题解决经验和对风力发电机组机理的系统认识沉淀至数据分析模型,实现现场质量问题的高效诊断、准确预警、寿命评估,并提出自动化解决方案,提高机组全生命周期的可靠性并降低运维成本。本节以综合健康管理为例探讨大数据系统的需求与技术路线。

这些业务提升依赖于以下3类数据的关联分析与挖掘。①基础数据:包括机组配置信息、设计参数、仿真数据、地理信息等。在风电场设计和建设后,基础数据一般不再改变和增长,但却是评估风力发电机组运行状态的核心。数据分析模型正是依据现场机组运行数据分析结果与设计参数、仿真数据的对比实现设计验证及诊断预警等目标。②业务数据:包括风力发电机组的失效样本数据、维护记录、部件更换记录等。③状态监测数据:包括SCADA系统数据、状态和故障记录文件、其他传感器(CMS、摄像头、测风塔)数据、整场控制指令、气象数据等。

这些数据具备典型的大数据特征。①数据量大,且数据量具有持续增长趋势。以SCADA系统数据为例,单台风力发电机组有120～500个测点,秒级接入,全球2万多台风机，每秒1000万条，存量数据超过3000TB。②多样性，除了SCADA系统数据等结构化数据，还有大量现场回传的音频、图像、视频等非结构化数据。③价值与数据量不成正比，例如，在同一风况条件下长时间运行时，数据并没有带来新的信息。

但这些数据分布在全球SCADA监控中心、运维管理系统、ERP系统、风能与气象公共服务平台、检测平台（CMS、油品检测等）、PLM系统等业务应用系统，另外，也有不少离线数据、实验机型数据散落在个人计算机上。

在采用大数据技术之前，数据分析建模延续经典的研发模式，体现为"数据分散、逻辑分散、模型应用分散"。①模型研发时，根据经验从各个系统查找收集数据，然后进行关联，若关联后发现数据缺失严重，则需要迭代去寻找，大量时间花费在数据准备上。②在数据预处理（例如，10分钟平均风速、实际风功率曲线）上，不同人采用的逻辑不尽相同，基于这些逻辑的分析模型不能完全比对（或者需要花精力去比对），降低了共性逻辑不断验证与提升的机会，另外，基于小数据样本训练的模型很难覆盖所有典型场景。③模型文件散落在不同研发人员手中，靠离线机制或脱离数据（例如Git）进行有限分享，没有转化为企业的有效可用资产；为了价值变现，需要将不同模型包装到不同应用中，降低了模型资产的重用机会。这些的分散性，影响到研发效率与模型价值创造效率，也不利于企业数据资产和知识资产的沉淀与利用。

风电大数据分析应用研发系统的构建从本质上要解决：①提高数据资源的供给效率，基于大数据平台技术，以设备或分析主题为中心，提供全维数据模型，解决数据分散的问题；②提高模型的协同研发效率，通过集中模型研发环境，在保证安全的前提下，实现协同研发和迭代式验证，解决逻辑分散的问题；③提高模型应用效率，基于大数据平台的数据资源模型，分析模型可以实现一键式部署与周期性自动化运行，将分析模型与业务应用解耦，解决应用分散的问题。

在数据接入上，根据数据类型、采样频率、源系统接口等因素，采用不同的接入方式。全球SCADA监控中心的数据特点是量大、负荷稳定且源端有缓存，宜采用非阻塞输入/输出（Nonblocking I/O）网络通信组件（例如Netty）做接收端，根据分析数据协议版本，存入不同的时序数据库；而对于以天为频度的大数据文件（500GB左右），则采用HDFS文件系统方式先接收，然后通过定时任务，将信息补录到对象数据管理系统。风电数据接入链路如图4-13所示。

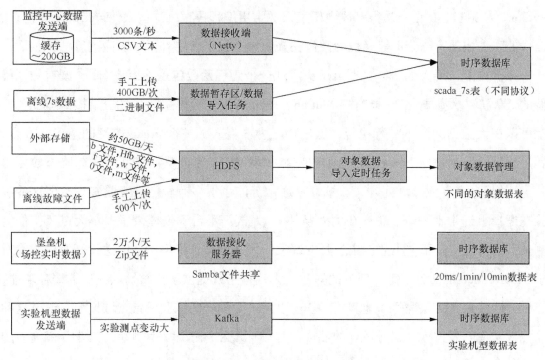

图4-13 风电数据接入链路

在数据存储上,大数据系统不能仅仅是一个数据资源中心实现不同类型数据的分布式存储,还要按照数据分析模型访问数据的习惯,以风机为中心提供数据。例如,风机SCADA系统数据中的测点指标(风机协议)会有变化,但不能为了平台可扩展简单,而采用工业实时数据库简单的key-value存储方式,这就要求适当引入元数据模型,并且需要考虑一系列现实问题,例如,①风机数据协议的差异性与变化性,同一个风机的数据协议在不同时段不同,需要解决前后协议版本在字段语义上的兼容,协议也会有临时变动(例如调试期间临时增加测点)。②应用对数据的查询访问模式和性能,在分布式数据分区设计时,不仅要估算数据量增量(避免频繁移动),还需要考虑并行化分析作业访问数据的模式(例如,同一集团、同一风场的数据在一起分析的可能性更高)。③二次数据(例如,10min平均风速、实际风功率曲线等)的加工与存储策略,减少对一次数据的重复访问。对于故障文件,通过对象管理,在风机编号和时间上与SCADA进行关联。数据传输性能、数据传输链路不稳定性(造成漏传、重传等)也需要一些好的机制设计。

基于这些数据,有很多分析课题可以开展,包括大部件健康与诊断,风机大部件健康模型如图4-14所示,还有发电性能评估、技改效果评估等。但工业分析模型的研发效率也是大数据技术需要解决的。主要考虑①工业企业的知识与技能体系,Matlab、

Python、C语言、R语言是很多风电研发人员常用编程语言，这些软件自带的矩阵运算、信号处理、控制系统分析等工程函数包在开源大数据平台中都没有对应的算法包，为了一个分析模型，用大数据计算框架从头实现一个工程函数包是不经济的；②既有知识模型的低代价"大数据化"，既有的Matlab、Python等分析模型，经过少量接口适配代码就可以在大数据环境下并行执行，这里称之为非侵入式并行化；③模型的迭代式开发，利用"反例"数据提升模型逻辑的鲁棒性。特别对于经验规则模型（没有监督数据检验）。对于很多专业领域问题，领域专家通常沉淀了很多有价值的经验知识，但这些经验在逻辑上通常不完备（总存在例外条件）。大数据平台不仅提供了多年大量风机作为测试基础，还提供了"小数据集上开发调试、大数据集上找反例"的迭代开发模式。对于MapReduce批任务中每个任务的异常，大数据系统提供了异常输入数据的缓存功能，有针对性地供算法工程师本地调试。基于以风机为中心的工业设备领域模型，通过这种非侵入迭代开发技术，配合适当的图形化建模环境和算子库/案例库，工业分析模型的研发效率可以得到较大的提升。

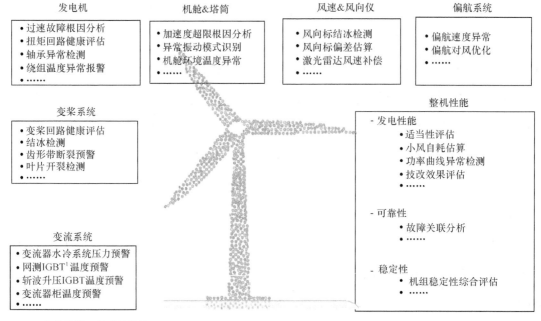

1. IGBT指绝缘栅双极型晶体管。

图4-14 风机大部件健康模型

需要补充说明的是，工业分析模型不仅是机器学习模型和机理模型，也包括专家经验模型，专家经验模型示例如图4-15所示。

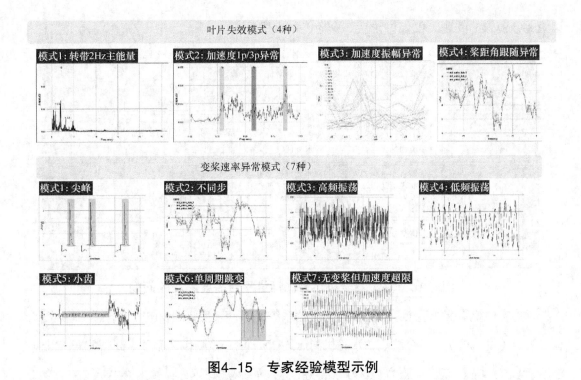

图4-15 专家经验模型示例

为保护企业数据资产和模型资产,大数据系统需要有用户权限管理和用户行为日志,平台上的模型是加密的,并将权限划分为运行、查看、编辑、下载,既保证了模型任务或计算结果的共享,又保护了核心逻辑知识产权。这些措施将大数据系统打造为企业知识资产的沉淀中心,而不是数据提供的资源中心(提供数据查询与下载)。

2. 水力发电机组的智能运维服务

我国大水电经历了第一代(20世纪80年代引进消化)、第二代(2000—2010年,自主设计)、第三代(2010年至今,技术创新),正朝着智能化、智慧化的方向发展。基于物联化、自动化、数字化等技术,大型水力发电机组制造企业正在推进数字化转型,包括数字化营销、数字化设计与智慧产品、数字化制造、数字化供应链、数字化管理、数字化服务。本节集中介绍数字化服务方面,即基于机组的状态监控大数据,联合设计、制造、安装、运维等数据,构建机组的全生命周期数据档案,研发关键部件的智能诊断模型,以VR、AR等数字化产品为载体,实现机组虚拟运行、远程巡查、故障处置等功能,为水电站提供专业化服务。智能运维系统的推进需要从业务模式、应用模式、诊断模式、数据支撑4个角度考虑,水力发电机组智能运维平台需要解决的问题如图4-16所示。本节暂不讨论业务模式的问题，仅仅讨论后 3 个角度的技术问题。

		挑战	对于业务应用的需求
1	业务模式	• 当前与业主的连接比较松散，由业主负责主要运维； • 所谓新的服务化模式怎么打造	• 远程监控是基础； • 业务模式设计是关键（业务的频次/价值；竞争策略）
2	应用模式	• 不同业主倾向性的意愿不同； • 业主的应用系统环境的差异； • 系统的割裂化和多样化，技术如何统一	• 部署模式：云+端，但应用架构需要一致； • 部署需求：客户端的轻量级部署；云端需要有可扩展性； • 监控、诊断、运维一体化平台
3	诊断模型	• 诊断水平依赖于人工，故障报警的经验主要靠现场运行，故障诊断经验主要掌握在研发人员手中，经验缺乏量化和精化； • 专家知识如何沉淀，如何传递给用户	• 模型的推送机制（云+端）； • 模型的权限管理； • 基于大数据的规则检验与精化； • 规则模型的扩展接口
4	数据支撑	• 数据源分散、数据复杂； • 数据如何回收，如何给用户创造价值； • 单个业主机组的数据量不够	• 以设备为中心的设备管理能力； • 数据系统整合架构； • 通过服务模式的转变撬动数据的回归

图4-16 水力发电机组智能运维平台需要解决的问题

水力发电机组智能运维系统与风电大数据系统类似，一台典型发电机组有近 1000 个状态监控测点（发电机 700 多个测点，水轮机测点约 200 个），监测包括振动等高频数据，也包括温度、电流/电压、流量、压力、应力等常规指标，需要考虑不同类型数据的接入与存储策略。在数据接入、存储与处理上，水力发电机组与风力发电机组的需求类似，这里不再赘述。

水力发电行业的数据安全合规性要求高，很多水电厂的数据并不能在线回到中心端（设备制造企业），这促使水力发电机组智能运维系统采用"云+端"的工业互联网架构。设备制造企业构建大数据系统，水电厂端可以部署单机或小型集群环境，二者逻辑架构一致，但具体支持软件组件不同。中心端支持数据的离线导入（例如从硬盘或光盘的导入），端侧支持模型与工业 App 的离线部署（例如，U 盘复制）。和风力发电机组相比，水力发电机组的定制化程度很高，为支持应用和模型最大程度地复用，需要将模型、应用挂靠在功能模块层面上，精心设计背后业务数据模型。

大数据系统解决了海量高通量的设备运行数据的接、存、管、用问题，并提供了统一的设备资产数据模型。智能运维系统还需要解决应用与模型等领域层面的问题。在应用方面，构建了客户中心、诊断中心、报警中心、综合监测中心、可视化中心、数据与分析中心、模型中心、资产中心、案例中心、应用管理中心十大业务应用，这些应用以工业 App 的形式进行管理。数据分析模型主要包括关键部件失效模式预警模型（根据故障树分析，规划了 270 个模型）、机组整体健康评估模型（3~4 个层次，134 项指标）、故障案例知识图谱等。为了提高领域专家规则的沉淀效率，系统提供了丰富特征算子（例如，振动分析中的频域特征)、征兆算子库(例如,时序趋势、分布形态、异常形状)。通过一系列的技术和机制设计,中心端与属地端系统间模型、数据更新迭代机制形成。水力发电机组智能运维系统的"云+端"架构如图4-17所示。

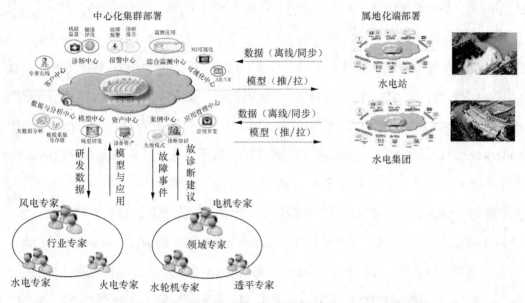

图4-17 水力发电机组智能运维系统的"云+端"架构

3. 高铁重轨生产质量的精准管控

某大型钢铁企业以轨梁厂为背景,研究关键工业产品的质量追踪与优化共性技术,并构建高铁重轨(以下简称钢轨)生产质量大数据系统,其核心任务是将钢轨产品生产制造过程的关键信息进行集成,包括原料数据、过程工艺数据、质检数据、成品数据等,为钢轨信息追溯提供支持,从而解决出厂产品与生产要素的全关联,质量要求的自适应优化,探索钢轨生产全产业链的智能制造总体发展方向。

钢轨生产的特点如下。一是产品质量成因复杂:在钢轨经过10多个道次往复轧制(因规格有差异)过程中,形状之间变化存在耦合影响,最终成形;在生产中,轧辊存在热变形、磨损等变化。二是物料跟踪复杂:不同道次、不同位置金属延展不同,另外还存在锯切、头尾翻转等情形。三是产品质量指标多且要求高:关键轧制工艺参数>70项,质量检测项>30项,缺陷模式>30类;金属连续变形机理导致工序间、工艺参数间、规格尺寸间耦合影响大。

目前,可实时采集轧制过程相应的工艺参数(例如轧制力、速度、辊缝值等),便于事后分析使用,但是仅以各道次存储文件,缺少钢轨全过程集成,且只能保存10天左右的数据；成品轨梁的规格尺寸、表面质量的检查要滞后约3小时，而且不能及时发现钢轨缺陷，可能会产生批量质量事故。因此，企业期望通过生产质量大数据和工业互联网建设，实现数据要素的长期积累，并以产成品为中心，实现质量要素的关联，实现"支管理、米跟踪"；在此基础上，基于数据寻优、根本原因分析、符合性评价、设备劣化趋势及自诊断、设备维修策略管理等数据深度挖掘应用，辅助生产决策，构建智能制造体系。系统需要集成的数据包括轨梁万能二线加热、轧制、淬火、矫直、加工、检测环节的过程数据（PLC、PDA[1]、2D热检、应力波、平直度、超声波探伤），轨梁万能二线坯料、在制品、成品环节的业务数据（MES、ERP、EAM[2]、EMS[3]等）。目前，加热炉、热打印及淬火等工艺的时序数据通过Wonderware进行采集保存；轧制类和矫直类工艺的时序数据通过PDA系统进行采集保存；检测中心相关工艺数据以文件形式保存，其中轧制类工艺采集频率为10ms/次，矫直类工艺采集频率为100ms/次，每根轧制件产生数据文件大小约为300M（二进制专有格式）；生产工序各环节的业务类数据保存于关系数据库；关键设备类数据通过Wonderware进行采集。

为了应对数据负载，大数据系统通过分布式队列软负载均衡方式，构建可横向扩展的数据接入集群，支持实时流数据和批量数据（含时间序列数据、结构化数据和非结构化数据）的快速接入，可每秒千次无损采集工业时序数据；内置实时数据高速缓存，数据接入的同时可以查询和分析流式数据，时延低至毫秒级，有效地支撑实时监控告警、实时预测等工业场景；内置专有实时错误审计技术，数据接入的同时可发现差错，并进行归档处理（例如，高通量数据接入过程中的核查难题），保证数据质量。

在大数据存储的基础上，基于跨域的数据建模技术（支持不同类型的数据源技术），将大数据系统的基础数据（PLC、PDA、2D热检、检测中心文件、应力波、MES、ERP、能源管理、设备物资等）以在制品、设备等为中心关联起来，为质量、工艺、生产、设备提供数据分析应用，实现钢轨质量相关的数据一体化集成，包括班组热检数据、核心工艺参数（轧制力、辊缝等，从PDA系统中提取）、检测中心数据等，以及根据子-母钢坯的质量遗传关系，实现关键工艺参数的跟踪，可满足各级管理人员的需求，根据质量分析、管理的业务语义，实现一体化查询，支持数据的多维分析、挖掘，并触发改善动作。

1　PDA：Process Data Acquisition，是一套工业生产过程数据采集系统。
2　EAM：Enterprise Asset Management，企业资产管理。
3　EMS：Energy Management System，能效管理系统。

基于数据模型，建立关键过程参数寻优、质量波动根本原因分析等大数据分析模型和关键的业务应用 App。关键过程参数寻优利用邻近算法、动态时间规整算法、相似度模糊匹配等模型算法，智能化地给出最佳案例，为固化最优关键过程参数、升级现有的生产技术提供强有力的数据支持；质量波动根本原因分析结合有限元仿真结果，基于统计分析（例如，主成分分析、层次分析、相关分析等）、机器学习、人工智能等算法结合轧梁工况（轧制力、轧制速度、加热时间等）对多因素耦合质量问题进行分析，其结果为质量分析精确定位提供信息支撑。

4.5 工业大数据与工业互联网平台

工业大数据侧重在数据要素整合与深度利用，工业互联网关注工业要素整合与产业链协同。从这个层面来讲，工业大数据是工业互联网的支撑技术之一。工业大数据是工业互联网的"数据要素仓库"。工业互联网是全要素、全产业链、全价值链的连接，这些连接需要对应数据要素连接、知识模型的流动与利用，工业大数据为数据要素关联、存储、挖掘提供了技术支撑。基于工业大数据系统，工业互联网平台层得以实现对边缘层、基础设施层产生的海量数据进行高质量存储与管理。工业大数据是工业互联网中数据"加工车间"。工业互联网积累的大量原始数据，通过二次加工，原始数据变成更高价值的公共数据（例如产业趋势、路谱数据、设备实际工况分布等），在数据即服务（Data as a Service，DaaS）层或内嵌到软件即服务（Software as a Service，SaaS）层服务于更多企业。工业大数据是知识模型的"研发实验室"。很多智能决策逻辑（例如故障诊断、销售预测等）需要深度挖掘大数据，形成分析模型。这些分析模型是工业 App 的核心支撑模块（从 App 解耦出来，可独立更新）。

另外，工业互联网也为工业大数据带来了新的内容。工业互联网带来了更大广度、更多维度、更大尺度的数据，带来了新的数据分析课题（例如，协同供应链）、应用场景（例如，协同研发）及技术需求（联邦学习下数据/模型的保护）；丰富了大数据分析模型的应用形式，过去更多的是企业内部利用分析模型（模型的训练、更新、应用在一致性高的环境中），现在在产业互联网结构下应用，集中训练、分布式应用、不定期更新是一种常见的应用模式。

从工业 App 的角度来看，基于工业大数据的工业 App 与其他 App 有着细微的区别。

虽然它也符合"工业维－技术维－软件维"的通用框架（工业维包括研发设计、生产制造、运维服务和经营管理，技术维包括基础共性、行业通用、工程专用，软件维度包括体系规划、技术建模、开发测评和应用改进），但基于工业大数据的 App 的核心逻辑通常来源于大量数据的统计学习，而一般工业 App 的核心逻辑可能来源于机理、经验或行业规范，换言之，工业大数据支撑的 App 大多属于数据密集型的工业 App。

工业 App 的数据密集性可以从数据量、数据类型两个角度去度量。数据量主要体现在工业中存在很多高频时序数据，这对数据传输提出很大的挑战。数据类型主要体现在工业数据分析模型有很强的上下文，这种复杂的数据类型对工业 App 的流动性提出了很大的挑战。例如，设备故障诊断模型对设备型号、配置及测点数据都有很强的依赖。工业互联网信息模型主要涉及语法层和语义层，解决了数据互通，实现数据和信息在全要素、全价值链、全产业链的无缝传递，使异构的应用程序、系统等在数据层面能相互"理解"，从而实现数据互操作与信息集成。

数据密集的特性也决定了对应工业 App 的应用模式的不同：一是上下文对象的建模，以支撑 App 应用的大规模流动，具体包括元数据建模、模型版本的管理；二是属地端运行环境，如果大量数据传输存在挑战，一种可能的方式就是用模型和 App 的流动替换数据的流动。但模型的复杂度对属地端运行环境提出了新的技术要求，例如，不同模型的依赖环境不同（例如 Python 算法包版本），需要利用 Docker 等容器技术去包容模型的差异化；由于属地端计算资源的限制，所以其通常采用轻量级的实现方式，但在软件架构上，属地端与中心端（大数据系统）保持逻辑一致。这样，数据通道模式（在线实时接入、在线延迟接入、离线导入）、模型应用技术模式（模型研发、模型在线部署/更新、模型的离线部署/更新）、模型应用场景（在线调整、决策辅助、远程指导）需要全面考虑。

4.6 工业大数据治理

4.6.1 工业数据分类分级

海量数据集成的大数据，在带来便利和机遇的同时，也产生了安全风险。找到保护和利用之间的平衡点,数据分级分类很有必要。在数据安全治理过程中,数据分类分级起到承上启下的作用。"承上"指的是运维制度、保障措施、岗位职责等多个方面的管理体系需依托数据分类分级进行针对性编制,"启下"指的是根据不同的数据级别,实现不同安全防护,例如高级数据需要实现细粒度规则管控和数据加密,低级别数据实现单向审计即可。

分类强调的是根据种类的不同按照属性、特征而进行的划分,而分级侧重于按照划定的某种标准,对同一类别的属性按照高低、大小进行级别的划分。对于分类与分级两项工作,目前没有法律法规或标准明确阐明其顺序关系,但一般都是遵循先分类再分级的顺序。国际上将数据分类分级一般统称为"Data Classification",数据分类被广泛定义为按相关类别组织数据的过程,以便可以更有效地使用和保护数据,并使数据更易于定位和检索。国际标准有 ISO/IEC 27001:2013《信息安全管理体系的需求规范》、NIST Special Publication 1500-2《基于大数据参考架构(NBDRA)的角色样本分类体系》。在我国,有《中华人民共和国数据安全法》、GB/T 25070—2019《信息安全技术 网络安全等级保护安全设计技术要求》等法律和标准。

2020 年 2 月 27 日,工业和信息化部办公厅印发《工业数据分类分级指南(试行)》。工业企业工业数据分类维度包括但不限于研发数据域(研发设计数据、开发测试数据等)、生产数据域(控制信息、工况状态、工艺参数、系统日志等)、运维数据域(物流数据、产品售后服务数据等)、管理数据域(系统设备资产信息、客户与产品信息、产品供应链数据、业务统计数据等)、外部数据域(与其他主体共享的数据等)。根据不同类别工业数据遭篡改、破坏、泄露或非法利用后,可能对工业生产、经济效益等带来的潜在影响,将工业数据分为一级(较小事件、较小影响)、二级(较大事件、较大影响)、三级(重大事件、重大影响)共 3 个级别。对于不同级别的数据提出了不同的防护要求。

在上述指导原则下,很多实施策略需要进一步细化,具体如下。一是分类分级是否加入时效性。例如,很多安全级别很高的实时生产数据,静止一段时间后(例如延迟 1 小时后提供),数据安全等级可以降低,但对于控制参数优化分析仍然很有价值。二是二次数据的分类分级。一方面,经过统计挖掘,二次数据不再包含很多敏感或重要的个体样本信息,但二次数据很多时候比原始数据更有价值。三是分类分级的颗粒度(做到字段、记录、数据集、多数据集等),需要从安全、工作量、应用性能的角度综合考虑。四是在分析模型安全上,需要考虑样本攻击等因素,分类分级需要确保样本的代表性。

4.6.2 数据确权

数据已经成为一种重要的生产要素。如果要将数据确定为资产，那就要从法律上对数据资产的所有权、管理权、使用权、经营权、知晓权等有明确界定，这就是数据确权的问题，主要包括以下4个方面。①数据资产的产权方，或者实际控制人，这与数据产生的物理装置的所有权和商务约定有密切关系，数据生产者不一定是数据拥有者。在设备代运维或租赁模式下，设备的状态监测数据的产权方应该是设备所有者，而不是业主，但工艺量数据归业主所有；在工业服务模式下，不论设备状态监测数据还是工艺过程量数据的所有权都归服务提供商。②数据采集的合法合规性，即通常说的"合法正当原则""知情同意原则""必要性原则"。③使用场景和手段，企业对数据拥有100%的产权，或者合法合规的实际控制权，也不能对数据不分场景任意使用。数据治理的一个重要工作就是定义数据的使用场景。什么样的数据可以应用于什么场景，谁来使用，使用的前提条件是什么，这些都需要细化。④数据安全责任，包括存储安全管理、关键信息匿名化、访问权限管理等。

对原始数据的确权相对容易，但对于二次数据、基于数据训练的模型的确权就相对复杂。另外，在联邦学习等新型学习模式下，原始数据拥有者分享的数据已经做过脱敏，模型的所有权不能简单规约到原始数据拥有者。另外，工业行业专家经验知识的确权，也处于知识产权和数据确权的交叉领域。专家经验知识因为不明确、不完备、不精准，需要使用机器学习算法和大量数据进一步精细化，才能变成一个可用的模型。原始经验知识很难以知识产权的形式进行保护，也很难以数据确权进行保护，这些都需要进一步实践，从而不断明确。

4.6.3 企业数据治理

数据已成为企业的核心资产和重要的生产要素。企业数据治理是企业管理和提高数据利用效果的重要手段，加强数据治理已成为企业提升管理能力的重要任务。国内外相关机构、行业组织和协会提出了一系列通用的数据治理框架，包括信息技术服务治理系列国家标准（GB/T 34960）、国际数据管理协会（Data Management Association，DAMA）的数据管理框架、ISO/IEC 38500系列标准、全国信息技术标准化技术委员会的数据管理能力成熟度评估模型（Data Management Capability Maturity Assessment Model，DCMM），以及一些白皮书和专著，为企业开展数据治理工作提供了指导规范和参考依据，下面以GB/T

34960、DAMA数据管理框架为例简要介绍。

GB/T 34960.5—2018《信息技术服务 治理 第5部分：数据治理规范》是我国信息技术服务标准体系中的服务管控领域标准。该标准提出了数据治理的总则和框架，明确了数据治理规范实施的方法和过程。该标准可以评估组织数据治理能力的成熟度，指导组织建立数据治理体系，并监督组织数据治理体系的建设和完善。数据治理框架包括顶层设计、数据治理环境、数据治理域、数据治理过程4个方面，数据治理框架如图4-18所示。

顶层设计是数据治理实施的基础。根据组织当前的业务现状、信息化现状和数据现状，制定数据战略规划，定义符合组织战略目标的数据治理目标。建立组织机构和机制，明确决策和实施机构，建立授权、决策和沟通机制。建立数据架构，明确技术方向、管理策略和支撑体系等。数据治理环境是数据治理成功实施的保障。分析领导层、管理层、执行层等组织内各层级、业务、市场和利益相关方等多维度的需求，识别项目支持力量和阻力，培养人员的数据思维，营造组织的数据治理文化，评估自身数据治理能力等，制定相关制度以确保项目实施顺利推进。数据治理域是数据治理实施的对象，实施构建围绕数据标准、数据质量、数据安全和数据生命周期等的数据管理体系，实施建立围绕数据流通、数据服务和数据洞察等的数据价值体系。数据治理过程是数据治理的实际落地过程，涵盖了数据治理实施方法。实施过程包括统筹和规划、构建和运行、监控和评估、改进和优化，并循环迭代演进。

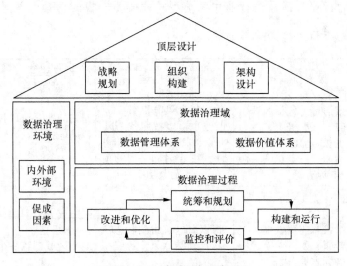

图4-18　数据治理框架

DAMA数据管理框架的核心职能是数据治理，通过与其他9项数据管理职能交互并互相影响，建立了一个能够满足企业需求的数据决策体系，为数据管理提供指导和监督，可以用于指导企业建立数据治理体系。框架定义了数据治理、数据架构管理、数据开发、数据操作管理、数据安全管理、数据质量管理、参考数据和主数据管理、数据仓库和商务智能管理、文档和内容管理、元数据管理 10 项职能。同时，该框架也确定了 7 个环境要素，包括目标和原则、活动、主要交付物、角色和职责、实践和方法、技术、组织和文化。

在数据治理的原则和要素上，工业企业和其他行业一样，都是按需治理，以业务效率/成本/风险为目标，通过组织、流程、技术等要素实现。工业大数据治理活动围绕物理对象、物理过程等领域模型，服务于领域专家、数据分析师、应用开发者，跨多个技术领域，对平台工具和人员技能提出了更高的要求。

 思考题

1. 工业数据采集需要关注哪些要素？

2. 数据库系统的典型类型包括哪些？

3. 在数据处理技术领域，与 OLTP 相比，OLAP 有哪些不同？

4. 大数据批处理技术和流处理技术在输入数据和任务执行方面分别有哪些特点？

5. 为了实现数据存储和查询功能的需求并达到高性能，在数据库系统设计与实现方面，通常从哪几个层面进行考虑？

6. 以你熟悉的行业，列举该行业中的典型机器学习建模的场景，并对其数据源进行描述，可以参考下表所示的格式进行描述。

分析场景	数据集	问题描述	模型类型及颗粒度	更新/运行频度
风功率预测	天气预报信息（包括风速、风向、气温等），风电机组状态监测数据（包括叶轮转速、发电功率、限电标志等）	预测每台风电机组（有时候也可以按照整个风场）未来 24 小时、48 小时、72 小时和一周的预计发电功率	回归问题，可以每台风电机组训练一个模型	每日运行一次，可以按季度、年度进行模型更新
风电机组结冰风险检测	天气信息（包括风速、风向、气温等），风电机组状态监测数据（包括叶轮转速、发电功率、限电标志等），历史的结冰事件记录	根据风电机组的状态，研判其结冰风险等级	回归或分类问题，一个机型、一个地形区域训练一个模型	每 5~15 分钟运行一次，按需更新

7. 在产品质量的分析建模中，"人、机、料、法、环"等因素都是重要因素，假设一

个食品加工厂有 2 个流水线，每条线有 3 个工艺单元，每个工艺单元有 1 台机器生产，最后产品进入成品质量检测。有 3 种产品类型，有唯一的质量评价指标，分为 5 个质量品质等级。有 3 个生产班组，生产有 3 种原材料，每个原材料有 2 个供应商，原材料品质有 2 个等级。每台机器有 10 个状态监测量（例如电流、振动），有 2 个工艺控制量，整个工厂车间有温度、湿度 2 个环境监测量。流水线每 5 分钟自动检测一次质量指标，每 5 分钟可以根据机器状态量等信息自动调整工艺控制量，其他状态和环境监测是秒级。

① 在产品品质预测建模时候，可以作为自变量的原始变量维度是多少？有可能有哪些特征量？

② 假设每个监测/控制量的数值可以离散化为 3 个级别，请问理论上的组合情形是多少？如果进行全局的工艺参数组合优化，则理论上至少需要多少样本量（假设每组变量组合需要 10 个样本，以保证质量品质的统计合理性）？

③ 请问至少需要多长时序的数据，才能支撑全局的工艺参数组合优化？

④ 在现实中，如何应对样本不充分的问题？

第 5 章 工业软件与工业 App

学习目标

- 了解工业软件定义与类型。
- 了解工业 App 的定义与内涵。
- 了解工业 App 的开发流程。
- 了解工业 App 与传统工业软件的联系与区别。

5.1 工业软件

工业软件是人类基础科学和工程知识的集大成者，需要跨越广阔的学科范围，包括基础科学、技术科学、工程科学、工程技术，以及大量的工程经验、知识等。工业软件是在数学、物理、计算机技术和工业技术之上的复合型知识载体。

工业软件服务于产品生命周期业务过程和企业经营活动，因此，工业软件可以按照产品生命周期分为研发设计类、生产制造类、维修服务类、嵌入式软件、经营管理类 5 个类别。

5.1.1 工业软件定义

工业软件从无到有，再到在工业中广泛应用，成为现代工业三大支柱之一，对于整个工业的发展具有非常重要的意义。工业软件的创新、研发、应用和普及成为衡量一个国家制造业综合实力的重要标志之一。因此，要定义工业软件，需要了解工业软件的发展史，从工业软件发展和工业软件应用等多个视角，给出工业软件的准确定义。

1. 工业软件发展历程

1948 年，美国帕森斯公司在研制加工直升机叶片轮廓检查用样板的机床时，提出了数控机床的设想，后与麻省理工学院合作，于 1952 年试制了世界上第一台三坐标硬件数控立式铣床，其数控系统采用电子管。1957 年，帕特里克·J·汉瑞特（Patrick J. Hanratty）博士开发出 PRONTO 数控编程工具，它是一个商用计算机辅助制造（Computer Aided Manufacturing，CAM）软件系统。

纵观工业软件的发展历程，在工业应用需求的牵引下，基础技术、计算机硬件、操作系统 3 个方面关键的技术驱动力量推动了工业软件的发展。此外，互联网技术、AI、交互技术等的发展，为工业软件注入新的活力。工业软件发展的技术驱动力量如图 5-1 所示。

基础技术的发展为工业软件的发展提供了强劲的动力。从 PRONTO 数控编程工具开始，20 世纪 60 年代，美国麻省理工学院提出交互式图形学的研究计划，1963 年伊凡·萨瑟兰（Ivan Sutherland）在麻省理工学院开发的"Sketchpad（画板）"是一个转折点，计算机辅助设计（Computer Aided Design，CAD）软件诞生。

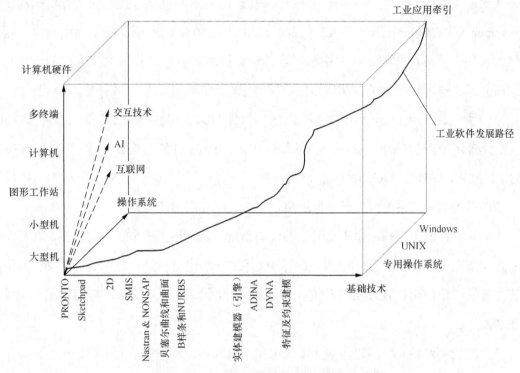

图5-1 工业软件发展的技术驱动力量

在此之后，通用汽车、福特汽车、麦道飞机、洛克希德等大型工业企业与高校联合开发了2D绘图软件，用于实现重复性绘图工作的自动操作。

20世纪60年代后期，贝塞尔曲线和曲面、B样条和非均匀有理B样条（NURBS）的三维曲面建模，实体建模，以及特征参数化建模等关键基础技术推动了CAD软件的发展。

1963年，加利福尼亚大学伯克利分校爱德华·威尔逊教授和雷·克劳夫教授为了结构静力与动力分析的教学而开发了符号矩阵解释系统（Symbolic Matrix Interpretive System，SMIS）。在美国国家航空航天局的支持下，SDRC公司成立，并于1968年发布了世界上第一个动力学测试及模态分析软件包，于1971年推出商用有限元分析软件——Supertab。

美国国家航空航天局于1966年提出发展泛用型的有限元分析软件Nastran的计划，于1969年推出了第一个Nastran版本——COSMIC Nastran。

此后，知名的有限元分析程序SAP、非线性程序NONSAP、非线性求解器ADINA、以及显式有限元程序 DYNA 等问世，基础建模与计算求解技术的发展为工业软件的发展提供了核心动力。

在此期间我国也开展了一些研究工作，并取得一定的进展。我国的计算机辅助工程（Computer Aided Engineering，CAE）诞生于 20 世纪 50 年代后期，由于大型水电工程刘家峡大坝的应力分析需要，当时中国科学院计算技术研究所三室成立了专门的大坝计算系统研究组，通过集体攻关，圆满地完成了刘家峡大坝应力分析计算任务。20 世纪 70 年代中期，大连理工大学研制出了有限元分析软件 DDJ、JIFEX 和结构优化软件 DDDU；航空工业部研制了 HAJIF。20 世纪 80 年代中期，国内知名的 CAE 软件主要是 JIFEX、HAJIF、FEPS、BDP、SAP、FEM、FEPS 等。

硬件系统与操作系统的发展，为工业软件的广泛应用扫清了障碍。

工业软件在诞生之初，由于当时硬件设施昂贵，只有通用汽车、麦道航空、福特、洛克希德等工业企业使用交互式绘图系统。20 世纪 70 年代，小型计算机费用下降，美国工业界才开始广泛使用交互式绘图系统。20 世纪 80 年代，由于计算机的应用，工业软件得以迅速发展。

与计算机硬件发展的同时，操作系统也在向前发展，从最初的大型机、小型机专用操作系统（需要专业团队维护、成本高昂），到 UNIX 操作系统，再到 Windows 操作系统，计算机硬件与操作系统的发展，为工业软件的大范围应用推广提供了基础。

尽管从 20 世纪 70 年代工业发达国家就提出了计算机集成制造系统（Computer Integrated Manufacturing System，CIMS），但直到 20 世纪 90 年代后期，CIMS 才在大量理论的支撑下得到了较好的应用，各种 MES、ERP 等系统兴起。

随着工业软件在工程实践中的广泛使用，工业软件带来了巨大的价值，西门子、达索、思爱普、MSC、ANSYS 等越来越多的工业巨头开始参与到工业软件的开发中，通过一系列的并购整合，形成了相对完整的工业软件体系。

伴随着工业软件规模和应用的拓展，工业软件之间的边界日益重叠，兼并浪潮兴起，大量软件通过相互合并形成了工业软件系统。与此同时，各行各业在设计、仿真、试验、生产、运维、产品全生命周期协同、营销、企业管理等各方面大量应用工业软件，从传统的航空、航天、汽车等军工和大型产品行业应用，走向了零部件、家电和材料等民用产品、小型产品和基础材料行业应用。

2. 工业软件的定义

关于工业软件，在英文中有"Industrial Software"和"Industry Software"两种说法，技术百科在线词典（Techopedia）中使用的是"Industrial Software"，而西门子使用了"Industry Software"。

Techopedia 对 Industrial Software 的定义为："工业软件是一组应用程序、过程、方法和功能的集合，这些程序、过程、方法和功能可以在工业规模上帮助收集、处理和管理信息。利用工业软件的行业包括运营、制造、设计、建筑、采矿、纺织厂、化工、食品加工和服务提供商。"

Techopedia 还对 Industrial Software 进行了扩展解释："由于强大的处理设备和大量内存的可用性，工业已经发生了革命性变化。工业软件有助于将实际工作数据数字化，以进行分析，或保存为一个不会被销毁、丢失或被盗的非物理记录。工业软件具有多种配置，可以服务于行业所使用的各种流程。每种配置的使用取决于它被部署到的行业类型，可以执行从预测、工作评估、建设管理和开发到产品设计和工程制造过程的针对性解决方案等任务。"

西门子对 Industry Software 给出了如下描述文字："工业软件通过 PLM 解决方案、制造运营管理（Manufacturing Operation Management，MOM）解决方案，并将 PLM、MOM 和自动化进行集成，帮助制造商数字化整合整个工业价值链，从而成为数字化企业。"

在赛迪智库发布的研究报告《中国工业软件发展白皮书（2019）》中，工业软件是指专用于或主要用于工业领域，用于提高工业企业研发、制造、生产管理水平和工业装备性能的软件。

中国工业技术软件化产业联盟发布的《中国工业软件产业白皮书（2020）》对工业软件的定义为："工业软件是工业技术和知识的程序化封装，能够定义工业产品，控制生产设备，优化制造和管理流程，变革生产方式，提升全要素生产率，是现代工业的'灵魂'。"

在 Techopedia 的定义中，"收集、处理和管理信息"的"处理"一词道出了工业软件的核心及工业软件的丰富内涵。西门子更多地描述工业软件所涵盖的业务范围及它们之间的整合集成。《中国工业软件发展白皮书（2019）》与《中国工业软件产业白皮书（2020）》中的定义主要从工业软件的应用角度进行描述。

纵观整个工业软件的发展历程，几乎所有的工业软件一开始都是出于工业应用的需要，由工业部门的 IT 技术人员与高校专家学者合作开发。关键领域的基础理论与算法突破，成为驱动工业软件发展的核心动力。计算机与信息技术的发展，成为工业软件发展的另一重要推动因素。因此，工业软件应该在工业应用需求的牵引之下发展，首先是基础科学的发展和核心人才的引领，关键的领军人物驱动基础科学研究的发展，其次是 IT 技术的发展，最后才是结合工程技术的工业应用与持续发展。

我们需要将工业软件整个生命周期、核心技术基础等关键要素涵盖在定义中。基于厘清工业软件发展技术路径和应用的目的，本小节给出工业软件的定义如下。

工业软件是基于核心基础科学研究成果与 IT 技术发展成果，经过工程技术与工程应用知识不断转化并实践验证后形成的应用软件。工业软件主要服务于产品生命周期业务流程和企业经营管理各项活动，用于提高企业核心业务能力和经营水平，改善工业产品功能与性能。

工业软件有 3 个核心技术基础：核心基础科学研究成果、IT 技术发展成果、工程技术和工程实践验证，三者缺一不可。核心基础科学研究成果和 IT 技术发展成果是关键，工业技术知识和工业应用知识构成了工业软件强大的"机体"，工程实践验证是工业软件不断成熟的"磨刀石"，工业软件通过在工业领域的不断应用，发现问题并解决问题，从而实现螺旋式发展。

5.1.2 工业软件类型

1. 工业软件类型

基于产品生命周期流程和工业软件应用范围的分类原则，工业软件可分为研发设计类、生产制造类、维修服务类、嵌入式软件、经营管理类。工业软件分类如图 5-2 所示。

在 5 类工业软件中，每一类工业软件都包含了权衡分析类工业软件在该类型中的一个子类，例如研发设计类中的多学科分析与优化、生产制造类的高级计划排程、维修服务类中的故障预测与健康管理、嵌入式软件中的优化控制策略软件、经营管理类中的商务智能等。

（1）研发设计类工业软件

研发设计类工业软件围绕产品定义与设计应用，描述产品对象是什么，从工业应用需求出发，从初始的概念到可实现的产品对象，并将不同的工程技术赋予产品，形成组织的核心竞争力和智力资产。研发设计类工业软件以产品数据管理系统或产品生命周期管理系统为核心，可以分为 3 个子类：技术子类、技术管理子类、权衡分析子类。

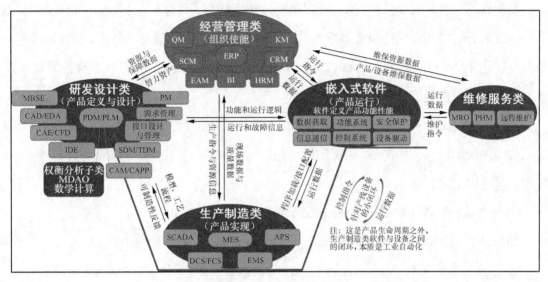

图5-2 工业软件分类

技术子类是研发设计类工业软件的核心，也是整个工业软件的核心，包括以下内容。

① 基于模型的系统工程（Model-Based Systems Engineering，MBSE）软件。

② 计算机辅助设计（Computer Aided Design，CAD）软件。

③ 电子设计自动化（Electronic Design Automation，EDA）软件。

④ 计算机辅助工程（Computer Aided Engineering，CAE）软件。

⑤ 计算流体动力学（Computational Fluid Dynamics，CFD）软件。

⑥ 集成开发环境（Integrated Development Environment，IDE）软件。

⑦ 计算机辅助制造（Computer Aided Manufacturing，CAM）软件。

⑧ 计算机辅助工艺规划（Computer Aided Process Planning，CAPP）软件。

技术管理子类对应系统工程的技术管理流程，包括以下内容。

① 项目管理（Project Management，PM）系统。

② 产品数据管理（Product Data Management，PDM）系统。

③ 产品生命周期管理（Product Lifecycle Management，PLM）系统。

④ 需求管理（Requirement Management，RM）系统。

⑤ 接口控制文件（Interface Control Document，ICD）系统。

⑥ 仿真数据管理（Simulation Data Management，SDM）系统。

⑦ 试验数据管理（Test Data Management，TDM）系统。

权衡分析子类是权衡分析类工业软件结合研发设计业务特点后的子类，在研发设计业务中，权衡分析类工业软件极其重要并且应用广泛，因此单独列为一个子类，包括多学科分析与优化（Multidisciplinary Analysis and Optimization，MDAO）软件和数学计算软件。

（2）生产制造类工业软件

生产制造类工业软件是针对产品物理实现的应用，主要用于在产品生产现场将产品从抽象的描述转换成具体的产品。生产制造类工业软件对应系统工程的实现、集成、验证等流程，包括以下内容。

① 制造执行系统（Manufacturing Execution System，MES）。

② 高级计划排程（Advanced Planning and Scheduling，APS）系统。

③ 监控与数据采集（Supervisory Control and Data Acquisition，SCADA）系统。

④ 分散控制系统（Distributed Control System，DCS）。

⑤ 现场总线控制系统（Fieldbus Control System，FCS）。

⑥ 能效管理系统（Energy Management System，EMS）。

（3）维修服务类工业软件

维修服务类工业软件是针对产品使用过程中的维修与服务的应用，可增加用户使用产品的方便性和运行的有效性，降低用户使用总成本，提升产品美誉度，增加客户黏性，并改善产品设计与生产等，包括以下内容。

① 交互式电子手册（Interactive Electrical Technical Manual，IETM）。

② 维护、维修与运行（Maintenance，Repair and Operations，MRO）系统。

③ 故障预测与健康管理（Prognostics and Health Management，PHM）系统。

④ 远程维护。

（4）嵌入式软件

嵌入式软件是在产品使用运行阶段，基于"软件定义"产品功能和性能这一理念，对产品运行功能和性能进行驱动、控制与执行的软件。随着信息技术发展，越来越多的工业产品功能由软件来实现，嵌入式软件在工业产品中的应用也越来越广泛。飞机、空间站、轨道交通、海洋装备、汽车、工程机械等高端复杂装备，以及家用电器、消费电子等领域，大量使用嵌入式软件。嵌入式软件包括数据获取、信息通信、产品功能系统、控制系统、设备驱动、安全保护等软件。

（5）经营管理类工业软件

经营管理类工业软件主要用于构建组织的公共能力，服务组织的各项业务。经营管理类工业软件以企业资源计划系统为核心，包含以下内容。

① 企业资源计划（Enterprise Resource Planning，ERP）系统。

② 客户关系管理（Customer Relationship Management，CRM）系统。

③ 供应链管理（Supply Chain Management，SCM）系统。

④ 企业资产管理（Enterprise Asset Management，EAM）系统。

⑤ 人力资源管理（Human Resource Management，HRM）系统。

⑥ 知识管理（Knowledge Management，KM）系统。

⑦ 质量管理（Quality Management，QM）系统。

⑧ 商务智能（Business Intelligence，BI）系统。

CRM、SCM 对应了系统工程的协议流程组，ERP、EAM、HRM、KM、QM 对应了系统工程的各项组织的项目使能流程，BI 是系统分析流程在企业经营管理业务中的实例化软件类型。

2. 不同类型工业软件之间的关系

5 类工业软件作为一个整体，服务于产品生命周期各项业务活动与企业经营活动，相互之间具有如图 5-2 所示的复杂交互关系。

研发设计类工业软件通过模型、数据、图纸、图表等方式对产品对象进行描述，并将这些描述提交给生产制造类工业软件，用于实现产品的生产制造。生产制造类软件将产品在生产制造实现过程中有关的可制造性问题反馈给研发设计类工业软件，用于改进产品对象的设计。

生产制造类工业软件在产品制造实现过程中，将产品包含的结构、电子元器件、嵌入式软件进行集成和测试，完成嵌入式软件加载、接口配置、软件版本与功能模块配置。嵌入式软件将产品在运行过程中的数据反馈给生产制造类工业软件，用于改善软件配置与接口优化等工作。生产制造类工业软件与嵌入式软件之间还存在一种在产品本身的生命周期之外，隶属于生产制造环节，针对生产线与设备的小闭环逻辑。在这个小闭环逻辑中，生产制造类工业软件向生产线和设备中的嵌入式软件发出各种控制指令，控制生产线和设备的运行。生产线和设备中的嵌入式软件向生产制造类工业软件反馈生产线和设备运行数据，用于对生产过程中的"人、机、料、法、环"等要素进行调整。

维修服务类工业软件主要在产品使用运行期间提供维修保障服务，这种服务既可以通过产品使用组织自己的维修部门来完成，例如对于生产设施设备的维修服务；也可以由产品生产组织的售后服务部门或外包服务机构来完成，例如家用电器、汽车等维修。维修服务类工业软件一般会与经营管理类工业软件在备件、备品、设施、资源等方面进行交互，并向经营管理类工业软件反馈产品/设备的维修保障数据。

嵌入式软件是嵌入产品中，驱动和控制产品的各项功能和性能执行的软件。研发设计类工业软件在产品设计过程中定义嵌入式软件的功能和运行逻辑，嵌入式软件将运行数据和运行过程中的故障信息反馈给研发设计类工业软件，用于改进产品设计。大多数情况下，产品中的嵌入式软件与生产经营单位的生产制造类工业软件连接，通过信息通信模块进行生产控制指令与运行数据交互；也可能作为设施资产同经营管理类工业软件连接，进行运行指令与运行数据交互。嵌入式软件还会与维修服务类工业软件连接，完成维修维护指令与运行数据交互。

经营管理类工业软件构建组织公共能力，向研发设计类工业软件提供资源与保障数据。研发设计类工业软件向经营管理类工业软件不断地汇聚形成组织的智力资产，这些智力资产包括产品设计模型、技术诀窍（know-how）、工程技术、工程知识等。

经营管理类工业软件向生产制造类工业软件提供生产指令与"人、机、料、法、环"等生产要素信息，指导生产现场的活动。生产制造类工业软件向经营管理类工业软件反馈生产现场运行数据以及产品质量数据，用于经营管理类软件对生产指令与生产要素的优化。

5.1.3 研发设计类工业软件

研发设计类工业软件是整个工业软件的核心内容，主要用来描述产品对象是什么。它从工业应用需求出发，通过分析找到解决问题的技术路线，从初始概念逐层定义和细化，形成可实现的产品对象的描述。此过程中需要应用不同的领域学科知识和工程技术知识，并将这些知识赋予产品，形成产品对象的核心价值和组织的核心智力资产。

研发设计类工业软件以 PDM/PLM 为核心，涵盖 CAD、CAE/CFD、EDA 等软件。进入

21 世纪后,人们越来越重视系统工程和基于模型的系统工程(MBSE),以应对产品复杂度的增加,并将 MBSE 与 PLM 进行融合。

1. CAD 软件

(1)CAD 软件概述

CAD 软件是指利用计算机及其图形设备帮助设计人员进行设计工作的工业软件。CAD 软件已经被当作一种巨大的生产力。

(2)CAD 软件的主要作用

CAD 软件主要用来提高企业产品设计效率,优化产品设计方案,减轻技术人员的劳动强度,缩短设计周期,加强设计标准化等。

(3)CAD 软件发展

从 1957 年帕特里克·J·汉瑞特(Patrick J. Hanratty)博士开发的第一个商用 CAM 软件系统 PRONTO 起,CAD 软件发展至今已有 60 余年。如今,CAD 软件已经广泛地应用在机械、电子、航天、化工、建筑等行业。

2. CAE/CFD 软件

(1)CAE/CFD 软件概述

CAE 是指用计算机辅助求解分析复杂工程和产品的结构力学性能,以及优化结构性能等,把工程(生产)的各个环节有机地组织起来,其关键就是将有关的信息集成,使其产生并存在于工程(产品)的整个生命周期。CAE 软件可进行静态结构分析、动态分析,研究线性、非线性问题等。

CAE 软件的核心思想是结构的离散化,其基本过程是将形状复杂的连续体求解区域分解为有限的、形状简单的子区域,即将一个连续体简化为由有限单元组合的等效组合体,通过将连续体离散化,把求解连续体场变量问题(应力、位移、压力和温度等)简化为求解有限单元节点上的场变量值。

CFD 是近代流体力学、数值数学和计算机科学结合的产物,是一门具有强大生命力的交叉学科。它是将流体力学的控制方程中的积分、微分项近似地表示为离散的代数形式,使其成为代数方程组,然后通过计算机求解这些离散的代数方程组,获得离散的时间 / 空间点上的数值解。

计算流体动力学的基本特征是数值模拟和计算机实验，它从基本物理定理出发，在很大程度上替代了耗资巨大的流体动力学实验设备，在科学研究和工程技术中产生巨大的影响。是目前国际上一个极具吸引力的研究领域。

（2）CAE/CFD 的主要作用与用途

CAE/CFD 主要通过分析计算对设计结果进行虚拟验证，确认其是否达到设计要求，其主要作用如下。

① 通过分析计算在产品投产或工程施工前预先发现潜在的问题。

② 尽可能多地模拟各种设计方案，进行方案选优，从而优化产品设计，降低材料消耗或成本，提升产品品质。

③ 通过分析计算，减少物理样机试制和试验次数，减少产品设计迭代，缩短研制周期，降低研制成本。

④ 通过分析计算可以进行机械事故分析，查找事故原因。

CAE/CFD 技术可广泛地应用于国民经济的众多领域，包括工业建设项目，例如工厂建设、公路、铁路、桥梁和隧道建设；大型工程项目，例如电站、水坝、水库、船台建造、船舶及港口建造和民用建筑等。

（3）CAE/CFD 软件发展

20 世纪 50 年代，波音公司和美国国家航空航天局开发了空气动力学模拟的有限元方法或有限元分析（Finite Element Analysis，FEA）。20 世纪 60 年代初，CAE/CFD 开始应用在工程上，到今天已发展了 60 多年，其理论和算法都经历了从蓬勃发展到日趋成熟的过程，现已成为工程和产品结构分析中（例如，航空、航天、机械、土木结构等领域）必不可少的数值计算工具，同时也是分析连续力学各类问题的一种重要手段。

3. EDA 软件

（1）EDA 软件概述

EDA 是指利用 CAD 软件来完成超大规模集成电路（Very-Large-Scale Integrated Circuit，VLSI）芯片的功能设计、综合、验证、物理设计（包括布局、布线、版图、设计规则检查等）等流程的设计方式。

EDA 基于大规模可编程器件，以计算机为工具，根据硬件描述语言完成表达，实现对逻辑的编译简化、分割、布局、优化等目标。借助 EDA 技术，操作者可以利用软件来实现对硬件功能的描述，之后利用现场可编程门阵列（Field Programmable Gate Array，FPGA）/复杂可编程逻辑器件（Complex Programming Logic Device，CPLD）得到最终的设计结果。EDA 作为一门综合性学科，打破了软件和硬件间的壁垒，代表了电子设计技术和应用技术的发展方向。

（2）EDA 软件发展

EDA 是一个相对较新的行业，其发展大致可以分为 3 个阶段。

① 初始阶段，20 世纪 70 年代，本阶段的特点是使用 CAD 工具替代手工设计。

大致在 20 世纪 70 年代，当时中小规模集成电路已经出现，其复杂程度远不及现在，设计人员必须手工完成集成电路的设计、布线等工作。传统的手工制图设计印制电路板和集成电路的方法效率低、花费高、制造周期长。

到 20 世纪 70 年代中期，人们开始借助计算机来完成印制电路板（Printed Circuit Board，PCB）设计，将产品设计过程中高重复性的繁杂劳动（例如布图布线工作）用二维图形编辑与分析的 CAD 工具代替，完成交互图形编辑、设计规则检查，并解决晶体管级版图设计、PCB 布局布线、门级电路模拟和测试。

② 发展阶段，20 世纪 80 年代，本阶段的特点是采用硬件描述语言，使用 CAE 进行逻辑仿真验证。由于集成电路规模的逐步扩大和电子系统的日趋复杂，人们进一步开发设计软件，将各个 CAD 工具集成为系统，从而加强了电路功能设计和结构设计。该时期的 EDA 技术已经延伸到半导体芯片的设计层面，能够生产出可编程半导体芯片。

1980 年，卡沃·米德（Carver Mead）和琳·康维（Lynn Conway）出版《VLSI 系统简介》。VLSI 提倡采用编程语言进行芯片设计。直接结果是可设计的芯片的复杂度大大增加，并且设计人员可以更方便地访问使用逻辑仿真的设计验证工具。

20 世纪 80 年代初期，EDA 逐渐开始商业化，Daisy Systems、Mentor Graphics 和 Valid Logic Systems 3 家公司都是在这段时间建立的，它们被统称为 DMV。

Gateway 设计自动化公司在 1986 年推出了一种硬件描述语言 Verilog，这种语言是高级抽象设计语言。1987 年，在美国国防部的资助下，另一种硬件描述语言 VHDL 被创造出来。现代的电子设计自动化设计工具可以识别、读取不同类型的硬件描述。根据这些语言规范产生的各种仿真系统使设计人员可对设计的芯片进行直接仿真。这些描述语言的出现，推动 EDA 进入发展阶段。

③ 成熟阶段，20 世纪 90 年代以后，本阶段的特征是以高级语言描述、系统级仿真和综合技术为特征，应对大规模集成电路发展需要。

20 世纪 90 年代以后，微电子技术突飞猛进，一个芯片可以集成几百万、几千万乃至上亿个晶体管，这给 EDA 技术提出了更高的要求，也促进了 EDA 技术的快速发展。以高级语言描述、系统级仿真和综合技术为特征的大规模 EDA 软件系统相继出现。模块化/标准化的设计描述、高抽象级的信息单元和特定的集成电路制造工艺/元件库，以及对应的标准化仿真模型成为每一个半导体硬件厂商追求的目标。

在电子产业中，由于半导体产业的规模日益扩大，EDA 扮演着越来越重要的角色。使用这项技术的厂商多是从事半导体器件制造的代工制造商和使用 EDA 模拟软件以评估生产情况的设计服务公司。EDA 工具也应用在现场可编程逻辑门阵列的程序设计上。

4. MBSE

（1）MBSE 概述

严格来说，MBSE 是一种基于模型的设计范式，是方法而不是软件。之所以将 MBSE 列入研发设计类软件，是因为这种基于模型的设计范式需要一系列模型与仿真软件来支撑，而且更重要的一点是，MBSE 将产品设计从关注传统的物理域向前推进到逻辑域，从关注相关方需求开始，推动产品正向设计。

MBSE 是在 2007 年的国际系统工程协会（International Council on Systems Engineering, INCOSE）国际研讨会上首次被提出。MBSE 是建模方法的正式化应用，以支持系统从概念设计阶段开始一直持续到开发阶段和后续生命期阶段的需求、设计、分析、验证和确认活动。这些方法被应用于机械、电子和软件等工程领域，以期取代原来系统工程师们所擅长的以文档为中心的方法，并通过完全融入系统工程过程来影响未来系统工程的实践。

与传统的以文档为中心的系统工程相比，基于模型的系统工程方法的目的是在设计早期就能在数字空间中给出系统架构这一顶层概念解决方案，并在尽可能大的方案空间开展权衡探索以及选用已有成熟的系统构件，在系统开发和实施团队之间达成共识，从而显著提高系统规范定义和设计质量，从而降低系统开发、运行的风险和成本。

INCOSE 在《MBSE 方法学综述》中从构成一个完整方法学的各个要素之间的关系的角度对 MBSE 方法学的解释：MBSE 方法学是包括相关过程、方法和工具的集合，以支持基于模型或模型驱动环境下的系统工程。

MBSE 的核心是模型。模型是对现实的抽象，旨在回答有关现实世界中的具体问题，模型是模仿、模拟或代表一个真实的世界的过程或结构，或者是一个概念，数学或物理的工具，用以协助决策者。建模是为了更好地理解复杂性，模型使我们能够更加了解所关注的区域，同时也明确了有关各方之间的沟通。模型具有以下 4 个方面的优势。

① 系统工程师关注问题的技术域而非文档。

② 图形方式往往比文字方式更直观且没有歧义。

③ 减少重复和不一致从而使跨领域的协作更明确。

④ 模型可以被验证。

MBSE 强调以系统模型为中心，MBSE 并不是要抛弃各专业学科原来所使用的模型，而是要用统一的系统建模语言来沟通各专业学科、专业工程。系统模型同时捕捉系统需求和满足这些需求的设计决策，可以通过模拟系统模型来验证成本、性能研究和设计选择。

（2）MBSE 三大支柱

MBSE 以模型为中心，建模语言、建模方法论、建模工具成为支撑 MBSE 的三大支柱。MBSE 三大支柱如图 5-3 所示。

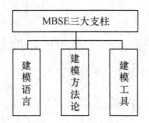

图5-3　MBSE三大支柱

一般而言，方法论被定义为一组用来支持特定学科的相关流程、方法及工具的集合。MBSE 方法论就是一组用来支持"基于模型"或"模型驱动"的系统工程学科的相关流程、方法及工具的集合。

2008 年，INCOSE 正式发布了 6 种 MBSE 方法论，分别是面向对象的系统工程方法论（Object-Oriented Systems Engineering Method，OOSEM）、IBM Harmony-SE 方法论（IBM Rational

Telelogic Harmony-SE)、IBM RUP-SE方法论（IBM Rational Unified Process for Systems Engineering）、V-MBSE方法论（Vitech Model-Based Systems Engineering）、JTL状态分析方法论（JTL State Analysis，JTL SA）、对象过程方法论（Object-Process Methodology，OPM）。

OOSEM是一种基于模型，自顶向下集成功能分解的方法，使用系统建模语言（Systems Modeling Language，SysML）支持系统的定义、分析、设计、验证和确认。

IBM Harmony-SE方法论是一种服务请求驱动的方法，使用SysML结构图来描述，状态变化被描述成操作，是某种程度上V模型的反映。

RUP-SE方法论是将设计和迭代开发并行以支持模型驱动的系统开发的方法，是传统RUP某种形式的延伸，强调业务建模、业务参与者和事件流从而充分定义系统需求。

V-MBSE方法论采用被称为"洋葱模型"的渐进过程，在系统规范定义过程中允许细节水平逐步提高的过渡解决方案，通过检查完整性和发现设计过程中的早期约束来实现低风险的设计。

JTL SA方法论是由JTL开发的利用基于模型和基于状态控制架构的方法，状态和模型是用来支撑系统操作、状态预测、控制预期状态以及效能评估所需的一切。

OPM方法论已形成标准ISO/PAS 19450。OPM方法论以"对象、过程和关系"构建语义体系，语言简洁且逻辑严谨，采用图文等价的双模式表示方式，易于理解。

SysML是对象管理组织在对UML2.0的子集进行重用和扩展的基础上，提出的一种新的系统建模语言，从2003年开始成立相关组织，到2007年正式发布SysML 1.0。

SysML作为系统工程的标准建模语言，和UML用来统一软件工程中使用的建模语言一样，SysML的目的是统一系统工程中使用的建模语言。

需要强调的是，SysML支持MBSE，但是二者不能等同，虽然SysML作为典型的可视化建模语言应用于MBSE，但是MBSE并不限于只使用SysML，例如广泛应用于嵌入式实时系统的架构分析和设计语言（Architecture Analysis and Design Language，AADL）也是一种MBSE建模语言。

SysML并不打算取代当前其他工程学科中已经使用的建模语言，事实上也无法取代。SysML趋向于通过基于SysML建模打造一个模型之间互操作的框架，从而实现以模型为中心的系统工程。以系统模型为中心的互操作框架如图5-4所示。

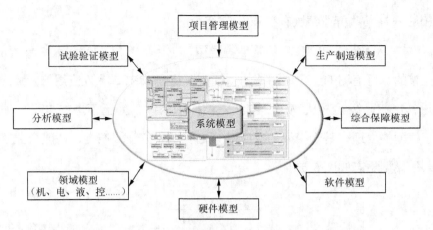

图5-4 以系统模型为中心的互操作框架

MBSE作为一种以模型为中心的设计范式，涉及产品生命周期的不同领域，支撑MBSE建模的工具也是多方面的，除SysML系统建模工具之外，还涉及其他不同领域的建模工具，在此不一一介绍。

此外，由于SysML所构建的系统模型，旨在打造一个以系统模型为中心的多领域模型之间可以互操作的框架，因此，必然会在MBSE不同领域的建模工具之间形成可以进行模型互操作的工具链。这些工具链共同支撑MBSE范式的形成。

（3）MBSE的价值

MBSE是产品数字化的基础，也是在数字空间对物理对象进行数字孪生表达的基础。能带来以下价值。

① 无二义性的需求描述，增进有关各方之间的沟通。

② 在产品研发早期就对需求和设计进行验证和确认，减少遗漏与错误。

③ 提高了管理复杂系统的能力，这得益于从多个视角审视系统模型和分析变更带来的影响。

④ 提供了一个明确的模型系统，使其一致性、正确性和完整性可以被有效评估。

⑤ 采用模型驱动的方法来捕获信息，增强了知识捕获和信息复用，降低更改设计所产生的成本。

（4）MBSE的发展

MBSE作为一个相对较新的事物，从2007年被提出之后，一直处于不断发展之中。INCOSE在《系统工程愿景2020》中，明确提出"MBSE是系统工程未来发展的核心内容"。

到目前 MBSE 已在某些行业领域有初步推广应用。

未来，集成 CAD/CAE/PLM、项目管理等模型，与传统 PLM 融合，提供唯一性、一致性、无歧义、完整的、可追溯的全生命周期的系统模型将是 MBSE 深入应用的趋势。

某些知名企业已经尝试从 MBSE 向基于模型的软件、基于模型的电子、基于模型的测试、基于模型的管理、基于模型的供应链等更广泛业务领域推进，构建企业复杂的模型生态。复杂的模型生态如图 5-5 所示。

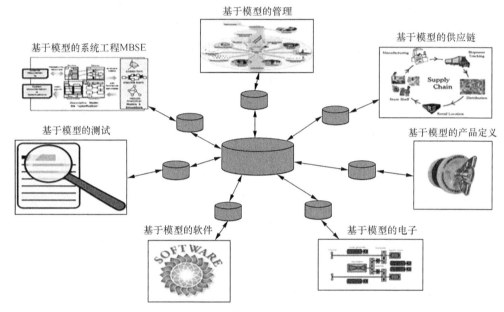

图5-5　复杂的模型生态

5.1.4　生产制造类工业软件

生产制造类工业软件以 MES 为核心，覆盖了生产现场数据采集、监控等应用，包括 APS、DCS/FCS、SCADA 等。

1. MES

MES 是一套面向制造企业车间执行层的生产信息化管理系统。美国先进制造研究中心（Advanced Manufacturing Research，AMR）将 MES 定义为"位于上层的计划管理系统与底层的工业控制之间的面向车间层的管理信息系统"，它为操作人员/管理人员提供计划的执行、跟踪以及所有资源（人、设备、物料、客户需求等）的当前状态。

MES 的主要功能包括制造数据管理、计划排程管理、生产调度管理、库存管理、质量管理、人力资源管理、工作中心/设备管理、工具工装管理、采购管理、成本管理、项目看板管理、生产过程控制、底层数据集成分析、上层数据集成分解等管理模块，可以为企业打造一个可靠、全面、可行的制造协同管理平台。

MES 可以为企业提供一个快速反应、有弹性、精细化的制造业环境，帮助企业降低成本、按期交货、提高产品质量和服务质量。MES 适用于不同行业（家电、汽车、半导体、通信、IT、医药），能够对单一的大批量生产制造企业和既有多品种小批量生产又有大批量生产的混合型制造企业提供良好的企业信息管理，主要有以下作用。

① 掌控生产现场状况，保证工艺参数可监测、被记录、受控。

② 强调制程品质管理，实现问题追溯分析。

③ 全面实现配给跟踪和库存管理，减少物料消耗。

④ 科学生产排程，合理安排生产工单。

⑤ 对客户订单全程跟踪管理，保证按时出货。

⑥ 监控生产异常情况，及时报警提示，减少非正常停机。

⑦ 设备维护管理，自动提示保养。

⑧ 指标分析，提升设备效率。

⑨ 自动数据采集，保证数据实时、准确、客观。

⑩ 报表自动及时生成，实现无纸化管理。

⑪ 可以对员工生产进行跟踪，考核依据客观。

⑫ 成本快速核算，订单报价决策有据可循、细化成本管理。

2. APS

APS 能解决"在有限产能条件下，交期产能精确预测、工序生产与物料供应最优详细计划"等生产排程和生产调度问题，常被称为排序问题或资源分配问题。APS 的核心是优化算法。

在离散制造业，APS 主要解决多工序、多资源的优化调度问题；在流程制造业，APS 主要解决顺序优化问题。APS 可以为流程和离散的混合模型同时解决顺序和调度的优化问题，还可以将合理优化的详细生产计划与实绩结合，接收 MES 或者其他工序完工反馈信息，从而解决工序生产计划与物料需求计划难做的问题。

APS 系统的主要功能包括基于业务规则的资源和物料优化，模拟仿真（使用内存驻留技术提供快速计算和多个假设场景仿真），制造过程运作同步，有限排程，约束管理，基于业务规则和系统复杂性的动态提前期计算，物料和能力约束分析，惩罚成本管理（使用最小化成本优化工艺路径或设备管理）等。

APS 系统的价值与效益主要体现在以下 8 个方面：① 提高订单准时交货率；② 缩短订单生产时间；③ 快速解决插单难题，减少机台生产线停机、等待时间；④ 减少物料采购提前期；⑤ 减少生产缺料现象；⑥ 减少物料、半成品、成品的库存；⑦ 减少生管、生产的人力需求；⑧ 让工作更轻松、更高效，让工厂更赚钱。

3. DCS 组态软件

DCS 是以微处理器为基础，采用控制功能分散、显示操作集中、兼顾分而自治和综合协调的设计原则的新一代仪表控制系统。

DCS 采用了控制分散、操作和管理集中的基本设计思想和多层分级、合作自治的结构形式。目前 DCS 在电力、冶金、石化等各行业获得了极其广泛的应用。DCS 系统由硬件、通信网络和组态软件构成，通常采用分级递阶结构，每一级由若干子系统组成，每一个子系统实现若干特定的有限目标。

DCS 的软件体系通常为用户提供丰富的功能软件模块和功能软件包（组态软件），通过将各种功能软件进行适当的"组装连接"，可生成满足控制系统要求的各种应用软件。

DCS 可以依据控制系统的实际需要，采用系统组态软件生成各类应用软件。组态软件包括基本配置组态和应用软件组态。基本配置组态是提供系统配置信息，例如系统站点数量、索引标志、控制站的最大点数、最短执行周期和内存容量等。应用软件的组态如下。

① 控制回路生成，利用基本控制回路组态，构成各种实际控制系统。

② 实时数据库生成，采用通用数据库工具软件生成数据库文件，然后直接利用数据文件或转换成 DCS 所要求的文件格式。

③ 工业流程画面生成，根据不同控制系统的需求，结合总貌、分组、控制回路、流程图、报警等画面，以字符、棒图、曲线等合适的形式显示出各种测控参数、系统状态等信息。

④ 历史数据库生成，在不需要编程的条件下，通过屏幕编程技术形成数据文件，展示历史数据存储和发展趋势。

⑤ 报表生成，通过报表生成组态形成周期性报表打印功能，或者触发性报表答应功能，用户可以根据需要和企业报表模板生成不同的报表形式。

可靠性是 DCS 的关键，一般有 3 种措施可以保证 DCS 的可靠性：一是采用高可靠性的硬件设备和生产工艺；二是采用冗余技术；三是在软件设计上实现系统的容错技术、故障自诊断和自动处理技术等。当前大多数集散控制系统的平均无故障工作时间（Mean Time Between Failure，MTBF）可达几万甚至几十万小时。

随着技术的发展，DCS 系统功能向开放式方向发展，仪表技术向数字化、智能化、网络化方向发展，工控软件向先进控制方向发展，系统架构向 FCS 方向发展。DCS 系统今后将更着重于全系统信息综合管理，向实现控制体系、运行体系、计划体系、管理体系的综合自动化方向发展，从实施最底层的实时控制、优化控制上升到生产调度、经营管理，以至最高层的战略决策，形成一个具有柔性、高度自动化的管控一体化系统。

4. FCS 组态软件

FCS 是在 DCS/PLC 基础上发展起来的新技术。它在很多方面继承了 DCS/PLC 成熟技术。例如，在人机界面操作站、基于 IEC 61131-3 的编程组态方法、热备冗余思想和方法、远程 I/O、现场变送器和阀门定位器等仪表的两线制供电、安全防爆等方面。

FCS 最大的改变是现场设备的数字化、智能化和网络化。FCS 是采用分散控制结构和标准通信协议的分布式网络自动化系统。相比 DCS 来说，FCS 性能好，准确度高，误码率低，组态简单，便于安装、运行、维护。

FCS 能够实现彻底的分散控制，将原先 DCS 中处于控制室的控制功能置入现场设备，直接在现场构成虚拟控制站，即就地采集信息、就地处理、就地控制。由于 FCS 的功能分散在多台现场仪表中，并可统一组态，用户可以选用各种功能块构建控制系统，上位机主要对其进行总体监督、协调、优化控制与管理，实现分散控制。通过数字化传输现场数据，FCS 能够获取现场设备的各种状态、诊断信息，实现实时的系统监控和管理。

现场总线是 FCS 的核心，目前世界上出现了多种现场总线标准，例如控制局域网络

（Control Area Network，CAN）、局部操作网络（Local Operating Network，Lon Works）、过程现场总线（Process Field Bus，PROFIBUS）、世界工厂仪表协议（World Factory Instrument，WorldFIP）、可寻址远程传感器数据通路（Highway Addressable Remote Transducer，HART）、现场总线基金会（Fieldbus Foundation，FF）等。

FCS 也采用与 DCS 相似的系统组态软件方式，依据控制系统的实际需要生成各类应用软件。FCS 有 3 种软件模块：功能块、软件块和资源块。当一些功能块组成了某一装置的控制策略时，就把这些功能块有序集合成为"功能应用块"。FCS 引入了功能块概念，制造商使用相同的功能块，并统一组态方法，使组态变得十分方便、灵活，不同现场设备中的功能块可以构成完整的控制回路。

5. SCADA

SCADA 系统的应用领域广，可以应用于电力、冶金、石油、化工、燃气、铁路，以及过程控制等诸多领域。

SCADA 系统是以计算机为基础的生产过程控制与调度自动化系统。它可以对现场的运行设备进行监视和控制，以实现数据采集、设备控制、测量、参数调节，以及各类信号报警等功能。

SCADA 系统的体系结构包括三大部分：硬件、软件和通信。其中，SCADA 软件由很多个任务组成，每个任务完成特定的功能。通常 SCADA 系统以实时数据库为核心，基本功能是数据采集和监视控制，主要包括：数据采集、数据传输及处理（例如量程转换、滤波）、计算与控制、实时过程监控、事件记录、历史数据存储与分析（对已发生的故障实现直观的事故追忆）、人机界面及告警处理、对实测数据及状态进行直观逼真的展示（例如动画、报表、趋势等）、进行多种报警及预警检测，以及采用多种方式实现报警通知。

SCADA 系统通常包括以下部分。

① I/O 数据采集软件，可快速采集现场设备的实时数据，与 SCADA 软件、上层集控中心进行数据交互，并存储数据到数据库中。

② SCADA 软件，以图形、动画、报表、趋势等手段展现产品工艺流程、设备的运行状态，完成操作员在上位机上的控制。

③ 工业历史数据库，可存储大量的过程数据，在采集、存储、检索方面具有强大的

性能,它是深层分析与统计的数据基础。

④ 客户端软件,基于客户 - 服务器(Client/Server,C/S)结构,为操作员提供日常操作所需的操作平台,也可满足分布式的要求。

⑤ 展示平台,是大量历史数据、计算数据、报警数据的分析展示平台,管理人员可以通过趋势、报表、历史回放等手段了解企业过去的状况,并进行分析。

5.1.5 维修服务类工业软件

1. IETM

IETM 是在现代信息与电子技术发展的基础上实现的一种装备综合保障技术和手段。它对装备的书面技术资料进行数字化,并将其划分为多个基本信息单元按照有关技术标准规定的格式存储在数据库中。相互关联的信息数据按照一定的结构存储。当用户使用时,信息数据可以以文字、表格、图像、图纸、声音、视频、动画等多种形式展现。

IETM 技术是数据存储与处理、信息分析和决策支持等多种手段的集成,是一个具有辅助维修、资料查询、信息浏览等多种功能的综合应用信息系统。

IETM 基本功能包括辅助维修功能、辅助训练功能、辅助技术资料管理功能等。IETM 具有数据格式统一、内容功能多样、交互丰富生动、存储多样灵活、网络分布管理、用户灵活多样等特点,可以提高技术资料准备、处理、维护及使用的及时性和便捷性,提高数据准确性,改善装备故障诊断维修的精确度,增强数据互操作性、传递与使用的实时性和共享性,从而有效提高装备保障能力和可靠性,并降低资料制作、管理和维护的各项费用。

实践证明,IETM 在降低装备保障费用、提高工作效率、提高装备的可靠性,以及维修性和保障性等方面具有显著优势,因此成为目前装备保障信息化研究和应用的热点之一。

2. MRO

MRO 是指工厂或企业对其生产和工作设施、设备进行保养、维修,保证其运行所需要的非生产性物料,这些物料可能是用于设备保养、维修的备品备件,也可能是保证企业正常运行的相关设备、耗材等物资。

MRO 是大多数制造和服务业务的重要组成部分。即使这些项目不是组装产品的直接组成部分，它们也有助于维持适当的运营标准，从而确保业务的所有不同领域都具有正常运行所需要的东西。其中一些元素是机械和车辆备件、润滑剂、办公材料、工业设备、消耗品、计算机或工作装备。

根据业务性质，这些元素通常构成企业采购预算中相当大的一部分，并且在购买、处理和存储这些元素的过程中，应确保对它们进行生产性利用，以便从这些采购中获得最大的收益。

过去，维护、维修和运行一直被视为非核心业务，这是在大批量、低价采购领域控制单价成本的一种有效方法。而 MRO 通过端到端的效率提升和过程控制实现节省成本，减少工厂停机时间，提高运营生产率并确保总体设备效率，支持企业有序生产。

MRO 主要解决以下问题：① 成品库存膨胀；② 不受控制的支出和供应基数的增长；③ 不合规的花费与支出；④ 计划外设备停机；⑤ 周转资金被不必要的库存占用；⑥ 关键任务部件缺货；⑦ 缺乏可行的数据和可见性；⑧ 运费高昂；⑨ 维修保养生产效率低下；⑩ 用户或使用者不满意。

3. PHM

（1）PHM 概述

PHM 是为了满足自主保障、自主诊断的要求提出来的，是状态检修（Condition Based Maintenance，CBM）的升级发展。它强调资产设备管理中的状态感知，监控设备健康状况、故障频发区域与周期，通过数据监控与分析，预测故障的发生，从而大幅度提高运维效率。

PHM 技术是实现预测性维护和智能运维中最为关键的核心技术。PHM 系统的核心技术是一个包含智能软件来进行设备状态预测建模功能的智能计算工具。对设备性能的评估分析和对故障时间的预测，既能够防范在设备运行中的事故风险，又能够最大限度地使用设备的安全服役寿命，减少不必要的维护成本。

以数据驱动的 PHM 建模方法的核心是采用机器学习和大数据挖掘等智能算法，对故障特征判断依据进行分类、聚类、模式识别、递归预测和关系挖掘等分析，从而利用历史数据对故障的诊断和预测进行智能建模，并利用模型对在线监测数据进行实时分析与决策。

利用设备监测大数据对设备故障的发生过程进行建模和预测，实际上是选择了数据驱动（Data-driven）分析手段。从分析的实施流程来说，数据驱动的智能分析系统包括 5 个主要步骤：数据采集、特征提取、性能评估、性能预测、性能可视化，以及性能诊断。

（2）PHM 技术发展

从 20 世纪 70 年代，故障诊断、故障预测、CBM、健康管理等系统逐渐在工程中得到应用。PHM 早期应用主要集中于航空发动机领域，例如 1982 年 F-18 大黄蜂机队 F404 发动机检测系统，可用于大黄蜂战机的发动机的监测。A-7E 飞机发动机监控系统成为 PHM 的早期经典案例。早期的 PHM 只有剩余寿命评估、操作极限监控、传感器失效检测、熄火检测、着陆推力评估、飞行员启动记录等功能，没有故障预测功能，也没有凸显大数据分析能力。这其实不属于真正的 PHM。F35 联合战斗机项目的智能后勤信息系统，囊括了飞机系统状态监控、健康评估、故障预测、维修计划、后勤保障等功能。在 F35 之前的 PHM，只是测试、监控，或者是健康管理，都不是真正意义的 PHM。

（3）PHM 的作用与价值

PHM 技术将过去故障后维修与计划维修模式改变为可预测性维修模式，基于对设施设备运行健康状况数据的获取与分析预测，实现对装备的可预测性维修。PHM 可以有效降低设施设备与装备的维修保障费用，提高装备完好率和任务成功率，主要体现在以下 3 个方面。

① 通过减少备件备品、保障设备、维修人力等维修保障资源需求，降低维修保障费用。

② 通过减少维修次数，尤其是计划外维修次数，缩短维修时间周期，提高装备完好率。

③ 通过对装备健康状态的感知与分析，减少设施设备与装备在运行过程中发生故障的风险。

5.1.6 嵌入式软件

按照电气电子工程师学会（Institute of Electrical and Electronics Engineers，IEEE）的定义，嵌入式软件是用于控制、监视或者辅助操作机器和设备的装置。嵌入式软件是将计算机硬件、软件及各种机电附属装置结合起来形成的一个专门的装置，用于完成特定功能和任务。嵌入式软件工作在一个与外界发生交付并受到时间约束的环境中，在没有人工干预的情况下进行实时控制。

嵌入式软件的架构可以分成 4 个部分：处理器、存储器、输入输出（I/O）和软件，其核心是控制、辅助系统运行的硬件单元。范围极其广阔，从最初的 4 位处理器，目前仍在大规模应用的 8 位单片机，到最新受到青睐的 32 位、64 位嵌入式 CPU。

嵌入式软件是硬件和软件交替螺旋式发展的。第一款微处理器是 1971 年出现的 Intel 4004，20 世纪 80 年代初，Intel 进一步完善了 8048 单片机，在此基础上形成了 8051 单片机。1981 年，第一个商业嵌入式实时内核——VTRX32 出现，随后 VxWorks、WinCE、嵌入式 Linux、uCOS，以及国内的 Hopen、Delta OS 等内核产品出现。

嵌入式软件已经成为工业软件领域最大的一个产业，根据前瞻产业研究院数据，2019 年，我国工业软件产品实现收入 1720 亿元，嵌入式软件的市场占比为 57.4%。从整体来看，工业领域嵌入式软件在智能化转型中得到大规模应用，促进了嵌入式软件的应用与发展。

嵌入式软件的应用范围极其广泛，涵盖工业控制（例如，工控设备、数控系统、智能仪表、汽车电子），消费电子（例如，信息家电、智能玩具、通信设备、移动存储）、网络通信领域（例如，网络设备、电子商务等），以及国防军事等领域。

1. 数控系统

现代数控系统是采用微处理器或专用微型计算机的数控系统，由事先存放在存储器中的系统程序（软件）来实现控制逻辑，实现部分或全部数控功能，并通过接口与外围设备进行连接，称为计算机数控（CNC）。CNC 通过利用数字、文字和符号组成的数字指令来实现一台或多台机械设备动作控制，它所控制的通常是位置、角度、速度等机械量和开关量。

数控系统由数控程序存储装置（从早期的纸带到磁环，到磁带、磁盘到计算机通用的硬盘）、计算机控制主机（从专用计算机进化到个人计算机体系）、PLC、主轴驱动装置和进给（伺服）驱动装置（包括检测装置）等组成。

由于逐步使用通用计算机，数控系统日趋具有了以软件为主的色彩，又用 PLC 代替了传统的机床电器逻辑控制装置，使系统更小巧，其灵活性、通用性、可靠性更好，易于实现复杂的数控功能，使用、维护也方便，并具有与网络连接及进行远程通信的功能。

2. 汽车电子系统

汽车电子系统是汽车电子控制装置和车载汽车电子控制装置的总称。

汽车电子控制装置是一种机电结合的汽车电子装置，需要和车上机械系统进行配合使用，包括发动机控制系统、底盘控制系统和车身电子控制系统（车身电子 ECU[1]），例如电子燃油喷射系统、制动防抱死控制、防滑控制、牵引力控制、电子控制悬架、电子控制自动变速器、电子动力转向等。

车载汽车电子控制装置是在汽车环境下能够独立使用的电子装置，它和汽车本身的性能并无直接关系，包括汽车信息系统（行车电脑）、导航系统、汽车音响及电视娱乐系统、车载通信系统、上网设备等。

汽车电子系统最重要的作用是提高了汽车的安全性、舒适性、经济性和娱乐性。用传感器、微处理器 MPU、执行器、电子元器件及其零部件共同构成汽车电子系统。目前在有些车型上的汽车电子系统的数量已经超过 48 个，电子产品占整车成本超过 50%。

3. 航空电子系统

航空电子系统（Avionics System）是保证飞机完成预定任务达到各项规定性能所需的各种电子设备的总称。其主要功能是在飞机运行过程中，根据其任务需要和环境特点，完成信息采集、任务管理、导航引导等基本飞行过程，为飞行机组提供基本的人机接口，确保飞行机组的态势感知和飞机系统管控能力，使飞行机组能够及时、有效地管理和控制飞机安全、可靠地按照预定航迹飞行，高效地完成相关任务。

航空电子系统基本组成如下。

① 通信系统：承担飞机与外部语音和数据传输，确保飞机与地面建立稳定、通畅的通信联络。

② 导航系统：通过多种导航传感器实时采集并测量飞机运动信息，通过各种监视手段及时获取危险地形、恶劣气象等飞行安全威胁信息，保证飞行的安全性和经济性。

③ 任务/飞行管理系统：根据飞机的实际任务需要，完成飞行过程中的航迹预测、自动控制和性能优化等，确保飞机的飞行航迹和剖面能够满足执行相关任务的需要。

④ 综合显示系统：为飞行机组提供全面、清晰、直观的（包括高度、航向、姿态、空速、地速、马赫数、位置等在内的）飞行信息，帮助飞行机组准确及时地掌握飞行动态和飞机工况，从而更加安全高效地完成飞行操作任务。

⑤ 核心处理系统：以核心任务处理计算机、机载嵌入式实时操作系统和机载总线

---

1 ECU：Engine Control Unit，发动机控制器。

网络等为基础,完成飞机上相关系统设备的互联互通,为各项系统任务提供基本的处理平台。

⑥ 机载维护系统:实时接收、汇总和分析飞机上各系统提供的相关数据,及时发现、诊断和定位相关机载系统和设备的故障状况,从而有针对性地制定并采取相关的维护策略,从而保证飞机的可靠运行。

综合模块化航空电子系统(Integrated Modular Avionics,IMA)是航空电子发展的重要趋势。航空综合模块化电子系统的概念产生于 20 世纪 70 年代,近年来,随着微电子技术、总线技术、容错技术和自动控制技术的发展,综合模块化航空电子系统得到迅速发展,某机型的综合模块化航空电子系统的结构如图 5-6 所示。

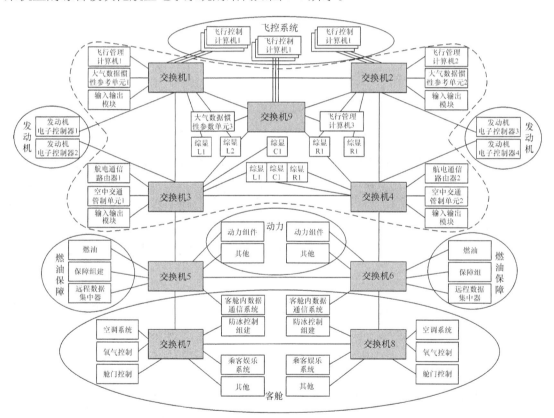

图5-6 某机型的综合模块化航空电子系统的结构

5.1.7 经营管理类工业软件

经营管理类工业软件是组织使能类软件,主要用于构建组织的公共能力,服务于组织的各项业务。经营管理类工业软件以企业资源计划系统为核心，包括客户关系管理、供应链管理、人力资源管理、知识管理、质量管理等软件。

1. ERP

ERP 系统是建立在信息技术基础上，以系统化的管理思想，为企业决策层及员工提供决策运行手段的管理平台。

ERP 系统以管理会计为核心，主要针对物资管理（物流）、人力资源管理（人流）、财务资源管理（财流）、信息资源管理（信息流）集成一体化的企业管理软件，提供跨地区、跨部门、跨公司实时信息整合。

ERP 系统一般包含库存、采购、营销、物料、车间任务管理、工艺、成本、人力资源、质量管理、经营决策、总账、自动分录、应收、应付、固定资产等功能模块。

ERP 系统的发展经历了 4 个主要的阶段。

20 世纪 60 年代的时段式 MRP：计算机系统的发展使针对大量数据的复杂运算成为可能，人们为解决早期的订货点法的缺陷，提出了物料需求计划（Material Requirements Planning，MRP）理论。

20 世纪 70 年代的闭环 MRP：随着人们认识的加深及计算机系统的进一步普及，MRP 的理论范畴也得到了发展，为解决采购、库存、生产、销售的管理，人们发展了生产能力需求计划、车间作业月计划，以及采购作业计划理论，一种生产计划与控制系统——闭环 MRP（Closed-loop MRP）产生。在以上这两个阶段，丰田生产方式（看板管理）、全面质量管理（Total Quality Control，TQC）、准时制生产（Just in Time，JIT）以及数控机床等支撑技术出现。

20 世纪 80 年代的 MRP Ⅱ：随着计算机网络技术的发展，企业内部信息得到充分共享，MRP 的各子系统也得到了统一，形成一个集采购、库存、生产、销售、财务、工程技术等为一体的系统，一种企业经营生产管理信息系统——MRP Ⅱ 产生。这一阶段的代表技术是计算机集成制造系统（CIMS）。

20 世纪 90 年代，为了应对市场竞争的进一步加剧，产生了有效利用和管理企业整体资源的管理思想——企业资源计划（ERP）。ERP 由美国高德纳公司（Gartner Group Inc.）

在 20 世纪 90 年代初期首先提出。

2. CRM

CRM 是指企业为提高核心竞争力，利用相应的信息技术及互联网技术协调企业与客户间在销售、营销和服务上的交互，从而优化其管理方式，向客户提供创新的、个性化的交互和服务的过程。其最终目标是吸引新客户、保留老客户，以及将已有客户转为忠实客户，扩大市场。

CRM 系统不仅是一套软件，还体现为一种新形态企业管理的指导思想和理念，一套创新的企业管理模式和运营机制，是企业管理中信息技术、软硬件系统集成的管理方法和应用解决方案的总和。

CRM 系统的功能可以归纳为 3 个方面：市场营销中的客户关系管理、销售过程中的客户关系管理、客户服务过程中的客户关系管理，简称为市场营销、销售、客户服务。

CRM 系统的作用与价值体现在以下方面：① 提高市场营销效果；② 为生产研发提供决策支持；③ 提供技术支持的重要手段；④ 为财务金融策略提供决策支持；⑤ 为适时调整内部管理提供依据；⑥ 使企业的资源得到合理利用；⑦ 优化企业业务流程；⑧ 提高企业的快速响应和应变能力；⑨ 改善企业服务，提高客户满意度；⑩ 提高企业的销售收入；⑪ 推动了企业文化的变革；⑫ 与即时通信功能集成，可以快速与客户沟通。

伴随着通信技术的发展，CRM 已经全面进入移动时代，云计算的全球化使传统 CRM 软件已逐渐被网页 CRM 取代。越来越多的客户倾向于采用网页来管理 CRM 等业务应用程序。

3. SCM

SCM 是一种集成的管理思想和方法，它执行供应链中从供应商到最终客户的物流的计划和控制等职能。从单一的企业角度来看，是指企业通过改善上、下游供应链关系，整合和优化供应链中的信息流、物流、资金流，以获得企业的竞争优势。

供应链最早来源于彼得·德鲁克提出的"经济链"，而后经由迈克尔·波特发展成为"价值链"，最终演变为"供应链"。

供应链管理是企业的有效性管理，表现了企业在战略和战术上对企业整个作业流程的优化。它整合并优化了供应商、制造商、零售商的业务效率，使商品以正确的数量、优良的品质，在正确的地点，以正确的时间、最佳的成本进行生产和销售。

SCM 就是对企业供应链的管理，是对供应、需求、原材料采购、市场、生产、库存、订单、分销发货等的管理，包括了从生产到发货、从供应商到客户的每一个环节。

SCM 应用是在 ERP 的基础上发展起来的，它把企业的制造过程、库存系统和供应商产生的数据合并在一起，从一个统一的视角展示产品建造过程的各种影响因素。供应链是企业赖以生存的商业循环系统，是企业电子商务管理中最重要的课题。统计数据表明，企业供应链可以耗费企业高达 25% 的运营成本。

SCM 主要是一种整合整个供应链信息及规划决策，并且将信息基础架构自动化和最佳化的软件，覆盖在供应链企业的 ERP 系统和交易处理系统之上。

SCM 通常具有一个转换接口，用以整合供应链上各企业的应用系统（尤其是 ERP 系统）及各种资料形态，此转换会通过标准中介工具或技术，提供与主要决策系统互动的能力。

SCM 能为企业带来以下的益处：① 增加预测的准确性；② 减少库存，提高发货供货能力；③ 减少工作流程周期，提高生产率，降低供应链成本；④ 减少总体采购成本，缩短生产周期，加快市场响应速度。

随着互联网的飞速发展，越来越多的企业开始利用网络实现 SCM。即利用互联网将企业的供应链上下游企业进行整合，以中心制造厂商为核心，将产业上游原材料和零配件供应商、产业下游经销商、物流运输商及产品服务商，以及往来银行结合为一体，构成一个面向最终客户的完整电子商务供应链，目的是降低采购成本和物流成本，提高企业对市场和最终客户需求的响应速度，从而提高企业产品的市场竞争力。

4. KM

KM 指在组织中构建一个量化与质化的知识系统，让组织中的资讯与知识通过获得、创造、分享、整合、记录、存取、更新、创新等过程，不断地回馈到知识系统内，使个人与组织的知识形成组织智慧的循环，在企业组织中成为管理与应用的智慧资本，有助于企业做出正确的决策，以适应市场的变迁。KM 是对知识、知识创造过程和知识应用进行规划和管理的活动。

KM 关注企业整体平台的搭建，包括知识的采集、存储、挖掘、模式提炼、共享交流，企业级知识的管理效率与效果评测，以及制度与文化的变革等；知识工程强调知识"在应用环境中"与业务系统的协同，例如创造、验证、使用等活动。企业在业务系统的运营过程中，从 KM 系统中获取合适的知识，在应用过程中创造新的知识，并将这些知识返回到知识库中，纳入产品的全生命周期管理。

知识成为为企业创造价值的主要手段。企业的核心竞争要素已经从过去的成本、质量、交货期、服务、环境演变为知识创新。以产品为核心的企业，其主要的知识资产存在于产品生命周期的各个流程中，同时，产品的研发设计并不只是产品设计和研发团队的责任，成功的产品应该被看成是营销、研发、采购、制造、销售和维护团队共同协作的结果。因此，将 KM 融入产品全生命周期，实现产品全生命周期数据、信息、知识的获取和管理，对企业的创新和发展有着举足轻重的作用。

制造企业产品生命周期中的各个阶段都包含大量知识，这些知识的传播与流动，构成了产品生命周期中的知识流。制造企业产品生命周期中的各个阶段都包含大量知识，这些知识的传播与流动，构成了产品生命周期中的知识流。制造企业在产品生命周期的不同阶段需要具备不同的知识。在需求分析阶段需要具备发现市场机会的知识，在设计阶段需要具备开发新产品满足市场需求的知识，在加工制造阶段需要具备产品生产管理方面的知识，在市场营销和销售阶段需要具备将企业产品推向市场的知识。

5.2 工业 App

工业 App 是工业技术与知识的软件形态的载体，是工业技术软件化理念下的成果。将工业技术与工业知识进行系统化、模型化和软件化形成可运行的应用程序——工业 App，是工业软件发展的新形态和新路径，工业 App 随着工业互联网的发展而迅速发展。

5.2.1 工业 App 定义与内涵

在工业 App 概念出现之前，消费领域和移动互联网领域已经有很多的 App；在工业领域，GE 等国外工业巨头已将 App 概念引入工业领域。随着我国"两化融合"的深入，工业互联网等新技术的出现，企业需要通过持续积累沉淀工业技术知识以获得创新能力，在工业技术知识与信息技术（尤其是软件技术）之间，需要有一个两方融合的载体，于是"工业技术软件化"理念被提出，在此理念的推动下，借鉴消费领域及国外工业领域的实践，工业App概念被正式提出。

1. 工业App定义

工业App是基于松耦合、组件化、可重构、可重用思想，面向特定工业场景，解决具体的工业问题，基于平台的技术引擎、资源、模型和业务组件，将工业机理、技术、知识、算法与最佳工程实践按照系统化组织、模型化表达、可视化交互、场景化应用、生态化演进原则而形成的应用程序，是工业软件发展的一种新形态。

工业App所依托的平台，可以是工业互联网平台、公有云或私有云平台，也可以是大型工业软件平台，还可以是通用的操作系统平台（包括用于工业领域的移动端操作系统、通用计算机操作系统、工业操作系统和工业软件操作系统等）。

工业App是为了解决特定的问题、满足特定的需求将实践证明可行和可信的工业技术知识封装固化后形成的一种工业应用程序。工业App只解决具体的工业问题，而不是抽象后的问题。例如，齿轮设计App只解决某种类型的齿轮设计问题，而不是将齿轮设计抽象成面向一般几何体设计的点、线、面、体、布尔运算等设计问题。后者是一般工业软件解决的问题。

工业App可以让工业技术知识与经验得到更好的保护与传承、更快的运转、更大规模的应用，从而放大工业技术的效应，推动工业技术知识的沉淀、复用和重构。

2. 工业App的内涵

（1）工业App开发的3类主体

工业App开发包含3类主体：IT人员、工业人员、数据科学家。工业人员与IT人员是两类传统的主体。在新技术条件下，工业App开发的主体将越来越向工业人员倾斜，工业人员利用各种低代码手段快速将自身所掌握的工业技术知识开发成工业App。

随着大数据技术的应用与发展，数据科学家基于对海量工业数据的处理分析和数据建模，开发出数据驱动的工业软件，成为一种新的开发主体。

（2）工业App承载的6类工业技术知识对象

工业App是一种承载特定工业技术知识的软件形式的载体，其所承载的客体对象包括以下6类工业技术知识。

① 各种基本原理、工业机理、数学表达式、得到验证的经验公式。

② 业务逻辑（包括产品设计逻辑、CAD建模逻辑、CAE仿真分析逻辑、制造过程逻辑、运行使用逻辑、经营管理逻辑等业务逻辑）。

③ 数据对象模型、数据交换逻辑。

④ 领域机理知识（包括工业领域航空、航天、汽车、能源、电子、冶金、化工、轨道交通等行业原理与机理知识，机械、电子、液压、控制、热、流体、电磁、光学、材料等专业知识，车、铣、刨、磨、镗、热、表、铸、锻、焊等工艺制造领域的知识，人员、设备、方法、环境、配方、配料、工艺过程与工艺参数知识，以及故障、失效等模型，还可以是人对设备操作与运行的逻辑、可显性化的操作经验、数据，企业经营管理基本原理、显性化管理知识与经验等）。

⑤ 数据建模模型（经过机器学习和验证的设备健康预测模型、大数据算法模型、人工智能算法模型、优化算法模型等）。

⑥ 人机交互。

（3）工业App的典型特征

工业App具有6个方面的典型特征：特定工业技术知识载体，面向特定工业场景的特定适应性，小轻灵/易操作，可解耦/可重构，依托平台，集群化应用。工业App典型特征如图5-7所示。

图5-7 工业App典型特征

特征一：特定工业技术知识载体。工业App是某一项或某些具体的工业技术知识的软件形态的载体,这是工业 App 的本质特征。工业 App 所承载的工业技术知识只解决具体的问题,而不是抽象后的问题。一般的工业软件虽然也承载工业技术知识,但这些工业技术知识通常是抽象后的通用机理,例如几何建模技术与知识,它解决的是一大类工业问题。

特征二:特定适应性。工业 App 承载解决某项或某些具体问题的工业技术知识,具备一个或多个特定功能,解决特定的问题,具有典型的特定适应性。例如,某类齿轮设计 App 只完成该类型的齿轮设计,更换齿轮类型后就不适用了。

特征三:小轻灵/易操作。工业 App 功能单一,其开发运行依托平台的资源,不需要考虑完整的技术引擎、算法等基础技术要素,因此工业 App 的体量相对较小。

工业 App 是富集的工业技术知识载体,通过知识封装和驱动,让一般的操作人员也可以使用专家的知识,通过简便的操作,完成过去需要专家才能完成的工作。只有这样,工业 App 才能被广泛地使用。

特征四:可解耦/可重构。组件化的工业 App 边界明确,接口明确,使其可以不被紧耦合约束到某一个具体的应用软件中。工业 App 与其他的应用程序或 App 通过接口交互实现松耦合应用。

特征五:依托平台。工业 App 从概念提出到开发、应用,以及生态的构建与形成,都是基于平台开展的。每一个工业 App 只解决特定的具体问题,这就要求工业 App 必须由一个庞大的生态来支撑。生态的建设需要社会力量共同努力,平台既可以提供工业 App 生态快速建设的基础,又可以避免工业 App 开发过程中重复的基础技术开发和基础资源构建,降低工业 App 的开发门槛,还可以通过平台来统一规范与标准,实现工业 App 的广泛复用。

特征六:集群化应用。一些复杂的工业问题可以通过问题分解变成一系列单一问题,每一个单一问题由对应的工业 App 来解决,多个边界和接口明确的工业 App 按照一定的逻辑与交互接口进行系统性组合形成集群,可以解决更为复杂的系统性问题。例如,飞行器总体设计问题可以分解为数百个小问题,通过超过 300 个工业 App 的集群化组合应用,实现飞行器这个复杂系统的总体设计应用。

3. 工业 App 与消费 App 的区别

工业 App 借鉴了消费 App 的概念,在单纯 App 的特征方面,工业 App 在体量小轻灵,易操作、易推广复用等方面充分借鉴了消费 App 的特性。但是工业 App 与消费 App 两者具有明显的区别。工业 App 与消费 App 之间的区别与关联见表 5-1。

表5-1 工业App与消费App之间的区别与关联

消费 App	工业 App
小轻灵，易操作	继承小轻灵，易操作特征
基于信息交换	基于工业机理
针对个人用户	针对企业用户
用户是消费者 （非专业用户）	用户是产品设计、生产、经营者 （专业用户）
服装、食品等消费品工业，工业 App 与消费 App 分别支撑产业链前后端，二者需要整合	

消费 App 是基于信息交换的，但是工业 App 必须是有机理的。工业应用有因果关系，这些表达因果关系的工业技术知识常常通过机理模型、经验模型、数据模型等承载，是企业重要的数据资产和核心价值。

消费 App 针对个人用户，解决个体的通用需求，多应用在流通、服务等环节，面对非专业用户，提供流通和服务过程中的流程、信息、资金、评价等应用。举例来说，这些非专业用户可能很会买衣服、穿衣服，但不会设计衣服、生产衣服。

工业 App 针对企业用户，解决工业问题，多应用在工业产品的研发设计、制造、维修服务与企业经营管理等环节，面对专业用户，提供企业产品设计、制造、维修等专业应用。因此，这些专业用户是设计产品、生产产品的。工业 App 承载的也是设计、生产产品等专业领域的工业技术知识。

工业 App 与消费 App 也不是完全没有关系，在某些工业领域，例如食品工业、服装加工业等，由于产品的最终用户是一般消费者，通常会将面向用户（一般消费者）的消费 App 与面向企业的工业 App 打通，形成产业链上的应用闭环。

简单来说，区别工业 App 和消费 App，可以看 App 的使用对象是终端消费者还是研发、生产经营者，通常前者是消费 App，后者是工业 App。

4. 工业 App 的类型

工业 App 分类是工业 App 开发、共享、交易、质量评测和应用，以及构建工业 App 标识体系等各项活动的基础。工业 App 分类体系如图 5-8 所示。

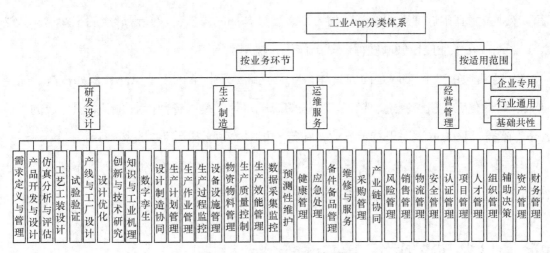

图5-8 工业App分类体系

（1）按照业务环节分类

工业App分为研发设计工业App、生产制造工业App、运维服务工业App、经营管理工业App四大类。

① 研发设计类工业App包含11个子类：需求定义与管理子类、产品开发与设计子类、仿真分析与评估子类、工艺工装设计子类、试验验证子类、生产线与工厂设计子类、设计优化子类、创新设计与技术研究子类、知识与工业机理子类、数字孪生子类、设计制造协同子类。

② 生产制造类工业App包含8个子类：生产计划管理子类、生产作业管理子类、生产过程监控子类、设备设施管理子类、物资物料管理子类、生产质量控制子类、生产效能管理子类、数据采集监控子类。

③ 运维服务类工业App包含5个子类：预测性维护子类、健康管理子类、应急管理子类、备件备品管理子类、维修与服务子类。

④ 经营管理类工业App包含13个子类：采购管理子类、产业链协同子类、风险管控子类、销售管理子类、物流管理子类、安全管理子类、认证管理子类、项目管理子类、人才管理子类、组织管理子类、辅助决策子类、资产管理子类、财务管理子类。

（2）按照适用范围分类

按照适用范围，工业App可以分为基础共性工业App、行业通用工业App、企业专用工业App，以及其他工业App。

① 基础共性工业App是面向关键基础材料、核心基础零部件（元器件）、先进基础工

艺、产业技术基础这"工业四基"领域，以各种基础的自然科学知识形成的工业 App。该类工业 App 在工业应用领域发挥着基础作用，适用范围广。

② 行业通用工业 App 是面向具体行业及其细分子行业的工业 App，例如汽车、航空航天、石油化工、机械制造、轻工家电、信息电子等，是以各种行业通用知识形成的工业 App。该类工业 App 适用于特定行业，在行业相关的领域和活动中发挥作用。

③ 企业专用工业 App 是基于企业专业技术、工程技术等形成的工业 App。该类工业 App 是企业核心竞争力，在企业内部发挥作用，适用范围有限。

5.2.2 工业 App 的开发

工业 App 开发主要遵循"工业技术软件化"的理念，将经过工程实践验证后的工业技术知识通过软件化形成工业 App。因此，工业 App 开发的完整路径包含从知识获取与描述、建模、软件化、应用 4 个过程。

其中的工业技术知识既包含对已经掌握明确工业机理的领域知识和模型，也包括未知领域、通过大数据构建数据模型。而"软件化"过程是工业 App 的技术实现过程，工业 App 的技术实现途径既可以通过传统架构实现，也可以采用微服务架构实现，不论哪种架构，通常都会采用低代码方式实现。

1. 工业 App 通用开发流程

工业 App 的开发过程从获取与掌握工业技术知识并结构化描述开始（包括已经认知清晰和未知领域的知识或数据），通过系统化组织与建模过程、软件化过程、场景化应用与数据挖掘形成闭环，经历获取/掌握与描述工业技术、系统化与模型化、软件化、应用及数据挖掘四个过程。基于"工业技术软件化"理念的工业 App 开发技术路径如图 5-9 所示。

（1）工业 App 的开发闭环逻辑

工业 App 开发的 3 类主体——工业人员、IT 人员、数据科学家，围绕工业 App 开发的 4 个过程，利用不同的工具与技术，将工业技术融合到软件载体中，投入不同的应用，应用产生的数据通过大数据处理分析与人工智能技术，实现对未知领域的趋势预测与机理还原的完整闭环。

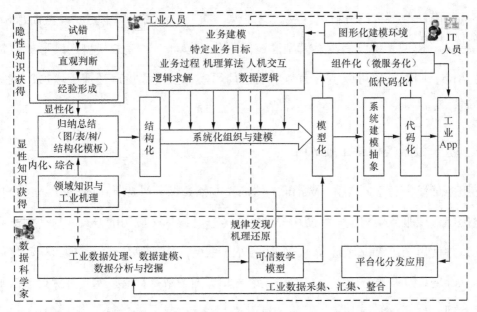

图5-9 基于"工业技术软件化"理念的工业App开发技术路径

（2）两条逻辑主线

基于认知闭环，工业App开发的技术路径可以分解为两条主线，一条主线是基于已有工业技术知识的软件化形成工业App；另一条主线是基于工业应用数据，通过数据分析与挖掘形成可信数据模型、探索事物运行趋势规律及机理，并将其软件化，从而得到工业应用。

① 基于已有工业技术知识的软件化。通过对隐性知识的显性化、显性知识的内化，采用归纳、总结、简化、还原等方法，利用图、表、树及结构化模板，将工业技术知识进行结构化描述。

基于特定业务目标，对相关的工业技术知识进行系统化组织与建模，利用图形化建模环境，完成业务过程建模、业务逻辑建模、机理算法建模、数据逻辑建模，以及人机交互界面封装建模等工作，实现对工业技术知识的模型化表达。

将模型化表达的工业技术知识进行软件化转化可以采用多种技术途径实现：可以采用传统软件工程路径；也可以利用组件化技术或微服务化技术，使用低代码化方式形成工业App。

② 基于工业大数据分析挖掘的软件化。工业App或其他形态工业软件投入工程实践应用，产生工业数据，通过数据采集、汇集、整合，形成工业数据集，数据科学家借助

各种不同的算法开展数据分析，开展数据建模，基于工业数据样本完成模型训练和优化，形成可信数学模型。将可信数学模型通过图形化建模环境，完成模型封装形成数据驱动的工业 App，同时，也可以将可信数学模型用于规律发现和机理还原，增加领域知识和工业机理。

2. 基于微服务构建工业 App

微服务最早由马丁·福勒（Martin Fowler）与詹姆斯·刘易斯（James Lewis）于 2014 年共同提出，微服务架构是一种使用一套小服务来开发单个应用的方式，每个服务有自己的进程，并使用轻量级机制通信，这些服务基于业务能力构建，并能够通过自动化部署机制来独立部署，这些服务使用不同的编程语言和不同的数据存储技术，并保持最低限度的集中式管理。

工业微服务是以单一功能组件为基础，通过模块化组合方式实现"松耦合"应用开发的软件架构。一个微服务就是一个面向单一功能、能够独立部署的小型应用。将多个不同功能、相互隔离的微服务按需组合在一起并通过 API 集成实现相互通信，就构成了一个功能完整的大型应用系统。

微服务架构与传统架构相比，具备两个显著特点，大多数主流的工业互联网平台将微服务架构作为开发工业 App 的方式。

① 工业微服务开发和维护具有高度的灵活性。每个微服务可以由不同团队运用不同的语言和工具进行开发和维护，任何修改、升级都不会对应用的其他功能产生影响；而传统的统一整体式架构下对软件的任何修改都有可能对整个应用产生意料之外的影响。

② 工业微服务采用分布式执行。不同微服务能够分布式并行执行，应用资源占用率相对较小，且微服务间的数据和资源相互物理隔离，单个服务的故障只会导致单个功能的受损而不会造成整个应用的崩溃。

（1）基于微服务的工业 App 开发基本过程

针对工业领域技术知识的模型化、App 化需求，面向掌握具体专业领域知识的工程技术人员，通过可视化低代码工业 App 开发工具开发基于微服务的工业 App。基于微服务的工业 App 开发过程如图 5-10 所示。

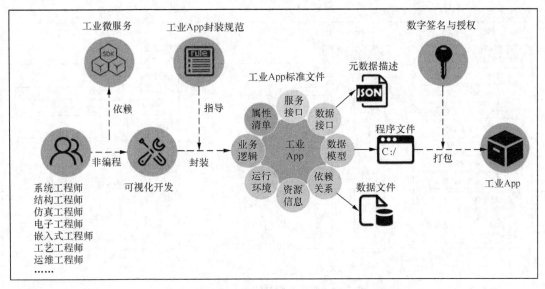

图5-10 基于微服务的工业App开发过程

各种工业微服务组件之间建立数据关系、逻辑关系，不断组合与扩展，可视化、无编程、模块化地快速构建面向各种专业领域、解决特定工程问题的工业App，为用户实际开展研发设计、生产制造、产品运维等阶段的相关任务提供支撑。开发出来的工业App符合开发平台定义的标准规范构成，包括属性清单、服务接口、数据接口、数据模型、业务逻辑、依赖关系、资源信息、运行环境等要素。开发平台提供打包编译工具，形成可共享、可流通、可执行的工业App，开发平台可以选择在客户端执行，也可以选择以云服务的方式对外提供。

（2）基于微服务的工业App开发框架

基于微服务的工业App开发过程遵循MVC（Model：模型；Control：逻辑；View：视图）架构。工业App模型表达如图5-11所示。

① M代表工业App的模型，主要包括物理对象的数字模型或机理模型，以及工业大数据模型。工业App通过可视化的方式建立相关产品的系统架构模型、产品几何结构模型、有限元仿真模型、计算流体模型、多物理联合仿真模型、嵌入式软件架构设计模型、产品研发管理模型、生产制造模型、产品设备模型等，也可以基于大数据技术和各种分析算法，得到解决某特定工业问题的数据分析模型。

② C代表业务逻辑，可用来描述工业App的内部处理逻辑，一个工业App可以包含多种业务逻辑处理方法，每种业务逻辑可以由平台层上提供的大量的微服务组合而成。

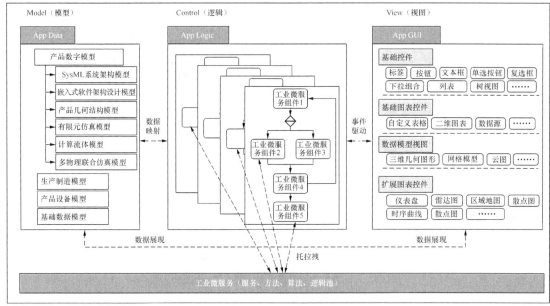

图5-11　工业App模型表达

③ V代表交互界面，允许用户以可视化的方式定义交互界面，包括界面控件属性定义、事件响应等机制。

（3）基于微服务构建工业App的模式

在企业中，CAD、CAE、DCS、MES、ERP、SCM等传统工业应用软件往往面向基础的流程或服务进行设计和研发，并在部署阶段根据用户实际情况进行调整，整个软件的研发成本投入较大、研发周期较长，且不能灵活地响应用户个性化需求。而在工业互联网平台中，则可采用工业微服务的方式将上述软件拆解成独立的功能模块，实现对原有生产体系的解构，随后在平台中构建起含有各类功能与服务的微服务组件池，并按照实际需求调用相应的微服务组件，高效率和个性化地面向用户进行工业App研发。整个软件研发的技术门槛和投入成本大大降低。原来需要专业团队和雄厚资金支持的精英化软件研发开始向大众化研发转变。

基于微服务开发工业App主要有以下4种模式。

① 聚合器微服务设计模式。最常见的模式就是聚合器微服务设计模式。工业App的功能体现为在一个浏览器页面上对多个服务的调用（微服务A、B、C），工业App的浏览器页面充当了聚合器的作用。该模式使用轻量级REST机制公开了每个服务，因此在浏览器页面上可以检索数据并相应地处理/显示数据。此外，聚合模式可以扩展为分支微服务

设计模式，聚合模式还可以变形为代理微服务设计模式。

② 链式微服务设计模式。链式微服务设计模式对请求产生单个合并响应。在这种情况下，来自客户端的请求由微服务 A 接收，微服务 A 然后与微服务 B 通信，微服务 B 又可以与微服务 C 通信。所有服务可能使用同步的 HTTP 请求/响应进行消息传递。

③ 共享数据微服务设计模式。微服务的设计原则之一是自治。这意味着该服务是全栈并且可以控制所有组件。例如某些数据在 NoSQL 数据库中存储更合适，SQL 数据库会干扰数据的独立性。在单体应用到微服务架构的过渡阶段，可以使用共享数据微服务设计模式。

④ 异步消息微服务设计模式。异步消息微服务设计模式可以实现异步，但这是以特定的方式完成的。因为这一点，一些微服务架构可能会选择使用消息队列而不是 REST 请求/响应进行消息传递。

（4）针对非云化遗留系统的微服务化处理

虽然微服务架构具有很多特点，是未来工业软件和工业 App 开发的重要发展趋势，但是，在实践中，企业仍然使用大量的传统架构的软件系统持续处理业务，有些工业软件已经完成微服务化改造形成云原生软件。但从当前实际情况来看，完成微服务化改造的软件比例很低，并且研发设计类工业软件涉及几何引擎和求解器，微服务化改造难度很大，市面上仅有极少量 CAD、CAE 软件支持云服务，而且主要在相对简单的工业产品设计领域应用，应对复杂高端装备设计还存在一定的困难。因此，在工业实践中，对于工业 App 开发，还需要面对大量的企业遗留工业软件使用与调用问题。

在传统工业软件没有重新解构形成微服务化的软件系统之前，需要将这些遗留的工业软件的 API 封装成微服务形式，应用到工业 App 的开发中。这些微服务的具体内容如下。

① 工业软件集成适配微服务：将 CAD、CAE、CFD 等工业软件的集成接口以微服务形式进行封装，支撑上层可视化工业 App 开发环境实现异构 CAX 工业软件的集成与协同、快速设计建模、综合仿真分析等应用开发。

② 管理软件集成适配微服务：将 PDM、ERP、MES 等管理软件的集成接口以微服务形式进行封装，支撑上层可视化工业 App 开发环境实现业务管理、数据集成、过程可视化、管理透明化等应用开发。

③ 工业设备连接适配微服务：将工业网关、智能产品等数据采集和下发以微服务形式进行封装，支撑上层可视化工业 App 开发环境实现远程监控、预警分析、故障检测等应用开发。

④ 工程计算类微服务：包括科学计算、材料、机械、电子电气、制造工艺等工程领域中将一些核心算法封装成微服务组件。

⑤ 数据交换类微服务：包括对 XML、JSON、CSV、Log、EXCEL 等不同格式的文件，Oracle、MS SQL Server、MySQL、DB2、SQL-Lite 等关系型数据库，MangoDB、HBase、HDFS 的非关系型数据库的数据抽取、装载功能进行封装，形成微服务组件。

⑥ 数据分析类微服务：包括数据分类、聚类、回归、预测等领域的微服务组件。

⑦ 机理分析类微服务：包括控制、机械动力、电路电子、热力、流体等领域的机理分析类的微服务组件。

对于非云化遗留工业软件通过对工业软件 API 微服务化封装后形成的工业 App，在应用过程中，通过 API 微服务远端调用工业软件，完成设计分析工作后将结果推送到桌面端展示，基于传统 CAD 软件适配器微服务的装配 App 如图 5-12 所示，在应用该 App 的过程中，通过微服务调用远端的 CAD 软件，通过该 App 的装配指令发送到远端 CAD 软件完成装配，将结果推送到 App 中。

由于这些遗留工业软件本身未能完成微服务化改造，每次调用都需要完整加载整个软件而不仅仅是某个应用，因此会存在效率低和资源占用严重的问题，同时，它们也难以支撑大规模用户的同时在线应用。

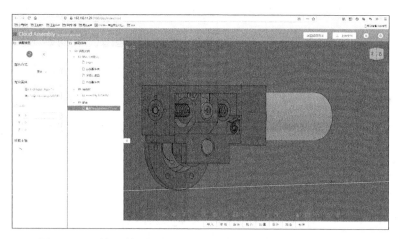

图5-12 基于传统CAD软件适配器微服务的装配App

3. 其他开发工业 App 的方式

在工程实践中，还存在大量的基于传统架构方式开发的工业 App，这类工业 App 的开发基本逻辑与基于微服务开发的工业 App 类似,它们通常针对产品研发设计环节,尤其是复杂产品的研发设计,需要在企业内部多专业之间进行设计协同的情况,采用传统架构开发更符合使用需求。

工业 App 研制流程如图 5-13 所示。传统架构的工业 App 通常要完成复杂研制流程的贯通,包括不同任务 App 之间的数据传递与交互,每一个任务环节的工业知识及数据的交互,工具的集成。

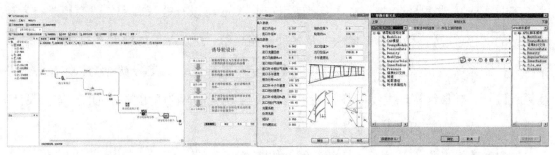

(a) 业务逻辑定义　　　(b) 特征定义及交互界面定义　　　(c) 数据交互定义

图5-13　工业App研制流程

传统架构的工业 App 开发通常需要自上而下根据研制产品对象完成工业 App 体系规划,然后围绕研制业务流程建模、知识建模、数据交互定义、工业软件集成组件开发、企业遗留信息系统集成组件开发等内容,完成工业 App 开发。

5.2.3　工业 App 应用案例

1. 航空发动机行业研发设计工业 App 应用案例

一般的工业软件通常专注于某个特定的专业领域。产品设计通常需要按照工程技术和方法论,开展成千上万的工作任务,每一个工作任务都需要特定的流程、数据、工具、知识来支撑,形成一条完整的产品研制逻辑。工业 App 成为这条线上的一颗颗"珍珠",包含完成特定任务的技术、知识与工具。

(1) 行业应用需求

航空发动机研制需要大量工程软件(CAD、CAE)及自研工程软件(软件总数超过 60 个),而整个航空发动机的设计过程中需要大量的设置规则规范、操作方法、知识、经验及特定格式的数据传递关系,需要将各专业设计人员手中(计算机或大脑中)的各种知识、经验形成相应的具体规范及可执行的标准工程模板，以保证以下5点。

① 不同的工程技术人员使用相同的工程软件设计结果基本一致。

② 积累各种专业知识和经验，充分发挥软件的价值，降低知识风险。

③ 实现航空发动机多专业协同设计。

④ 明确各级模型之间的关系，实现综合系统性能的提高和优化。

⑤ 保障各专业软件之间数据高效交互，实现多学科的协同优化。

工业App非常适合达成上述需求。使用工业App可以有效管理和集成商用航空发动机设计的流程、方法、数据、工具软件及各种应用系统，开发商用航空发动机总体、流道、结构、控制系统、机械系统、外部与短舱系统专业工具包，以支持发动机总体、各部件及系统设计，并最终实现发动机设计全流程的贯通，从而实现商用发动机的一体化设计。

（2）工业App应用实施及成效

航空发动机工业App体系（局部示例）如图5-14所示。

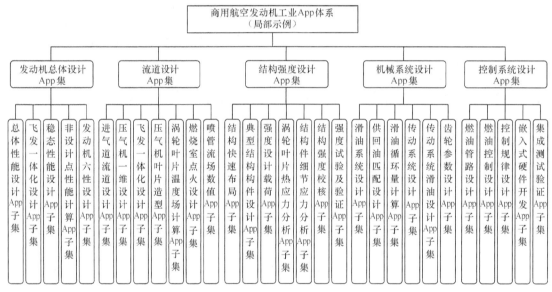

图5-14　航空发动机工业App体系（局部示例）

航空发动机研发设计过程大量使用工业App，实现了发动机设计全流程的贯通，以及有效管理和控制，实现了航空发动机的一体化设计，产生了以下积极效果。

① 建立了流程一体化、分工明确、协作有序的发动机研制管理系统，以发动机研制任务为主线，将发动机设计过程中所涉及的管理人员、工程人员，以及部门、专业、工具、

数据等关键对象等要素，通过工业 App 有效地集成并系统地管理起来，从而实现人员之间、专业之间，以及业务之间的协同。

② 工业 App 明确了数据流向，规范了任务数据定义及管理机制，有效解决了发动机设计过程中的各种数据处于分散不可控的状态。改变了传统的研制手段存在的数据之间缺乏逻辑关系，大量数据需要人工转换，任务之间数据难以协调等问题。

③ 通过对数据的分类、集成、存储和管理，并进一步实现各类任务数据之间的关联，有力保证了数据同步和协调，并很好地解决了数据同源问题，使数据完整性、数据唯一性上的维护难度大大降低。

④ 系统中的数据管理机制既保存了结果数据，也保存了获得该数据的过程和方法，从而保证了获取数据过程的可重复性、可追溯性，非常适应发动机设计过程中对数据的要求，使发动机设计过程中的所有数据都是可以追溯的，有利于问题的及时发现和改正。

⑤ 通过工业 App 的集成化、模块化设计，减少了总体设计过程中的人工重复劳动，提高工作效率，缩短了发动机的研制周期。例如，涡轮传热设计的人工处理时间由 3 天缩短为 1 小时；高压涡轮动叶强度分析的人工处理时间由 2 天缩短为 15 分钟。

2. 设备故障预测与健康管理工业 App 应用案例

（1）行业应用需求

不论是离散制造业还是流程制造业，都需要大量使用各种设施设备，传统的设备维修保障手段难以适应工厂的设备管理需要，设备故障预测与健康管理工业 App 解决了以下关键问题。

① 缺少设备感知手段：工业企业不知如何选择传感器，缺少专业的信号采集手段（振动、红外、超声、油液等），没有传感器的安装经验和效果验证经验。

② 设备非计划停运：设备严重故障导致重大安全事故，设备停机影响生产并带来巨大经济损失。

③ 计划维修和事后维修：设备在计划维修点之前已经出现故障，事后维修或者不必要的过度维修都会导致维修成本增加。

④ 缺少行业诊断专家：企业内部缺少专家，且没有获取专家的渠道。专家诊断经验缺少共享和传承。

（2）工业 App 应用实施及成效

设备故障预测与健康管理工业 App 通过融入工业设备运行的机理知识，并结合 AI 建模技术，提供上百种设备故障诊断模型、设备特征参数预测模型，可以实现设备特征参数预警、劣化趋势预测、设备健康诊断报告、设备故障检修指导等功能，实现面向工业设备预测性维护和精准运维的应用。设备故障预测与健康管理工业 App 的核心价值如下。

① 降低设备维护成本：实现精准运维，设备检修费用逐步降低。

② 提高设备使用寿命：实现设备预测性维护，关键核心设备使用寿命大幅提高。

③ 避免非计划停机：实现参数劣化预警，提前处理缺陷异常。

④ 整合行业专家资源：整合设备诊断专家和大数据科学家资源，汇聚海量行业机理模型和 AI 算法模型。

5.3 工业 App 与工业软件的关系

工业软件既包含传统工业软件，也包含云化工业软件，还包含工业 App 这种新形态的工业软件。工业 App 与工业软件是从属关系，工业 App 与工业软件的关系如图 5-15 所示。

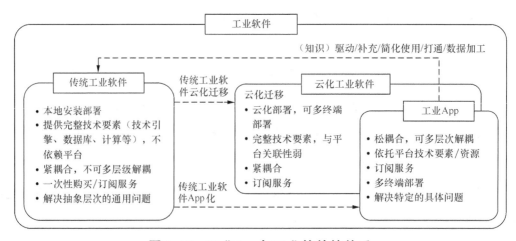

图5-15　工业App与工业软件的关系

传统工业软件与工业 App 既有区别，又有紧密的联系。传统工业软件可以通过云化迁移成为云化工业软件，也可以 App 化成为工业 App 的集合。通常情况下，大多数工业 App 会依托平台（包括工业互联网平台与云平台）运行，在实践中也还有相当一部分工业 App 在个人计算机中由个人私有，或者依托大型工业软件运行，因此工业 App 与云化工业软件也有交叉。工业 App 可以通过驱动、功能补充、简化使用等多种方式促进传统工业软件的应用。

5.3.1 工业 App 与传统工业软件的区别

工业 App 与传统工业软件在部署方式、工业软件要素完整性、体量及操作难易程度、解耦，以及解决问题的类型等方面存在明显的区别。工业 App 与传统工业软件的区别见表 5-2。

表5-2 工业App与传统工业软件的区别

工业 App	传统工业软件
通常以工业技术知识作为核心	基础科学、IT 技术是核心
开发以工程技术人员为主	以基础科学工作者和 IT 人员为主
多种部署方式	通常本地化安装部署
必须依托平台提供的技术引擎、资源、模型等完成开发与运行	包含完整工业软件要素，例如技术引擎、数据库等
小轻灵，易操作	体量巨大，操作使用复杂，需要具备某些专业领域知识才能使用
可以多层次解耦	可以分模块运行，不可多层级解耦
只解决特定的具体的工业问题	解决抽象层次的通用问题

传统工业软件（例如 CAD、CAE、CAM、PLM、ERP、MES 等）通常采用本地化安装部署。每一个传统的工业软件都提供完整的工业软件要素，例如几何引擎、求解器、业务建模引擎、数据库等，每一个传统工业软件都是一个独立的整体，可以不依赖其他平台运行。传统工业软件通常体量巨大，操作复杂，操作人员需要具备某些专业领域知识才能使用。由于所采用的技术架构等，传统工业软件通常是紧耦合的，虽然可以分模块运行，但几乎不可多层级解耦。传统工业软件一般解决抽象层次的通用问题，例如，CAD 软件提供面向几何建模的高度抽象的功能应用，具有专业领域知识的使用者可以操作 CAD 软件完成不同种类产品的几何建模与设计。

工业 App 可以有多种部署方式，但是必须依托平台（包括工业互联网平台、云平台、大型工业软件平台、工业操作系统等）提供的技术引擎、资源、模型等完成开发与运行。由于采用微服务技术架构和组件化技术等，工业 App 可以多层次解耦直到成为基本业务组件；工业 App 只解决特定的具体的工业问题，体量小，操作使用方便，可以降低使用门槛。

5.3.2 工业 App 与传统工业软件的联系

工业 App 与传统工业软件虽然存在很大区别，但两者既不互斥，也不相互孤立。工业 App 不是要替代传统工业软件或者企业现有的信息系统，而是相互促进和补充。

工业 App 促进传统工业软件应用如图 5-16 所示，描述了工业 App 从 4 个方面对传统工业软件的促进作用——知识驱动、简化使用、异构集成、数据挖掘。

① 知识驱动。工业 App 作为针对特定工业场景和问题的富集工业技术知识载体，可以以"知识驱动"的方式高效地驱动传统工业软件完成特定的任务。工业 App 与传统工业软件结合可以进一步丰富、强化和提升传统工业软件的功能和性能。例如，飞行器总体设计 App 可以将过去使用传统工业软件完成飞行器总体布局方案的周期从几周大幅度缩短到几天。

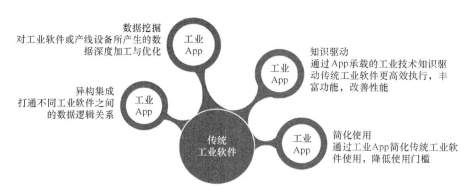

图5-16 工业App促进传统工业软件应用

② 简化使用。工业 App 简化传统工业软件的使用过程与步骤，降低了传统工业软件使用的技术门槛。例如，某舵机设计 App，采用统一的工作环境，以拨叉的结构设计和有限元分析为例，可以将结构建模的 17 个步骤与有限元建模的 16 个步骤简化为 3 个步骤完成。过去传统工业软件使用者必须懂得有限元知识。而通过工业 App，一般设计人员在 2 分钟内就可以完成结构建模和仿真等全部工作。

③ 异构集成。使用工业 App 实现企业现有的各种异构工业软件之间的集成与数据传

递。工业领域中有大量的工业软件应用于不同的工业应用场景和环节，使用工业 App 可以帮助打通不同工业软件的数据与逻辑关系，实现异构工业软件、数据与模型的集成。例如，海尔互联工厂从用户定制下单到设计、生产，然后通过物流发货给用户，并提供后续服务的整个过程，使用了订单处理、CAD/CAE、工厂仿真、APS、MES、MRP、设备监控、WMS、SCM 等不同的工业软件。不同工业软件之间需要传递订单信息、计划排程信息、成品数据、物料信息、采购信息、物流信息、成品数据、设备状态信息等大量的数据与逻辑信息，通过工业 App 可以实现互联工厂内的信息横向打通。

④ 数据挖掘。使用工业 App 对传统工业软件或生产线设备产生的数据进行深度加工，从而优化业务过程。工业数据已经是企业的一项越来越重要的资产，如何处理并利用好这些由传统工业软件或生产线设备所产生的数据，是企业要重点面对的课题。使用工业 App 可以完成数据的获取采集、分析处理、优化决策等。例如，使用工业 App 对采购软件产生的工业数据进行深度挖掘，帮助用户获得更好的采购业务应用效果。

5.3.3 工业 App 是传统工业软件新形态

工业 App 是传统工业软件新形态如图 5-17 所示。传统工业软件与工业 App 都是工业技术知识通过工业技术软件化路径形成的人类智慧结晶。从传统工业软件的发展路径来看，随着计算机技术、信息技术与通信技术的发展，互联网、大数据、云计算、微服务技术、容器技术等新技术的出现，传统工业软件将呈现出如图 5-17 所示的发展路径，在传统软件架构的基础上，通过对软件功能、结构的深入剖析，引入新的微服务架构进行重构，逐渐实现传统工业软件的松耦合（例如 REST 接口）和高内聚（多个服务可以相互组合以定义更高级别的服务或应用程序），也就是传统工业软件的 App 化。

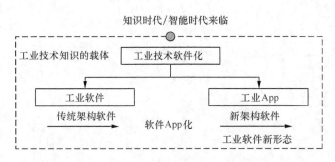

图5-17 工业App是传统工业软件新形态

传统工业软件的解耦实现了软件开发、部署、使用和迭代的敏捷性、灵活性和可伸缩性。传统工业软件逐渐 App 化为众多的松耦合工业 App，这种松耦合特性可以进一步通过社会力量，借助工业互联网平台让传统工业软件进一步平台化。因此从工业技术知识软件化的视角来看，工业 App 是传统工业软件的新形态，是传统工业软件基于新技术架构解耦后的发展结果。

 思考题

1. 根据自己理解，简要描述工业软件的定义。
2. 简要描述工业软件有哪些类型。
3. 简要描述工业 App 的定义。
4. 工业 App 有哪些分类，展开描述其特征。
5. 简要描述工业 App 的开发流程。
6. 根据自己理解，简要描述工业 App 与工业软件之间的关系。

第 6 章 边缘计算

学习目标

- 了解边缘计算的定义和特点。
- 掌握离散制造业的边缘计算应用。
- 了解流程制造业转型发展对边缘计算能力的需求。
- 掌握流程制造业的边缘计算应用。
- 了解多接入边缘计算概念及其与 5G 的融合应用。

6.1 边缘计算概念

6.1.1 边缘计算的定义与特点

1. 边缘计算的定义

边缘计算在靠近实物或数据源头的网络边缘侧，融合网络、计算、存储、应用核心能力的分布式开放平台（架构）中，就近提供边缘智能服务，满足行业数字化在敏捷连接、实时业务、数据优化、应用智能、安全与隐私保护等方面的关键需求。

2. 边缘计算的特点

（1）连接性

连接性是边缘计算的基础。所连接物理对象的多样性及应用场景的多样性使边缘计算需要具备丰富的连接功能，例如各种网络接口、网络协议、网络拓扑、网络部署与配置、网络管理与维护。

（2）数据入口

边缘计算作为物理世界到数字世界的桥梁，是数据进入平台的入口，拥有大量、实时、完整的数据，可基于数据全生命周期进行管理与价值创造，更好地支撑预测性维护等应用。

（3）分布式

边缘计算的实际部署具备分布式特征。这要求边缘计算支持分布式计算与存储、实现分布式资源的动态调整与统一管理、支撑分布式智能、具备分布式安全等能力。

6.1.2 工业互联网中的边缘计算

工业互联网边缘计算包括平台侧和网络侧。

1. 平台侧

平台功能在靠近数据源的边缘侧进行映射，进行生产现场数据实时处理与业务快速优化，满足工业在实时性、可靠性、确定性、虚拟化和资源抽象、低时延数据感知、边云协同、轻量级机器学习应用等方面的需求。为了加快平台与底层硬件设备兼容匹配，提升边缘应用开发水平，亟须面向边缘智能、边缘实时操作系统、边缘微服务框架等新需求和新技术开展相关研发，构建边缘生态。

2. 网络侧

边缘计算能够有效推动工业数据纵向集成及实时处理，是工业互联网云、边、网、端协同的关键枢纽环节。伴随着边缘计算研究进程持续加速，算力网络、边缘智能等技术不断创新。同时，为推动跨厂商产品的互联互通互操作，亟须加强统一的服务要求、资源封装，以及接口协议等标准化工作，推动边缘计算向智能化及协同化方向演进，实现计算与网络等多维度资源的统一协同调度及全局优化。

6.2 边缘计算在离散制造业中的应用

6.2.1 离散制造业转型发展对边缘计算能力的需求

随着离散制造业的发展，其对高质量发展的需求不断增加，对业务时延、隐私和安全等指标的要求也进一步升级，整体作业呈现精细化、柔性化和智能化的发展趋势，这不仅需要云计算的整体运筹，也需要边缘计算的本地实时决策能力。

边缘计算提供了设备之间互联互通机制、OT 系统和 IT 系统互联互通机制，以及部署于工业现场的实时数据采集、汇聚、存储、分析机制，可以快速便捷地实现 OT 与 IT 的整合。边缘计算及其支撑技术有利于解决离散制造业当前和未来面临的以下问题。

1. 有效解决离散制造系统的连接性问题

离散制造领域行业众多，行业碎片化导致设备连接协议众多，造成设备互连困难。边缘计算具有完善的连接配置和管理能力，收集系统间实时通信需求和服务质量要求，运行优化调度算法，转化为对时间敏感网络（TSN）交换机和 5G 网络的配置，支持多种实时数据流传输。在保证信息安全的基础上,不仅可以把支持传统接口和协议的设备接入,而且通过引入数据抽象层,使不能直接互联互通的设备基于边缘计算实现互联互通,边缘计算的低时延性能可以保证设备间的实时横向通信。

2. 为离散制造业提供边缘侧的建模工具及智能工具

离散制造工厂需要不断提高自动化和数字化程度,提升制造质量和效率,不断丰富以数据为中心的各种应用。边缘计算作为物联网架构的中间层,提供了现场级的实时计算、存储和通信机制。容器化的边缘计算核心组件和应用程序部署机制,标准化的设备数据采集机制,逐步完善的边缘应用程序生态,基于边云协同的人工智能模型训练和部署机制,为离散制造领域专家提供了大量平台化、模块化的灵活易用工具,不断提升工厂的精益制造能力。

3. 为离散制造业提供决策和效率优化能力

大量离散制造系统受限于数据的不完备性,再加上整体设备效率等指标数据计算比较粗放,难以用于效率优化。边缘计算基于设备信息模型实现了语义级别的制造系统横向通信和纵向通信,基于实时数据流处理机制汇聚和分析大量现场实时数据,实现基于模型的生产线多数据源信息融合,为离散制造系统的决策提供强大的数据支持。边缘计算可以有效支持:物料的标识和可追溯性;设备和生产线的实时状态监控;现场操作指导和操作优化;自适应的生产调度和工序的优化;上下料和车间物流环节的优化。

4. 为离散制造系统的数字孪生系统提供支撑

数字孪生系统是离散制造系统的核心,包括产品数字孪生、生产过程数字孪生和性能数字孪生。数字孪生系统发挥作用依赖于深入的领域知识和丰富的实际数据。边缘计算基于"设备管理壳"模型来对实时数据进行清洗和预处理,保证数据的完整性和有效性,为模型和数据的融合提供基础支撑。

5. 具有丰富的抽象和黏合能力,提供具有一致性的设计解决方案

目前大量老工厂面临数字化转型问题,边缘计算具有丰富的连接性和灵活的部署能力,可以提供多种轻量级的解决方案,在不对自动化装备进行大规模升级的情况下,通过增加边缘网关和必要的边缘数据采集终端等,可以有效地提高制造工厂的数字化水平,加强数

据在制造系统各个环节间的流动，实现各种基于数据的智能应用。

6. 实现离散制造系统实时工业软件开发的软硬件解耦

智能工厂的运行依赖于智能装备和智能流程，需要大量的实时工业软件支持。目前很多装备的实时工业软件过度依赖具体的控制系统硬件，难以迁移到不同的系统。基于边缘计算的微服务架构，可以将实时规划、优化排版、设备监控、故障诊断和分析、自动导引车（Automated Guided Vehicle，AGV）调度等功能封装在边缘应用程序中，实现软件与硬件平台的解耦，降低开发难度，提高了软件质量。边缘计算还可以进行边缘应用程序的灵活部署，实现领域知识的分享。

7. 进一步促进离散制造系统的 IT/OT 融合

边缘计算既连接 OT 系统，又连接 IT 系统，既具有低时延、高可靠的现场实时数据采集和处理能力，又具有丰富的 IT 工具和接口，是当前实现离散制造系统的 IT/OT 融合的有效手段。边缘计算通过提供整体的数据发布/订阅机制，根据离散制造柔性生产的需求，可以实现从数据源到多个数据订阅端的实时通信，解决传统结构信息流动不畅的问题。边缘计算提供了现场侧丰富的计算和存储能力，可以利用边缘计算数据处理组件和边缘 App，对各种工艺算法进行灵活部署，实现边缘和云的协同。

6.2.2 离散制造业边缘计算架构

目前，边缘计算在离散制造业中的物理实现形式以边缘控制器、边缘网关及边缘云为主，离散制造业边缘计算架构如图 6-1 所示，企业将根据自身需求部署其中一层或者多层架构。其中，边缘控制器、边缘网关及边缘云组成基于云原生的边云协同架构，采用轻量级容器管理、虚拟化等技术构建统一的现场异构数据集成平台，负责从各现场设备采集数据，实现边缘侧人员、设备、物料、环境、业务管理等数据的统一接入、本地集中存储、边缘分析处理等。

1. 边缘控制器层

边缘控制器在工业互联网边缘侧连接各种现场设备，进行工业协议的转换和适配，再将设备统一接入边缘计算网络，并将设备能力以服务的形式进行封装，实现物理上和逻辑上的生产设备之间的通信连接。边缘控制器硬件架构设计采用分布式异构计算平台，一般采用异构计算体系结构，支持全分布式控制及多种控制器的协作运行和无缝集成，这也是目前各种实时嵌入式硬件平台的主流实现方案；在满足硬件实时需求的前提下，利用多物理内核结合虚拟化技术的支持，实现在同一硬件平台上运行实时与非实时任务或操作系统，并满足系统多样化与可移植性的需求，提高整体平台体系的安全性、可靠性、灵活性，以及资源的利用效率；应用时空隔离的多任务和多线程调度机制与改造优化调度算法相结合的方式，实现任务调度。

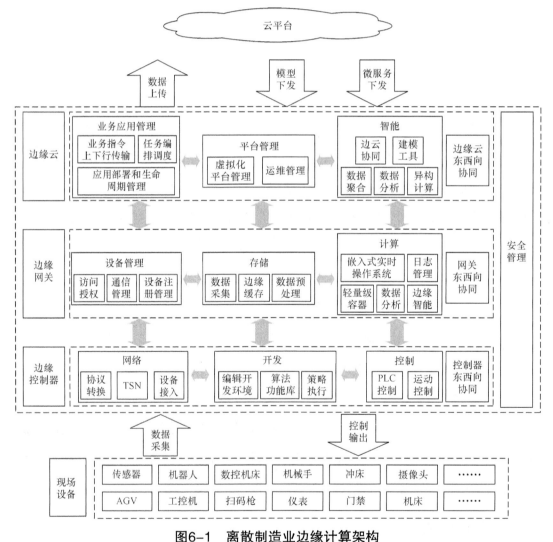

图6-1 离散制造业边缘计算架构

针对需要采用多控制器协同控制的智能工厂复杂任务，边缘控制器采用协同控制策略和控制一致性协议，结合无边界网络化的动态仿真技术，提高现场干扰环境中网络信息交换时智能控制系统的鲁棒性和实时性，实现多控制器在动态环境下的自适应协同控制。同时，采用软件定义的网络化智能控制系统技术，提高了控制系统的灵活性，对于边缘侧生产设备和生产线，可快速满足小批量、多品种柔性制造的控制工艺重构要求。

2. 边缘网关层

边缘网关是指具备边缘计算、过程控制、运动控制、机器视觉、现场数据采集、工业协议解析能力的边缘计算装置。边缘网关能够适应工业现场复杂环境，满足主流控制器、工业机器人、智能传感器等工业设备的接入和数据解析的需求，支持边缘端数据运算及通过互联网推送数据到工业互联网平台。

边缘网关可将现场各种工业设备、装置采用、应用系统的标准或私有通信协议转化成标准 OPC UA 等通信协议，使上位系统及工业互联网平台可采用统一的协议和信息模型与不同设备和系统互相通信，方便系统集成，实现远程监控、故障诊断、配置下载、远程管理等功能。

3. 边缘云层

边缘云是边缘侧单个或者多个分布式协同的服务器，通过本地部署的应用可实现特定功能，提供弹性扩展的网络、计算、存储能力，满足可靠性、实时性、安全性等需求，是实现 IT 技术与 OT 技术深度融合的重要纽带。

一方面，将在云端基于机器学习离线训练好的模型部署到边缘云，并通过定期更新模型算法来同步边缘智能，可以在紧急类故障发生时实现本地及时报警，同时对一些相关参数指标进行实时修正；另一方面，根据模型中输出与特征之间的权重关系，优化终端上传数据的过滤规则，以此减少流量成本和云端存储成本。

6.2.3　离散制造业边缘计算应用案例

下面以电子制造业为例，介绍边缘计算在离散制造业中的应用。

1. 电子制造业面临的问题和挑战

电子产品更新快，制造过程复杂，制造工艺和检验标准不完全一样的产品会在同一个工厂并行生产。电子制造行业注重生产设备的运转效率，对生产过程质量要求高，以满足客户对质量、交货期的严苛要求。同时，传统的电子制造行业的工厂在生产现场数据采集、数据分析利用和生产运营方面存在着许多不足。具体的不足及原因表现在以下 6 个方面。

① 生产线自动化程度不高，存在大量的人工插件、手工焊接、离线自动光学检测等，这些成为生产线效率提升和生产质量改进的瓶颈。

② 由于生产前端实时数据采集机制的欠缺，生产管理信息的传递大量依赖纸质文件、电子表格等传统方式，业务信息传递不畅通，无法做到信息流跟踪、生产实绩等数据实时透明共享。

③ 数字化编码不完善，包括设备编码、原材料批次和包装编码、工装夹具等生产资源编码、产品部件编码等不能完全满足数字化管理的要求，存在编码分类不完整、编码缺失等典型问题。

④ 设备管理和维护流程不健全，未有效建立维护等级评价机制，缺乏完整的设备台账和设备状态监控机制，大部分设备没有联网和互通，设备运行状态、设备参数、设备异常报警信息没有自动化采集和集中存储，设备生产效率指标无法准确统计和计算。

⑤ 缺少生产动态数据采集和与计划数据整合分析，使生产计划协同存在欠缺，同时，边缘层数字化基础薄弱，生产过程管控能力不能满足未来数字化生产要求。

⑥ 由于缺少仓储物流前端的实时感知和数据采集，仓储物流管理方面存在问题。

针对上述问题，边缘计算将原本完全由工业云实现的服务能力分解成颗粒度更小的服务，将它们分散到中心节点和多个边缘节点，并通过工业互联网实现服务的协同。由于边缘节点更接近于工业现场设备或数据源，可以减少传输时延，加快处理速度，满足低时延的数据处理要求，提高服务的确定性，提供具备高速响应性的高可靠服务，更好地支撑工业应用场景的实时控制与应用服务。

2. 边缘计算解决方案

电子生产数字化车间以电子生产所要求的工艺和设备为基础，以信息技术、自动化、测控技术等为手段，用数据连接车间的不同单元，对生产运行过程进行管理、诊断和优化。解决方案集边缘计算、工业互联网、工业机器人、工业视觉、二维码、AGV 等先进技术于一体，基于边缘云平台作为整个数字化车间建设和运行的核心支撑系统。电子生产数字化车间解决方案架构如图 6-2 所示。

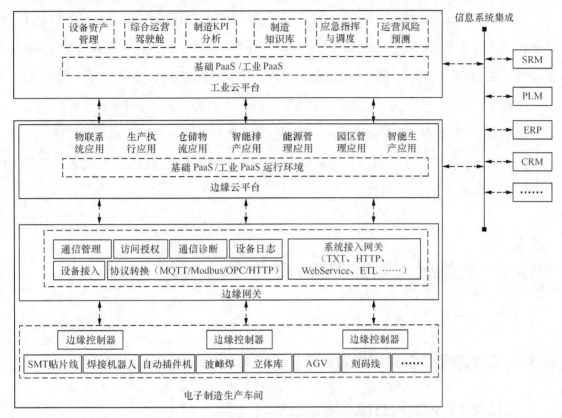

图6-2 电子生产数字化车间解决方案架构

针对电子制造行业中小企业面临的共性问题，该解决方案的目标是打通生产计划、电子生产车间制造、仓储管理、质量管理、设备管理、工艺管理等相关业务模块的数据流和信息流，实现数字化车间。具体的建设目标如下。

① 基于边缘控制器和智能设备，设计和建设自动化柔性生产线，包括智能立体库、自动化生产线、智能电子看板、柔性装配测试线和 AGV 自动化物流仓储系统等，以减少人工作业，提高生产效率，保证产品生产质量。这些自动化生产设备包括自动插件机、激光刻码设备、视觉识别设备、光学检测机、检测机、机器人、AGV 等。

② 基于边缘网关和边缘云平台搭建车间数据集成平台，面向生产过程环节，采用采集、检测、识别、控制、计算、存储、通信等技术，基于 OPC UA 工业标准，支持异构数据集成，构建一个全互联的数字化虚拟工厂，实现电子生产车间的生产过程和设备运行相关数据的采集、存储和分析，并为信息化集成和数字化管理提供数据支撑。

③ 基于边缘云平台开发和提供各种车间生产制造执行应用，包括生产过程管理、设

备管理、质量管理、能源管控、物料管理等工业 App。

④ 基于边缘云平台开发和提供各种仓储管理应用，实现原材料批次、产品的全方位追溯，主要功能包括：实现仓储位的精确管理，货架、存位的定置定位管理；实现货物精准管理，在出库环节使用了整体调度，保证了库存商品的新老更替，较老的批号优先发货；加强库房可管理性，任务执行、工单任务状态、任务优先级、库内各环节管理等。

⑤ 构建边缘云平台与工业云平台的协同框架，实现云边协同的生产计划协同及生产过程优化管理，实现与企业资源管理系统（ERP）、产品数据管理系统、办公系统等信息化系统之间的数据信息实时交互。

6.3 边缘计算在流程制造业中的应用

6.3.1 流程制造业转型发展对边缘计算能力的需求

1. 流程制造业数字化转型面临的挑战

随着工业和经济的快速发展，我国的流程制造业正向着数字化、智能化的方向发展转型，但是制约流程制造业转型的因素仍有很多，主要体现在：存在"信息孤岛"现象，信息传递不及时全面；数据价值挖掘不深入，存在行业 know-how 壁垒；传统设备维护资源耗费大，预测性维护应用不广泛；各系统层次架构不清晰，异构系统间数据协同程度低；智能控制技术应用不足，节能技术改造任重道远等。

（1）存在"信息孤岛"现象，信息传递不及时全面

流程制造业的大量设备和传感器处于环境极端、地理偏远地区，不具备良好的网络条件，设备运行状态数据无法被及时采集。同时，设备普遍转数较高且数据量大，也给采集造成了困难。另外，不同供应商不同时期上线的控制系统、监视系统、制造执行系统，以及辅助业务系统间相互独立，数据不能有效地交换和共享。

（2）数据价值挖掘不深入，存在行业 know-how 壁垒

流程制造业现场会实时产生大量数据，包含着丰富信息，这些信息真实地反映着现场

的运行状态，对其有效挖掘和利用对于企业的生产优化和正确决策有着重要意义。一般情况下，现场数据分析主要由具有丰富行业经验的专业人员完成，存在技术壁垒，而且，靠专业人员完成的数据分析有时也难以全面覆盖所有数据。另外，流程制造业的某些传统工艺会受环境、季节、催化剂和传感器老化等因素的影响，具有时变性质，固定参数的静态模型因不能表示这样的时变过程而产生大量误报，造成工厂或设备单元停产，导致损失。

（3）传统设备维护耗费大，预测性维护应用不广

流程制造业生产线固定、设备投资大，需要通过维护来延长设备使用周期。目前，对设备的检修维护模式为计划性检修，根据设备生产商提供的经验或数据，制订周期性维护计划，当设备达到检修期限，无论设备状态如何，都统一进行更换、升级。预测性维护通过实时采集设备运行数据进行分析判断，按需检修，能够有效降低人员工作量、减少现场停机时间和提高设备使用寿命，但目前其应用在传统流程制造业中并未广泛铺开。

（4）智能控制技术应用不足，节能技术改造任重道远

流程制造业高耗能、高排放，普遍使用能源管理系统进行企业能耗的监视和管理调度，这种事后处理方式，难以满足现阶段企业节能减排的相关要求。智能的信息模型和先进的控制算法的应用，可以完善现有的能源策略和优化工艺流程，实现对能源的统一调度、动态平衡和高效配置，从根本上减少能耗和排放，但相关解决方案在流程制造业的应用仍不充分。

2. 边缘计算为流程制造业高质量发展带来的现场价值

边缘计算是在靠近物或数据源头的网络边缘侧，融合网络、计算、存储、应用核心能力的分布式开放架构，就近提供边缘智能服务，满足行业数字化在敏捷连接、实时业务、数据优化、应用智能、安全与隐私保护等方面的关键需求。边缘计算主要在以下方面给流程制造业带来现场价值。

（1）增强数据处理的实时性，减轻云端计算压力

边缘计算在现场侧对设备、传感器和仪表等终端进行数据采集，有效避免了以往将数据长距离传输至中心机房或云端而面临的网络资源不足和信号干扰等问题的风险，可以最大限度地保证数据采集的实时性。同时，通过边缘侧提供的算力，可以对采集的数据进行实时的过滤、处理、分析和反馈，极大地减轻了全量数据在云端进行处理的算力压力。另外，

边缘计算提供的开放性平台可以实现不同供应商不同时期上线系统的利旧和互通融合。

（2）充分发挥数据价值，助力打破行业 know-how 壁垒

边缘计算结合人工智能可以助力流程制造业数据价值的深入挖掘，解决现有数据模型不能反映真实场景的问题，打破行业 know-how 壁垒。边缘计算对从传感器和执行器采集的数据进行过滤、预处理，然后训练人工智能模型，使模型不断更新，最大限度地接近真实场景，从而提高工艺模型的精确性，减少误报，提升数据价值。

（3）结合预测性维护技术，提升设备生产效率

流程制造业设备需要保证长时间无故障运转，设备维护尤其重要。边缘计算可以通过设备数据的获取和特征提取分析，对设备进行状态识别和健康度预测，最后通过判定预测可信度来确定维护策略并实施维护。边缘计算结合预测性维护可以优化维护成本、最大化提升生产效率、减少设备停机时间和延长设备的使用寿命。随着传感器和边缘计算技术的日趋成熟，预测性维护的准确性和成熟度会更快地发展和突破，在流程制造业的应用也会越来越广泛。

（4）优化生产工艺，助力节能降碳

流程制造业的传统控制方式是比例积分微分（Proportional plus Integral plus Derivative，PID）控制，缺点是难以处理多变量和控制滞后。目前，有些工业控制企业集成了模型预测控制软件系统作为系统级边缘计算载体，通过利用预测模型、系统历史数据，以及未来输入来预测系统未来的输出。这种边缘计算控制系统能够通过降低系统反应时的波动振幅来改造整体工艺的效果和量化价值，达到降低能耗、减少碳排放的核心目的。同时，利用动态数学模型可以快速进行工程投入，缩短模型学习时间，降低实施成本。

6.3.2　流程制造业边缘计算架构

基于流程制造业特点，根据边缘计算在流程制造业的应用现状，流程制造业的边缘计算架构如图 6-3 所示。在边缘层主要包括边缘控制、边缘网络、计算、存储、运维和智能等类别的功能。

边缘控制能力主要体现在边缘端对现场层设备的控制能力，包括传统流程制造业的逻辑控制、PID 控制、批量控制、复杂控制、联锁控制和运动控制等。

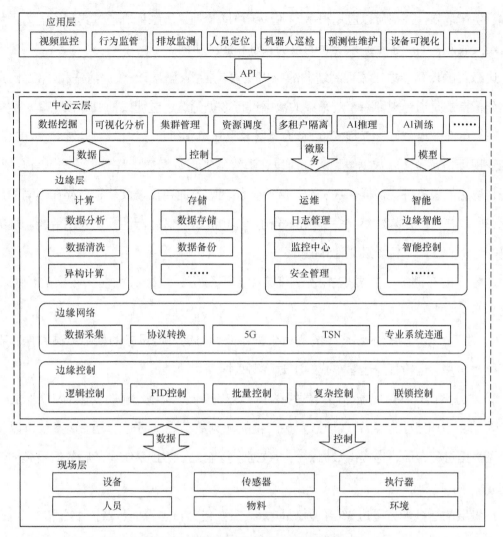

图6-3 流程制造业的边缘计算架构

边缘网络能力包括数据采集、协议转换、5G、TSN 和专业系统连通等。数据采集和协议转换是边缘端的基本能力，边缘端通过有线或无线方式与现场层设备、传感器、执行器建立物理连接后，通过边缘端支持的多种总线协议和工业以太网协议（例如 PROFINET、Ethernet/IP、Modbus-TCP、Modbus-RTU，OPC UA、OPC DA、PROFIBUS、DP、DeviceNet、EtherCAT 等）进行大批量数据的实时采集。同时，通过边缘端的协议解析能力，将采集数据进行过滤、映射或转换等处理，再通过 OPC UA 或 MQTT 等协议北向传输处理过的数据。5G TSN 在边缘计算网络端应用具有确定性趋势，兼具 TSN 的确定性传输、低抖动特点和 5G 的低时延、高可靠特点，是未来工业互联网无线化发展的重要基础。专业系统连通是流程制造业边缘计算应用能力的特有特点。流程制造业普遍厂区跨度大、生产危险性高，所以应用很多专业系统协助管理，边缘计算通过其网络能力，将各系统连接成网，实现了专业系统间的数据共享和服务协同。

边缘层的计算能力在流程制造业的应用主要包括数据分析、数据清洗和异构计算等。数据分析指的是通过规则引擎对采集的数据进行数据筛选、过滤或抽取等预处理。数据清洗是在边缘对数据进行审查和校验，从而删除重复信息和纠正错误以达到数据一致的目的。因工业现场协议繁多且数据量巨大，所以在边缘端实现数据初步整合和清洗是有必要的。另外，边缘层设备种类多样，在资源、架构、能耗等方面存在较大差异，存在不同的计算需求，所以在边缘层构建集成多芯片的异构计算功能，提供并行计算、人工智能、视频编解码等适用于不同工业场景的计算能力。

边缘层的存储能力主要包括数据存储和数据备份。边缘层可提供典型的数据存储能力，具体如下。

① 时序数据。存储现场产生的实时数据，例如电网发电设备的集中监测数据和石油化工行业油井、运输管线运输车队的实时监测数据等。

② 业务数据。存储现场操作人员的登录、退出登录系统等非实时变化的业务数据。

③ 非结构化数据。存储现场摄像头产生的视频数据等。同时，边缘端不仅可以将以上类型数据进行存储，也提供数据备份和数据恢复能力，防止系统崩溃后数据丢失的情况发生。

边缘层的运维能力是边缘层的基础能力，主要包括日志管理、监控中心和安全管理。日志管理是对边缘端的系统或应用的用户操作、环境和数据等状况进行记录，以文件或数据库等方式进行存储、删除和调取查阅等管理。监控中心是对边缘系统的软硬件状态进行实时监控，并通过仪表盘等形式向管理者进行展示或交互。安全管理主要是对边缘系统的身份认证、网络安全和数据安全等进行限制和管控。

边缘层智能能力在流程制造业应用包括边缘智能和智能控制。边缘智能是边缘计算与人工智能融合的新模式，可提供边缘侧的建模能力、数据汇聚和分析能力、控制能力。边缘智能从时延、内存占用量和能效等方面，进行边缘计算节点上智能推理加速和多节点智能训练算法的联动，完成轻量级、低时延、高效的人工智能计算。

边缘层和云层的系统，会开放能力给各个应用，应用在其生命周期内，通过 API 的形式调用平台的能力，以完成执行逻辑。流程制造业的典型应用包括视频监控、行为监管、排放监测、预测性维护等。

6.3.3　流程制造业边缘计算应用案例

下面以电力（火电）行业为例，介绍边缘计算在流程制造业中的应用。

1. 应用场景

火电行业大型企业基本完成了信息化建设，传统的 DCS 控制方案较为成熟，但相对封闭，对火电厂进一步控制优化需要定制化开发，不便于现场工程人员将现有经验转化和第三方算法供应商的集成。鉴于此种情况，边缘计算的应用满足了火电厂的以下需求。

① 最大化复用现有资产。
② 灵活扩展，可方便扩展第三方及自定义算法。
③ 对工业人员界面优化，方便算法开发及运维操作。
④ 符合火电行业相关标准规范及信息安全要求。
⑤ 具有较高的可靠性、可用性及生产安全性。

2. 技术方案

边缘智能 DCS 方案实施架构如图 6-4 所示。

本方案实施架构上采用了工业以太网双网冗余的方式组建网络以保证兼容现有设备资产。机组控制区与厂级管理网络区间、厂级控制功能区与管理平台间增设网络安全设备并通过合理配置，使整个系统符合我国信息安全等级保护 2.0 的要求。

边缘智能 DCS 解决方案由两个部分组成，即边缘应用控制器和边缘应用服务器。

边缘应用控制器采用与 DCS 控制器一致的软硬架构。硬件上采用双机双网热备冗余的高可靠性结构，部署于 DCS 控制器系统网络；软件上采用实时操作系统及请求发送系统运行时环境，具有 DCS 控制器相同等级实时响应时间，能够与 DCS 控制器实现无缝集成。边缘应用控制器采用支持第三方算法供应商的方式进行封装集成，工程人员可组态调用。

边缘应用服务器采用小型集群结构，支持双网冗余，保证一旦任意服务或服务器出现问题，则可实现服务的迁移，从而提高整个服务的可用性。边缘应用服务器采用微服务框架，提供微服务管理服务、边缘数据库服务、信息模型服务、边缘应用管理服务、边缘安全服务等。微服务框架遵循标准、安全、开放的原则,方便第三方应用程序的部署集成,同时提供了基于 Web 的可视化算法编排工具,对现场工程师优化界面,以便根据现场经验快速实现相关功能的开发。

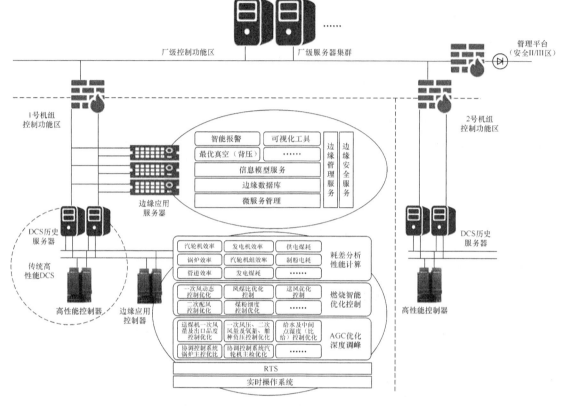

图6-4　边缘智能DCS方案实施架构

6.4.1　多接入边缘计算概念

2014 年,欧洲电信标准组织(ETSI)提出移动边缘计算(Mobile Edge Computing,MEC)的概念和架构,为应用程序开发人员和内容提供商提供了云计算功能,以及在网络边缘的 IT 服务环境。这种环境的特点是超低时延和大带宽,能实现通过无线网络对应用程序中的信息进行实时访问。

2016 年，ETSI 把 MEC 的概念扩展为多接入边缘计算（Multi-Access Edge Computing），将边缘计算从通信网络进一步扩展至其他无线（例如 Wi-Fi）和有线接入网络，支持 3GPP（例如 4G/5G）和 Non 3GPP(Wi-Fi、工业 PON 等）的多种接入方式。

MEC 把算力附着在网络边缘，实现了业务的本地化，可以有效降低业务时延、带宽开销和终端成本，提升业务体验和数据安全。

MEC 还可以通过网络能力开放服务，把通信网的 CT 能力和云计算的 IT 能力通过标准 API 接口提供给各类应用，以快速满足垂直行业的差异化需求，为各行业的转型提质升级、智能化建设和发展提供助力。

6.4.2 多接入边缘计算与 5G 的融合

随着 5G 商用的推进，以及大视频、大数据、物联网等业务的蓬勃发展，越来越多的新应用对网络时延、带宽和安全性提出更高要求。5G 和 MEC 的结合可以充分提升网络的效能和价值，一方面 5G 的高速率、大带宽特性能够把更多的终端数据实时传送至 MEC 平台进行处理，另一方面 MEC 平台在靠近数据源侧对数据的实时处理和响应进一步降低了网络时延，使 5G 的大带宽、低时延特性充分发挥。

MEC+5G 与工厂内网和工厂外网融合架构如图 6-5 所示。

5G 用户驻地设备(Customer Premises Equipment，CPE)对 PLC、传感器、AGV、机器人、摄像头等终端的接口进行汇聚后，通过 5G 无线方式连接至 5G 基站，再通过本地边缘云（含 UPF[1]）进行数据本地分流，对于访问公有云的数据通过边缘云分流后送至核心网，再送至互联网，对于访问边缘云 App 的数据通过边缘云分流后送至边缘云相关 App。

工业边缘计算平台可以采用软硬件解耦的三层云计算架构，底层为边缘计算基础平台层，由服务器、交换机、防火墙、FPGA 卡、GPU 卡等硬件资源和虚拟化层组成；中间是工业 PaaS 能力层，由数据清洗、工业协议解析库、时序数据库等组成；上层是工业应用商店层，由机器视觉、AR 远程协助、预测性维护、智慧仓储系统等各种工业应用组成。

工业边缘计算平台可以在通用的边缘计算平台的基础上进行功能增强，以更加适应工业生产环境和工业企业生产管理的需要。对于硬件设备，可以采用一体化机柜，使之具备更好的散热、防尘、抗震、防电磁等功能，而服务器和交换机等设备可以采用宽温、电源

---

1 UPF：User Plane Function，用户面功能。

冗余配置等手段增强设备的工业环境适应能力。对于软件系统，除了需要具备通用的平台能力，还需要根据工业行业的特点进行针对性的能力部署和应用开发，例如工业协议解析能力、预测性维护系统等。

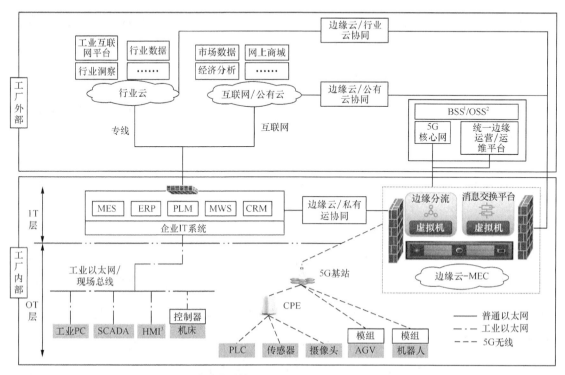

1. OSS：Operational Support System，运行支撑系统。
2. BSS：Base Station Subsystem，基站子系统。
3. HMI：Human Machine Interaction，人机交互。

图6-5　MEC+5G与工厂内网和工厂外网融合架构

工业边缘计算平台采用开放式架构，通过标准的 API 网关对外开放平台的各种能力。平台的 IT 增值服务和 CT 增值服务可以通过平台的 API 网关（API Gateway）实现注册、上线、鉴权、发布、流控、下线和计量等生命周期管理。平台能力的对外开放将大大降低工业应用的开发难度、开发成本、应用的上线周期，增强了应用间的协同性，推动了工业应用开发生态的建立。

工业边缘计算平台的架构示例如图 6-6 所示。

在该示例中，机器人、PLC、天车等工业终端通过 5G 模组或 CPE 等接入 5G 基站，边缘计算平台的分流模块（数据面分流或用户面分流）在提前配置好的分流规则控制下把工业企业相关的业务数据本地分流至平台对应的模块（例如数据清洗模块）或系统。平台模块或系统对数据进行处理后，可与企业内部署信息系统的私有云、企业外公有云进行协同；或上传至数据中心或生成对终端的控制指令下发至终端，从而实现云边协同（中心云和边缘云）和对业务的近端实时处理。

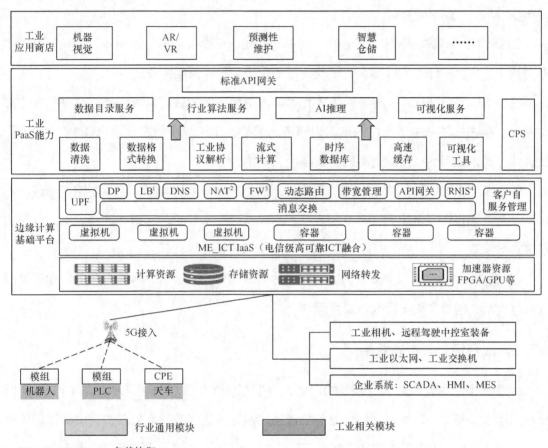

1. LB：Load Balance，负载均衡。
2. NAT：Network Address Translation，网络地址转换。
3. FW：Firewall，防火墙。
4. RNIS：Radio Network Information Services，无线网络信息服务。

图6-6　工业边缘计算平台的架构示例

6.4.3　多接入边缘计算与5G的融合应用案例

下面以某一半导体制造企业为例，介绍多接入边缘计算与5G的融合应用。

1. 项目背景

某企业作为国际知名的半导体产品与解决方案供应商，以磁性流体技术和磁流体密封技术为基石，从事磁性流体密封圈、半导体硅片、半导体石英制品、半导体真空传动装置及太阳能发电材料等产品的研发、制造，产品涉及电子、半导体、机械加工、太阳能发电、航空航天、家用电器和医疗器械等众多领域。该企业原来采用有线组网方式，存在以下问题。

① 有线 OT 网络运维难：由于工厂现场工业制造的环境恶劣，油性及高温环境导致现场布线困难、线路易老化。

② 新增设备、车间建设部署困难：新车间搬迁或部署时，拓扑结构多，网元复杂，实施周期长且发生故障时难以排查，影响正常的生产和数据采集工作。

③ 形成"信息孤岛"：有线连接较为烦琐，每次有新的联网需求，都要联系第三方部署网线。很多的需求由于操作困难迟迟得不到解决。车间存在很多"信息孤岛"，业务无法连续，跨系统间的操作缺乏有效的数据信息支持。

④ 生产线柔性不高：由于市场的变化，产品生产线需要调整时往往就要重新布线，不仅涉及额外的投资，也因为生产线的柔性不高，造成无法及时进行动态调整，难以快速满足客户需求。

⑤ 跨域复制：对于全国多厂区间的互联协同、网络统一管理、客户自服务、业务复制有较强诉求，需要实现多厂区跨域协同。

2. 应用场景与实施效果

针对该企业物理距离远且分散的厂区，分别在各个厂区机房部署独立的 UPF 分流网元和边缘云资源池，以实现本地低时延分流回传及计算边缘的近端处理，同时通过软件定义广域网（SD-WAN）等技术实现多个厂区边缘云资源池之间的跨域互通，为企业提供了云网融合、云边协同的综合解决方案。边缘计算部署方案如图 6-7 所示。

目前该企业对 5G 网络的需求主要为 OT 网络方面。采集机床设备的状态数据、质量管理系统数据、现场看板及移动终端访问需求数据，传输至部署在边缘 MEC 上的 OT 数据采集软件和数据库及应用系统。基于 5G 专网的低时延、大带宽特性，进行现场数据状态监测和分析处理。针对该企业的 5 个厂区部署 5G SA（独立组网）系统，该企业全部厂区车间实现 5G 信号全覆盖。厂区内有 5G 接入能力的设备直接接入 5G 网络，本身不具备 5G 接入能力的移动终端则通过车间内部署 CPE，实现互联互通。

通过 5G 切片技术实现网络切片，可保障工厂网络的安全。该企业的工业 OT 传输网络切片具备唯一的切片标识，在对网络切片使用虚拟局域网（Virtual Local Area Network，VLAN）实现逻辑隔离的情况下，进一步利用 FlexE 切片技术，实现在时隙层面的物理隔离。并根据该企业的数据网络名称（Data Network Name，DNN）信息，建立单独传输切片，实现这些工业数据采集设备与其他企业用户的流量的完全隔离。

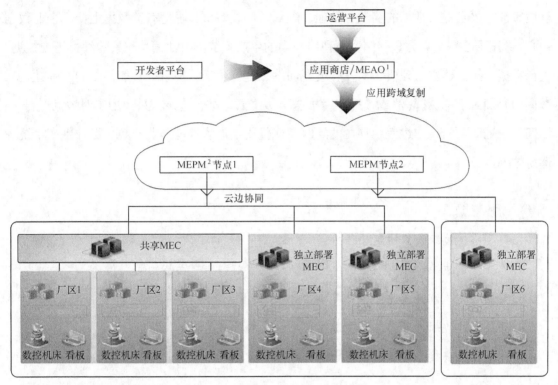

1. MEAO 指移动边缘编排器。
2. MEPM 是移动边缘平台管理器。

图6-7　边缘计算部署方案

下面以两个具体应用场景为例对 MEC 与 5G 的融合应用进行介绍。

（1）边缘计算赋能 AI 助力企业提质增效

工业现场对车间机床的实时控制要求较高，但在生产过程中却存在非常多的不确定因素，例如因毛坯质量波动造成的尺寸差、热处理造成的硬度不均等，都会造成加工过程刀具负荷过大，从而引起断刀，产品报废甚至发生撞击、着火等现象。

通过在边缘云部署加工过程优化平台，充分发挥边缘计算算力，对产品加工的负荷进行实时监控，并通过自适应算法根据实时负载调整加工参数。在负载小时，自动加快进给速度；在负载大时，自动地减少进给速度，从而大大提高加工效率。

同时通过机器学习生成过程包络曲线，一旦实时数据显示加工过程中的负载超过包络曲线，则立刻下发停机指令，刀具切割立即停机，从而大大提高生产过程质量，降低废品率。

（2）云边协同指导生产

在生产车间对产品、设备、人员、刀具等生产要素数据进行实时采集，通过5G回传至边缘计算平台进行数据的清洗、整理、规约、协议解析，再把有效数据上传至企业数据中心，数据中心基于算力和存储资源利用采集的生产系统实时数据和积累的海量历史数据，进行数据挖掘、建立机理模型、开展模型训练，提升生产管理系统智能判断的准确性。在数据中心训练后的AI算法或模型实时推送至边缘云，结合边缘云采集的实时数据进行AI推理，来辅助判断生产过程中存在的问题，或优化生产流程与作业参数，提升生产系统的运行效率。

 思考题

1. 简要描述边缘计算的定义和特点。
2. 简要描述边缘计算有利于解决离散制造业当前和未来面临的问题。
3. 简要描述离散制造业边缘计算架构。
4. 简要描述边缘计算为流程制造业高质量发展带来的现场价值。
5. 简要描述多接入边缘计算概念。

第 7 章 网络互联体系

学习目标

- 了解网络技术在工业互联网中的意义和重要性。
- 掌握工厂内网典型架构，常用通信技术及特征。
- 掌握工厂外网典型架构，常用通信技术及特征。
- 了解 5G 网络系统架构、关键技术及工业应用。
- 了解时间敏感网络、软件定义网络技术特征及工业应用。

7.1 网络互联架构

在工业互联网体系架构中，网络是基础，它为产品全生命周期中涉及的人、机、物提供了数据传输及信息共享的基础设施，促进了各种工业数据、产品数据及应用数据的全流程流转和无缝集成。

网络互联，即通过有线、无线连接方式，将工业互联网体系中相关的"人、机、料、法、环"，以及企业上下游、产业链伙伴、用户等全要素进行连接，实现端到端数据传输及信息流转。总而言之，工业互联网中网络互联的总体目标就是增强工厂内外各系统间的互联互通，避免"信息孤岛"的出现，促进数据在行业内和跨行业的应用中产生更大的价值。

网络互联整体架构主要分为工厂内网和工厂外网。工厂内网主要实现产品生命周期和生产制造过程管理，提高生产运营整体效率和产能、降本提质。工厂外网主要实现工厂与客户及产业链伙伴的数据交互与信息流转，提高产品流转效率、增强产品价值。

工厂内网主要用于连接工厂中的各种生产元素，包括人员（例如生产人员、工程师）、机器（例如工业机器人、数控机床）、材料（例如原材料、在制品和成品）及环境。工厂内网实现了工业设备与工业控制系统、工厂生产管理应用与位于企业内部数据中心的服务器间的互联，以支撑工厂中生产系统与信息系统中的各种业务应用。

工厂外网用于连接工厂及其分支机构、产业链上下游协作企业及用户、外部数据中心。工厂中的数据中心/应用服务器通过工厂外网与工厂外部的工业云互联。分支机构/协作企业、用户和智能产品也通过工厂外网连接到工业云或企业数据中心。工厂外网将针对海量设备广覆盖、企业上网、业务系统上云、公有云与私有云互通等不同场景，提供细分服务。通过工厂外网连接，工厂可以实现全供应链信息整合与分享，并对物流状态进行实时收集，对流通环节（例如运输、仓储等）进行在线监控和预警，进而实现全供应链的可视化管理，提高工业企业内部与合作伙伴间高效生产调度与资源配置，提升定制化产品和服务的敏捷响应速度。

7.2 工厂内网互联

7.2.1 工厂内网典型架构

工厂内网用于连接工厂内的各种要素，包括人员、机器、材料、环境等。工厂通过工厂内网与企业数据中心及应用服务器互联，支撑工厂内的业务应用。

从网络技术角度来看，工厂内网可分为OT网络和IT网络两个部分。在传统的生产环境中，OT网络是一套独立的网络，可实现生产单元之间的可靠信息交互，采用的网络通信技术有现场总线、工业以太网、工业无线网络等。IT网络为办公局域网，采用以太网技术及Wi-Fi网络。工业互联网中的工厂内网需要将OT网络和IT网络融合，两张网合并为一张网。工厂内网的典型架构如图7-1所示。

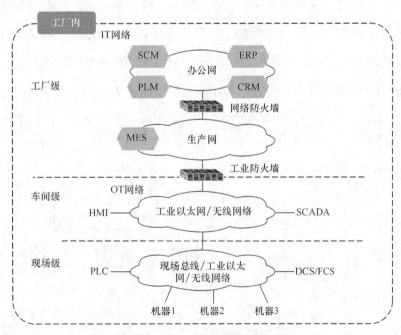

图7-1　工厂内网的典型架构

典型的工厂内网呈现"两层三级"结构。"两层"是指"工厂IT网络"和"工厂OT网络"，"三级"是指根据目前工厂管理层级的划分，网络也被分为"现场级""车间级""工厂级/企业级"3个层次。

在现场级网络通信中，工业现场总线被大量用于连接现场检测传感器、执行器与工业控制器，通信速率在 1～100kbit/s。近年来，虽然已有部分支持工业以太网通信接口的现场设备，但仍有大量的现场设备依旧采用电气硬接线直连控制器的方式连接。在现场级网络通信中，无线通信只是在部分特殊场合被使用。这种现状造成工业系统在设计、集成和运维的各个阶段的效率受到很大制约。

车间级网络通信主要是完成控制器之间、控制器与本地或远程监控系统之间，以及控制器与生产管理系统之间的通信连接。这部分主流方式是采用工业以太网通信，也有部分厂家采用自有通信协议进行控制器和系统间的通信。当前不同种类的工业以太网协议之间的兼容性不高，限制了大规模网络互联。

工厂内网 IT 网络通常采用高速以太网及 TCP/IP[1] 进行网络互联。工厂 OT 网络与工厂 IT 网络之间通过工业防火墙连接。

工业通信网络作为实现工厂中各类要素互联互通的基础设施，对于工厂自动化发挥至关重要的作用。工业通信网络中最核心的是传感器、控制器、执行器之间的通信网络，其往往具有严格的性能指标要求。自 20 世纪 80 年代至今，伴随着制造业需求的不断升级演进，工厂内网连接技术取得了长足的进步，工业通信经历了从现场总线，到以太网、工业以太网，再到 5G、TSN 等的不断演进，工业网络技术演进过程如图 7-2 所示。

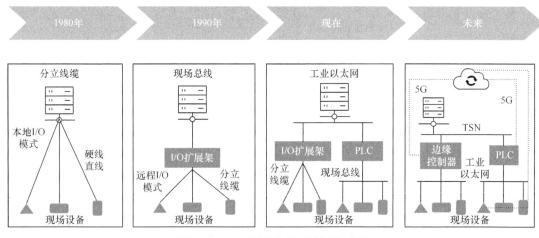

图7-2　工业网络技术演进过程

20 世纪 80 年代，随着分立线缆与现场设备通信的出现，现场总线技术开始发挥作用，引入了工业现场总线与现场设备通信控制器的概念。但是传统工业现场总线成本高、缺乏

1　TCP/IP：Transmission Control Protocol/Internet Protocol，传输控制协议 / 互联网协议。

统一标准、交互兼容性差。

1990年，以太网开始成为家喻户晓的名字。传统以太网虽然应用广泛、成本低，但无法满足工业环境实时性要求。工业以太网在标准以太网协议的基础上改进，从高速、交换机和同步机制3个方面来保证实时性和可靠性，在2000年开始被业界逐渐采用。目前工业以太网市场份额已超过现场总线，成为工厂内网通信的主要手段。但工业以太网协议有多个标准，它们的互不兼容造成了市场割据。

TSN通过使用标准以太网的组件，改进数据链路层协议，基于服务质量（Quality of Service，QoS）等级确定传输优先权，可在此通用架构上跨越车间级、工厂级、企业级多个层级的网络实现直接通信，实现OT与IT的融合。

未来无线化成为工业通信技术发展的重要趋势。5G技术以其高可靠、低时延的优越特性，与TSN协同，有望进一步实现无线替换有线，使TSN大大扩展其可用的应用场景，移动性更佳、灵活性更好，同时有效降低运维成本。

目前的工业网络中，现场总线、工业以太网、无线通信技术通常会同时被部署，另外，一些新兴技术（例如5G、TSN）也开始进入工业制造领域。

7.2.2 工厂内网常用通信技术

工业有线通信、短距离无线通信、射频识别、远程无线通信是工业应用会同时采用的通信方式，而这几种通信方式又有很多不同的标准。现场总线、工业以太网、无线通信技术是目前工业通信领域的三大主流技术。

1. 现场总线

现场总线是一种工业数据总线，是自动化领域中底层数据通信网络。它不仅简化了系统结构，还使整个控制系统的设计、安装、投运、检修维护都大大简化，给工业自动化带来了一场深层次的革命，在工业控制领域得到了迅速发展，并且在工业自动化系统中得到了广泛的应用。传统的现场总线协议有PROFIBUS、Modbus、DeviceNet、CANopen等。很多公司也推出其各自的现场总线技术，彼此的开放性和互操作性难以统一。

目前，世界上存在着大约40种现场总线，工业现场总线网络可归为3类：485网络、HART网络、FieldBUS现场总线网络。

① 485网络：RS485/Modbus是现在流行的一种工业组网方式，特点是实施简单方便，支持RS485的仪表多。RS485的转换接口不仅便宜而且种类繁多。在低端市场上，RS485/Modbus仍将是最主要的工业组网方式。

② HART网络：HART是由艾默生提出的一个过渡性总线标准，主要特征是在4～20mA的电流信号上面叠加数字信号，但该协议并未真正开放，由国外几家大公司主导。从长远来看，由于HART通信速率低、组网困难等，HART仪表的应用将呈现下滑趋势。

③ FieldBus现场总线网络：现场总线是连接控制现场的仪表与控制室内的控制装置的数字化、串行、多站通信的网络，支持双向、多节点、总线式的全数字化通信。它的出现使传统的控制系统结构产生了革命性变化，使自控系统朝着"智能化、数字化、信息化、网络化、分散化"的方向迈进，形成新型的网络通信全分布式控制系统——现场总线控制系统（Fieldbus Control System，FCS）。

2. 工业以太网

现场总线标准"大战"正酣之时，以太网进入了控制领域，工业以太网诞生。以太网传输速率更快，近年来发展势头盖过了现场总线。但工业以太网也同样陷入了标准之争，例如Ethernet/IP、PROFINET、Modbus-TCP、EtherCAT、Powerlink等，而且这些网络在不同层次上基于不同的技术和协议，其背后有不同的厂商在支持，形成了多种以太网技术并存的局面。

EtherCAT（以太网控制自动化技术）是一个以以太网为基础的现场总线系统，最初由德国倍福自动化有限公司研发。EtherCAT为系统的实时性能和拓扑的灵活性树立了新的标准，同时，它降低了现场总线的使用成本。它的特点还包括高精度设备同步，可选线缆冗余和功能性安全协议（SIL3）。

Ethernet/IP是一个面向工业自动化应用的工业应用层协议。它建立在标准UDP/IP与TCP/IP之上，利用固定的以太网硬件和软件，为配置、访问和控制工业自动化设备定义了一个应用层协议。

PROFINET是新一代基于工业以太网技术的自动化总线标准。它为自动化通信领域提供了一个完整的网络解决方案，囊括了实时以太网、运动控制、分布式自动化、故障安全，以及网络安全等当前自动化领域的热点，并且作为跨供应商的技术，可以完全兼容工业以太网和现有的现场总线（例如 PROFIBUS）技术，保护现有投资。

Modbus-TCP 是简单的、中立的、用于管理和控制自动化设备的 Modbus 系列通信协议。Modbus-TCP 以一种比较简单的方式将 Modbus 帧嵌入 TCP 帧中。目前 Modbus-TCP 网络支持有线、无线类的多传输介质。

POWERLINK=CANopen+Ethernet：POWERLINK 融合了 CANopen 和 Ethernet 这两项技术的优点，即拥有了 Ethernet 的高速、开放性接口，以及 CANopen 在工业领域良好的服务数据对象（Service Data Object，SDO）和过程数据对象（Process Data Object，PDO）数据定义。物理层、数据链路层使用了 Ethernet 介质，而应用层则保留了原有的 SDO 和 PDO 对象字典的结构。

3. 无线通信技术

在工厂内，采用无线网络可以消除线缆对车间内人员缠绕等危险，使工厂内的环境更安全、整洁，且具有低成本、易部署、易使用、灵活调整等优点。

相比有线网络，无线网络具有移动性，没有通信线缆的限制，通信终端可以在通信区域内自由移动或灵活布置；组网快速灵活，覆盖面积广，扩展能力强，可以组成多种拓扑结构，容易扩展节点。

但是，由于信号传输的可靠性可能受到实际环境因素的影响，这对无线通信在工厂的应用产生较大的阻力。目前，工业无线技术的主要应用领域还是在非关键工业应用中，主要用于工厂内部信息化、设备信息采集，以及部分非实时控制等，例如物料搬运、库存管理、巡检维护等场合。

工业无线局域网（IWLAN）是工厂内网主要应用的工业无线通信技术。

1997 年 IEEE 制定出无线局域网（Wireless Local Area Network，WLAN）协议标准 IEEE802.11。WLAN 最初主要用于办公、家庭等局域网用户终端的无线接入。使用 IEEE 802.11 系列协议的局域网又被称为 Wi-Fi。

IWLAN 继承了 WLAN 的基本功能和特性，但工业现场对无线网络有更严苛的要求，使传统 WLAN 难以直接应用于工业通信。IWLAN 主要解决网络传输的确定性，该确定性定义为在确定的时限内完成可靠的数据通信，即以可靠性为前提的网络实时性。

IEEE 802.11ax 协议是 IEEE 802.11 协议的修订版本，也被称为 Wi-Fi 6，于 2019 年

发布。Wi-Fi 6 采用正交频分多址、上行链路多用户多输入多输出等技术，适用于高密度无线接入和高容量无线业务，不但支持接入更多的客户端，同时还能均衡用户带宽。在工业制造场景中，Wi-Fi 6 的应用场景丰富。例如在需要大量高清视频回传以进行质量检验的场景，Wi-Fi 6 可以支持更多的高清摄像头同时回传更高质量的视频数据，提高检验质量和效率。

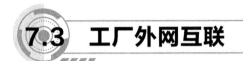

7.3 工厂外网互联

工厂外网互联主要解决企业设备广域连接、企业业务系统上云、企业上网、企业私有云和公有云互通等通信场景，实现企业与分支机构、企业与产业链上下游企业及客户的连接和信息的及时交互。

工厂外网网络技术大多具有广域连接、大带宽及高数据速率等特征，然而，由于行业间信息化水平差异较大、企业间信息系统架构及外部互联需求不一，因此不同企业对于工厂外网网络技术方案的选择存在较大差别，但由于网络 IP 化趋势日趋普及，基于互联网互联互通的方案成为工厂外网各种解决方案的核心。

7.3.1 工厂外网典型架构

工厂外网典型架构如图 7-3 所示。

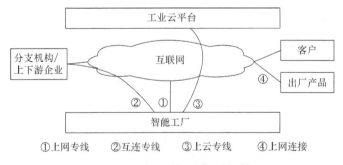

图 7-3 工厂外网典型架构

工厂与工业云平台、分支机构/上下游企业、客户的连接都承载于互联网之上，但由于连接对象不同、业务类型不同而采用不同的互联网连接方式。工业互联网的发展建立在大数据、云计算、先进蜂窝移动系统等新兴信息通信技术基础之上，因此工厂外网的技术发展也呈现新的趋势和特征。

数据上云、系统云化带来工厂外网技术的多样化。企业原有信息系统大多部署在企业内网，工厂外网连接对象较少、业务类型单一，更多在于产业链上下游企业信息的共享。然而，随着云计算带来的系统部署灵活、接入快捷便利、服务普遍化等优势进一步凸显，一些企业信息系统（例如 ERP、CRM 等）正在外网化，越来越多 IT 软件也基于互联网上云提供服务。此外，随着工业产品和装备的远程服务业务的发展，未来海量设备的远程监控、维修、管理、优化等业务将基于工厂外网开展。在此背景下，工厂外部连接对象、工厂业务类型的变化，对工业外网提出了更高的要求，也带来了工厂外网连接技术更加多样化的趋势，企业间的互联网专线、私有云和公有云之间的互联专线、基于固网和移动网的广域网络连接方式成为工厂外网的重要技术方案。

业务类型多样化对工厂外网服务质量提出了更高要求。在工业互联网系统架构中，工厂外网将实现全产业链、价值链的泛在互联，复杂多样的连接场景促进了服务的精细化发展。企业上网需求向上云需求转变，促使专线服务精细化，新的企业专线技术将针对企业上网、业务系统上云、公有云与私有云互通等不同场景提供细分服务。

移动化接入成为工厂外网发展的新趋势。伴随着蜂窝移动通信系统能力的不断提升，移动接入提供大带宽、有保障的广域连接成为可能。另外，工厂外网通信需求将不再局限于人与人之间的通信，伴随着机器视觉、机器人等工业人工智能技术的发展，海量设备信息采集及分析、工厂远程维护等需求进一步凸显，推动了工厂外移动网络的建设和广覆盖服务的快速发展。此外，大量移动通信网络技术的应用，提高了网络接入的便捷程度和部署速度，为企业实现广泛互联提供更灵活的方式。

7.3.2　典型工厂外网网络技术

当前，工厂外网主要采用基于 TCP/IP 的 IP 网络技术，根据所承载业务类型和 QoS 要求的不同，采用基于互联网的虚拟专用网络（Virtual Private Network，VPN）方式和互联网专线的方式来实现工厂外网的互联，VPN 通信方式如图 7-4 所示。

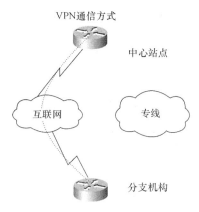

图7-4 VPN通信方式

1. 基于互联网的 VPN 技术

VPN 的功能是在公用网络上建立专用网络，进行加密通信。VPN 作为一项成熟的技术，广泛应用于组织总部和分支机构之间的组网互联，其利用组织已有的互联网出口，虚拟出一条"专线"，将组织的分支机构和总部连接起来，组成一个大的局域网。

VPN 工作原理如图 7-5 所示，VPN 的基本工作原理是"加密 + 隧道"，将需要在互联网公网中传输的数据封装在加密的数据包中，只有 VPN 端口或网关的 IP 地址暴露在外面，从而实现不在同一局域网或工厂内网中的用户能够通过互联网实现业务的远程交互或远程访问。

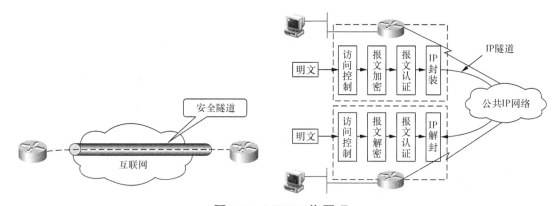

图7-5 VPN工作原理

为了保证数据在公共网络中传输的安全性，VPN 技术还需要信息加密技术、用户认证技术和访问控制技术等支撑，从而形成安全的隧道。

根据所采用的隧道协议不同，VPN 可以分为二层隧道 VPN 和三层隧道 VPN。二层隧道 VPN 的通信协议主要包括：二层隧道协议（Layer 2 Tunneling Protocol，L2TP）、点对点隧道协议（Point to Point Tunneling Protocol，PPTP）和二层转发（Layer 2 Forwarding，L2F）协议。二层隧道 VPN 连接如图 7-6 所示。

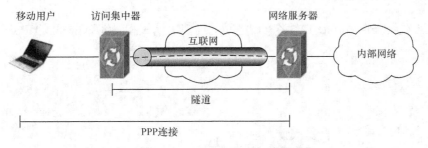

图7-6　二层隧道VPN连接

二层隧道 VPN 建立在点对点协议（Point to Point Protocol，PPP）的基础上，先把各种网络协议封装到 PPP 帧中，再把整个数据帧装入隧道协议。适用于通过公共电话交换网（Public Switched Telephone Network，PSTN）或综合业务数字网（Integrated Services Digital Network，ISDN）线路接入的 VPN。

三层隧道 VPN 的通信协议主要包括：通用路由封装（General Routing Encapsulation，GRE）和 IP 安全性协议（IP Security Protocol，IPSec）。三层隧道 VPN 连接如图 7-7 所示。

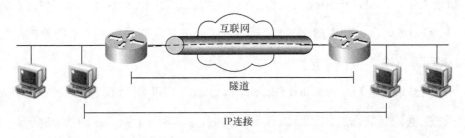

图7-7　三层隧道VPN连接

三层隧道 VPN 将各种网络协议直接封装入隧道协议，在可扩展性、安全性和可靠性方面优于二层隧道 VPN。

在企业互联网 VPN 中，IPSec VPN 应用较为广泛，成为企业多个分支结构件互联互通的重要技术手段。IPSec VPN 的应用场景如图 7-8 所示。

IPSec VPN 的应用场景分为 3 种，具体如下。

① 网关到网关（Site-to-Site）：例如企业的 3 个机构分布在互联网的 3 个不同的地方，

各使用一个 IPSec 网关相互建立 VPN 隧道，企业内网若干计算机（PC）之间的数据通过这些网关建立的 IPSec 隧道实现安全互联。

② 端到端（End-to-End）：两个 PC 之间的通信由两个 PC 之间的 IPSec 会话保护，而不是网关。

③ 端到站点（End-to-Site）：两个 PC 之间的通信由网关和异地 PC 之间的 IPSec 进行保护。

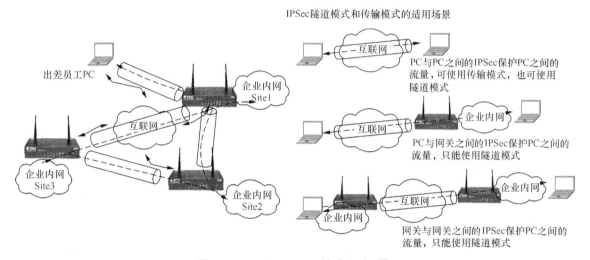

图7-8　IPSec VPN的应用场景

IPSec 是一个框架性架构，具体由以下两类协议组成。

① 验证头部（Authentication Header，AH）协议，使用较少：可以同时提供数据完整性确认、数据来源确认、防重放等安全特性；AH 协议常用摘要算法（单向哈希函数）MD5 和 SHA1 实现该特性。

② 封装安全载荷（Encapsulated Security Payload，ESP）协议，使用较广：可以同时提供数据完整性确认、数据加密、防重放等安全特性；ESP 通常使用 DES、3DES、AES 等加密算法实现数据加密，使用 MD5 或 SHA1 来实现数据完整性。

IPSec 可提供两种数据封装模式，即传输模式和隧道模式。在传输模式中，IP 分组头部保持不变，主要用于端到端通信的应用场景；在隧道模式中，原始数据经过 AH 协议或 ESP 协议处理后，再封装了一个外网 IP 头，主要用于站点到站点的通信应用场景。

对于基于互联网的 VPN 技术而言，更多应用于企业多个分支机构之间办公信息化系统的访问、企业员工或产业链上下游企业对企业内部服务系统的访问和接入等场景。此外，针对互联网平台中前端感知数据与云平台间的通信，综合考虑成本及数据重要程度，也会考虑用 VPN 方式进行连接和数据传输。

2. 互联网专线技术

（1）MPLS VPN 专线

多协议标签交换（Multi-Protocol Label Switching，MPLS）是一种 IP 高速骨干网络交换标准，由互联网工程任务组（Internet Engineering Task Force，IETF）提出。MPLS 是利用标签（Label）进行数据转发的。当分组进入网络时，要为其分配固定长度的标签，并将标签与分组封装在一起，在整个转发过程中，交换节点仅根据标签进行转发。在 MPLS 中，数据传输发生在标签交换路径（Label Switching Path，LSP）上。LSP 是每一个沿着从源端到终端的路径上的节点的标签序列。

MPLS VPN 是指采用 MPLS 技术在骨干的宽带 IP 网络上构建企业 IP 专网，实现跨地域、安全、高速、可靠的数据、语音、图像多业务通信，并结合差别服务、流量工程等相关技术，将公网可靠的性能、良好的扩展性、丰富的功能与专网的安全、灵活、高效结合在一起。与 IPSec VPN 不同，MPLS VPN 不需要用户增加任何 VPN 设备，是由运营商在 MPLS 网络上为用户提供 VPN 的服务。MPLS VPN 专网如图 7-9 所示。

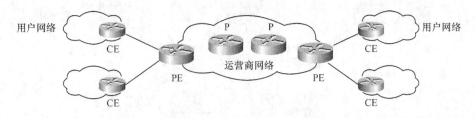

图7-9　MPLS VPN专网

用户边缘（Customer Edge，CE）路由器是提供商连接的用户端路由器。CE 路由器通过连接一个或多个提供商边缘（Provider Edge，PE）路由器，为用户提供服务接入。CE 路由器通常是一台 IP 路由器，它与 PE 路由器建立邻接关系。

PE 路由器是服务提供商骨干网的边缘路由器，相当于标签边缘路由器（Label Edge Routing，LER）。PE 路由器连接 CE 路由器和 P 路由器，是最重要的网络节点。用户的流量通过 PE 路由器流入用户网络，或者通过 PE 路由器流到 MPLS 骨干网。

P 路由器是核心层设备、提供商路由器，是不连接任何 CE 路由器的骨干网路由设备，它相当于标签交换路由器（Label Switching Routing，LSR）。

MPLS VPN 相比 IPsec VPN 等基于互联网的 VPN 技术而言，其大多由运营商提供的专线接入，可根据业务需求进行带宽预定，其组网方式更灵活、接入更便捷。然而，由于 MPLS VPN 仍然是基于 IP 层的转发技术，在网络负载较重的时候，其带宽保障难度将会进一步加大。

MPLS VPN 适用于企业多个分支机构之间的信息办公系统互联、产业链集群企业间信息系统互联等业务。此外，MPLS VPN 还适合企业中通信数据量不大的智能仪表、测量装置采集数据与云平台之间的互联互通。

（2）光传送网专线

光传送网（Optical Transport Network，OTN）是以波分复用技术为基础、在光层组织网络的传送网。OTN 处理的基本对象是波长级业务，它将传送网推进到真正的多波长光网络阶段。由于结合了光域和电域处理的优势，OTN 可以提供巨大的传送容量、完全透明的端到端波长/子波长连接及电信级的保护，是传送宽带大颗粒业务的最优技术。OTN 专线如图 7-10 所示。

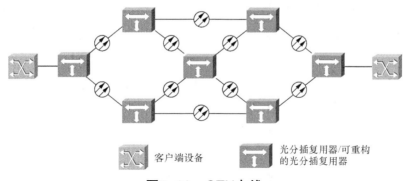

图7-10　OTN专线

传送网的业务接口从先前的 2M、155M 业务接口演化到目前的 FE、GE、10GE 等接口，如果企业外部专网的主要调度颗粒度达到 Gbit/s 量级，可以考虑优先采用 OTN 技术进行网络构建。随着企业网络应用需求的增加，大型企业也有了大颗粒的带宽需求，引入 OTN 技术可以实现大颗粒带宽调度灵活性。相比 MPLS VPN，OTN 技术可以实现端到端的物理专网，在大带宽承载（Gbit/s 以上）、对数据和业务的可靠性及安全性要求更高的特定企业，更具备吸引力。

OTN 专线业务主要为企业与工业互联网平台之间的大带宽业务提供支撑，并且适用于产业集群企业间数据中心、平台互联、数据共享等大带宽业务。随着混合云在企业信化系统中广泛使用，OTN 专线业务将在企业云网协同等业务中发挥更大的价值。

7.4.1 5G

1. 5G 系统及关键技术简介

第五代移动通信技术（5th Generation Mobile Communication Technology，5G）是最新一代蜂窝移动通信技术。在 2015 年 6 月召开的 ITU-R WP5D[1] 第 22 次会议上，5G 被命名为 IMT-2020，会议还确定了 5G 的愿景和时间表等关键内容。第三代合作伙伴计划（3GPP）于 2017 年 12 月完成了第一个 5G 非独立组网（Non-Standalone，NSA）标准——R15，并于 2018 年 6 月 14 日正式批准了第五代移动通信技术标准（5G NR）独立组网功能冻结，这标志着第一个 5G 标准化版本的完成。2020 年 7 月，3GPP R16 版本冻结，在 R15 版本上进一步增强了时延、能耗、可靠性等性能，为 5G 行业应用发展奠定了坚实的基础。

5G 分为三大主要应用场景，分别是增强型移动宽带（enhanced Mobile Broadband，eMBB）、大连接物联网（massive Machine-Type Communication，mMTC）、超可靠低时延通信（ultra-Reliable Low-Latency Communication，uRLLC）。

eMBB：在现有移动宽带的基础上，5G 将进一步增强无缝覆盖能力、数据传输能力及频谱效率。最高数据传输速度达到 20Gbit/s；装置收发数据所需功耗能效比 4G 提升 100 倍；频谱效率方面，每无线带宽和每网络单元数据吞吐量是 4G 网络的 3～4 倍。

mMTC：通常这类需求是指终端发送数据量较少、时延要求比较宽松，但对低功耗和低成本要求很高的场景，而且终端数量一般很多。连接密度要求达到每平方千米 100 万个连接以上。对于低端的大规模机器通信，5G NR 没有独立提出解决方案，而由长期演进（Long Term Evolution，LTE）技术中的 eMTC[2] 和 NB-IoT 来解决这类需求。

---

[1] ITU-R WP5D 是指国际电信联盟无线通信部门第五研究组国际移动通信工作组。
[2] eMTC：enhanced Machine-Type Communication，增强型物联网。

uRLLC：该场景是 5G 赋能行业的重要需求，这类应用在可靠性和时延方面要求都很高，在该类场景中 5G 空口时延达到 1ms。该场景主要应用在工业控制等场景。

（1）5G 系统架构及组网方式

5G 系统示意如图 7-11 所示。

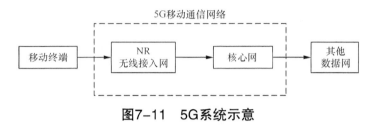

图7-11　5G系统示意

5G 移动通信网络由 NR 无线接入网和核心网个两部分组成，其中，无线接入网负责所有无线相关的部分和功能，例如调度、无线资源管理、重传协议、编码及各种多天线方式。核心网则负责鉴权、计费、控制策略制定、端到端连接设置等其他与无线接入无关的网络功能。

对于 5G 移动通信系统核心网而言，NR 无线接入可以连接到演进分组核心网（Evolved Packet Core，EPC），即传统 LTE 的核心网上，这种情况称为 5G 的非独立组网（NSA）。若核心网采用 5G 核心网，则该组网方式为独立组网（SA）。5G 的技术标准协议能实现对两种组网模式的支持。

5G 核心网建立在 EPC 基础上，与 EPC 相比有 3 个方面的增强：基于服务的架构、支持网络切片及控制面和用户面分离。

5G 核心网架构如图 7-12 所示。用户面的核心网网元主要包含用户面功能（User Plane Function，UPF），它是无线电接入网（Radio Access Network，RAN）和互联网等外网之间的网关，负责处理数据包路由和转发、数据包检测、服务质量处理和数据包过滤、流量测量等。

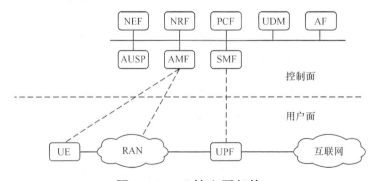

图7-12　5G核心网架构

控制面功能主要由多个网元组成。会话管理功能（Session Management Function，SMF）处理移动终端的 IP 地址分配、策略实施的控制及一般会话管理功能。接入和移动性管理功能（Access and Mobility Management Function，AMF）负责核心网和终端之间的控制信令、用户数据的安全性、空闲态移动性和鉴权。策略控制功能（Policy Control Function，PCF）负责相关策略规则制定和 QoS 管理。统一数据管理（Unified Data Management，UDM）负责鉴权认证和接入授权。

需要注意的是，核心网功能的具体实现可以是多种形式的，所有功能可以在单个物理节点中实现，也可以在多个节点上实现，或者运行在云平台上。

（2）5G 频谱

LTE 只支持 3GHz 以下的频段，5G 的频率范围分为两种：一种是 6GHz 以下，另一种在 24GHz 以上。

频谱资源是一切无线通信的基石，频率范围越大，电信运营商越有可能找到可用的频率资源来部署 NR。不同的频谱范围意味着不同的时延拓展、多普勒频移、相位噪声特性，为此，NR 在定义正交频分复用信号参数时，引入了多组参数（参数集），灵活支持不同的频谱范围。此外，频率资源丰富的中高频（特别是毫米波）信号在传播过程中会遭受严重的衰减，限制了网络覆盖范围。为此，NR 进一步引入先进的多天线发射和接收技术，增加覆盖。同时通过上下行解耦，低频和高频联合工作，充分融合低频覆盖好、高频容量大的优势。

（3）5G 关键技术简介

① 大规模多输入多输出技术（Massive MIMO）。在无线通信系统中，多输入多输出（Multi-Input Multi-Output，MIMO）无线传输技术并非首次在 5G 系统中引入，其在 4G 系统中就开始了应用。MIMO 的引入将网络资源从传统的"时频"二维扩展成"空时频"三维，资源维度的扩展带来了更大的系统容量。

大规模 MIMO 无线通信初步构想最早是由贝尔实验室马尔泽塔（Marzetta）博士于 2009 年提出的，它是在 MIMO 技术上的拓展和延伸。区别于传统 4G MIMO 天线的最多 8 通道，大规模 MIMO 将原有发送侧天线数提高到 64 通道或最高到 128 通道，进一步提升系统容量，获取更大的系统分集增益。

大规模 MIMO 就是大量天线的波束赋形，波束赋形技术是通过移动设备和网络基站上的先进天线技术，将无线信号聚集到特定方向，而不是扩散到广域中，从而形成指向明确、能量集中的窄波束为特定区域的用户进行通信服务,从而在无线通信系统中增加了"空间"这个维度的资源,提升了系统时频资源的利用率。

大规模 MIMO 能够对 5G 系统的性能带来多方面的增益:一方面,能够大幅提升系统容量,同时能量可以集中在空间中很小的区域内,能量效率提升 100 倍以上;另一方面,大规模 MIMO 能有效应对信道衰落,通过分集增益实现信号的可靠接收,进而实现 5G 的低时延高可靠连接。此外,大规模 MIMO 还能提升系统的抗干扰性能。

② 毫米波技术。毫米波和大规模 MIMO 这两个技术相辅相成,是 5G 物理层的两个关键技术,大规模 MIMO 可以提供超高的信号增益,弥补毫米波的信号衰减;毫米波可以降低天线阵列尺寸,使大规模 MIMO 的部署成为可能。

毫米波(Millimeter Wave,mmWave)通常指波长在 1～10mm 的无线电波,即频率在 30～300GHz 的无线电波。目前无线通信广泛使用的是 6GHz 以下的中、低频段,尤其是 2.9GHz 以下频段,但此类频段上的无线电业务越来越多,可用的频谱资源日益匮乏。此外,静态的频谱划分规则又导致可用频谱呈现严重的碎片化和零散化,使通信带宽严重受限。为了拓展通信带宽,学术界和工业界逐渐将研究的重点放在毫米波频段。超高的通信带宽可助力 5G 通信实现 10 Gbit/s 的高速宽带通信。

毫米波通常只适用于视距传输的场景,例如近距离点对点通信。5G 中辐射范围较广的信号传输仍然需要 6GHz 以下频段完成,因此,未来通信需要毫米波和 6GHz 以下频段配合实现。

③ 先进的信道编码技术。目前 LTE 网络的编码还不足以应对未来的数据传输需要,因此迫切需要一种更高效的信道编码设计,以提高数据传输速率,并利用更大的编码信息块契合移动宽带流量配置,同时,还要继续提高现有信道编码技术(例如 LTE Turbo)的性能极限。奇偶校验码(Low Density Parity Check Code,LDPC)的传输效率远超 LTE Turbo,且其易平行化的解码设计能以低复杂度和低时延扩展达到更高的传输速率。

④ 网络切片。将实体网络划分为若干网络切片,每个切片都是服务于特定业务或客户需求的逻辑网络,最大限度满足各种业务的需求。例如,与 LTE 提供的移动宽带服务类似,构造一个网络切片并支持完整的移动性,或者构造另一个网络切片以支持特定的非移动但有低时延要求的工业自动化应用。这些切片将运行在共同的、基础性的物理核心网和无线网络上,但从用户应用的角度来看,它们像是运行在各自独立的网络中。在许多方

面，网络切片类似于在同一个物理计算机上配置多个虚拟计算机。

2. 5G 工业应用情况

目前，5G 已经在我国电子设备制造业、装备制造业、钢铁行业、采矿行业、电力行业、石化化工行业、建材行业、港口行业、纺织行业、家电行业开展应用，涉及协同研发设计、远程设备操控、机器视觉质检、设备协同作业、柔性生产制造、现场辅助装配、设备故障诊断、厂区智能物流、无人智能巡检、生产现场检测、生产单元模拟、精准动态作业、生产能效管控、工艺合规校验、生产过程溯源、设备预测维护、厂区智能理货、全域物流监测、虚拟现场服务、企业协同合作等应用场景。

下面以远程设备操控、机器视觉质检和柔性生产制造 3 个应用场景为例，对 5G 在工业的应用进行介绍。

（1）远程设备操控

综合利用 5G、自动控制、边缘计算等技术，建设或升级设备操控系统，通过在工业设备、摄像头、传感器等数据采集终端内置 5G 模组或部署 5G 网关等设备，实现工业设备与各类数据采集终端的网络化，设备操控员可以通过 5G 网络远程实时获得生产现场全景高清视频画面及各类终端数据，并通过设备操控系统实现对现场工业设备的实时精准操控，有效保证控制指令快速、准确、可靠执行。

（2）机器视觉质检

在生产现场部署工业相机或激光器扫描仪等质检终端，通过内嵌 5G 模组或部署 5G 网关等设备，实现工业相机或激光扫描仪的 5G 网络接入，实时拍摄产品质量的高清图像，通过 5G 网络传输至专家系统，专家系统基于人工智能算法模型进行实时分析，对比系统中的规则或模型要求，判断物料或产品是否合格，实现缺陷实时检测与自动报警，并有效记录瑕疵信息，为质量溯源提供数据基础。

（3）柔性生产制造

数控机床和其他自动化工艺设备、物料自动储运设备通过内置的 5G 模组或部署的 5G 网关等设备接入 5G 网络，实现设备连接无线化，大幅减少网线布放成本、缩短生产线调整时间。通过 5G 网络与多接入移动边缘计算系统结合，部署柔性生产制造应用，满足工厂在柔性生产制造过程中对实时控制、数据集成与互操作、安全与隐私保护等方面的关键需求，支持生产线根据生产要求进行快速重构，实现同一条生产线根据市场对不同产品的需求进行快速配置优化。

7.4.2 TSN

1. TSN标准体系及相关技术

TSN即在非确定性的以太网中实现确定性的最小时延的协议族，是IEEE 802.1工作组中的TSN工作组开发的一套协议标准，定义了以太网数据传输的时间敏感机制，为标准以太网增加了确定性和可靠性，以确保数据实时、确定和可靠地传输。

2006年，IEEE 802.1工作组成立了以太网音视频桥接（Audio Video Bridging，AVB）任务组，主要解决以太网中音频、视频数据实时同步传输的问题。2012年，AVB任务组在其章程中扩大了时间确定性以太网的应用需求和适用范围，同时将任务组更名为TSN工作组。TSN由一系列标准协议构成，根据不同协议的类型，TSN的协议主要分为基础技术、配置标准与应用行规三大类。TSN标准协议分类情况如图7-13所示。

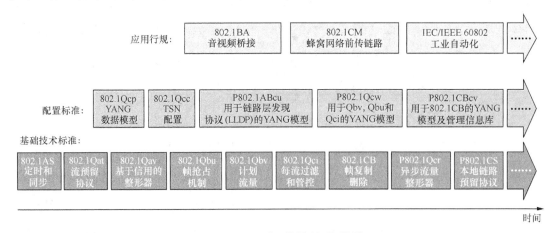

图7-13 TSN标准协议分类情况

其中，基础技术围绕TSN的低时延、低抖动、高可靠特征展开，又进一步分为时间同步、有界低时延、高可靠性、专用资源及应用程序接口等不同的技术协议。TSN基础技术标准协议分类如图7-14所示。

（1）时间同步

对于实时通信而言，时间在TSN中起着重要的作用，因此网络中的所有设备都需要共同的时间参考，需要彼此同步时钟。TSN中的时间通常从一个中央时间源直接通过网络本身分配，使用通用精准时间协议（general Precision Timing Protocol，gPTP）完成。IEEE 802.1AS 中时间感知系统的端口共有以下 4 种状态。

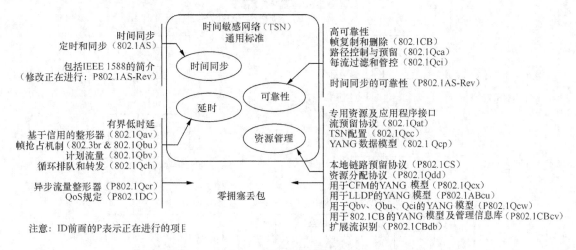

图7-14　TSN基础技术标准协议分类

① 主端口（Master Port）：在一条 gPTP 通信路径上，距离从节点更近的时间感知系统的端口。一个时间感知系统可以有多个主端口。

② 从端口（Slave Port）：时间感知系统中距离根节点最近的 PTP 端口。一个时间感知系统只能有一个从端口，且不会通过从端口发送 Sync(同步) 或 Announce(宣布) 消息。

③ 禁用端口（Disabled Port）：时间感知系统中端口操作、端口支持和可访问变量不都为真的 PTP 端口。

④ 被动端口（Passive Port）：在时间感知系统上端口状态不是主端口、从端口或者禁用端口的端口。

有了不同的端口状态以后，可根据组网要求，通过设置每一个时间感知系统端口状态，构建网络拓扑结构。TSN 时钟同步机制如图 7-15 所示，显示了时间感知系统中的一个主/从层次结构。

gPTP 基于主—从模式工作，从站节点接收主站节点的时间同步信息，保持与主站节点的时钟同步。TSN 中时间感知系统可以分为两种类型的节点，这两类节点都必须满足传输时间同步信息的要求。

① 终端：这类设备可以是系统内的主时钟（Clock Master，CM），也可以是被校时的从时钟（Clock Slave，CS）。

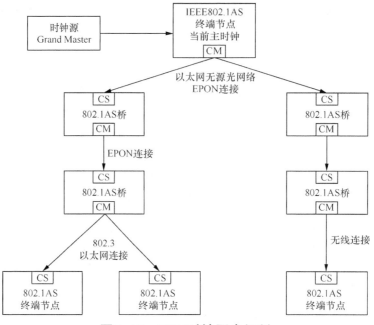

图7-15 TSN时钟同步机制

② 网桥：这类设备可以是系统内的主时钟，也可以仅仅是个中转设备，类似于传统的交换机，连接网络内的其他设备。作为中转设备，它需要接收主时钟的时间信息并将该信息转发出去。但在转发信息时，需要校正链路传输时延和驻留时间，并重新传输校正后的时间。

IEEE 802.1AS 的核心在于时间戳机制（Time Stamping）。时间同步消息在进出具备 IEEE 802.1AS 功能的端口时，会根据协议触发对本地实时时钟（Real Time Clock，RTC）的采样，将自己的 RTC 值与来自该端口相对应的主时钟的信息进行比较，利用路径时延测算和补偿技术，将其 RTC 值匹配到 PTP 域的时间。当 PTP 同步机制覆盖了整个 TSN 局域网，各网络节点设备间就可以通过周期性的 PTP 消息的交换精确地实现时钟调整和频率匹配。最终，所有节点都将同步到相同的主时钟的时间，即主时钟时间。

为了实现高精度时间同步，相比 IEEE 1588 协议，gPTP 采用介质访问控制（Medium Access Control，MAC）层作为时间采集点：在发送方，当报文离开 MAC 层进入物理（PHY）层时记录当前时刻；在接收方，当报文离开 PHY 层刚到达 MAC 层时记录当前时刻。这样可以消除协议栈带来的不确定性。

gPTP 采用硬件时间戳的方式提升时间精度。MAC 层可以采用软件时间戳的方式，也可以采用硬件时间戳的方式，硬件方式可以消除系统调度带来的不确定性，会比软件方式更精确。

（2）流量整形机制

由于端口转发机制的限制，在标准的以太网中，实时性是难以保证的。调度和流量整形允许在同一网络上共存不同优先级的不同流量类别，每个类别对可用带宽和端到端时延都有不同的要求。所有参与实时通信的设备在处理和转发通信包时遵循相同的规则。TSN中提出了多种整形器，目前广泛应用的是基于信用的整形器（Credit Based Shaping，CBS）及时间感知整形器（Time Awareness Shaping，TAS）。

IEEE 802.1Qav 提出了基于信用的整形器（CBS），CBS 是最早用于 AVB 的整形器，在交换机内对时间敏感的音视频流和普通数据流进行区别处理，并且赋予实时帧最高的优先级，减少了周期性数据被非周期性数据影响的情况，可以消除突发，降低干扰流量的影响，从而提供最差时延的估计。IEEE 802.1Qav 可以在以太网中在 7 个跳转情况下提供高优先级业务 2 ms 和低优先级业务 50 ms 的时延保障。

IEEE 802.1Qbv 提出了时间感知整形器（TAS），基于预先设定的周期性门控列表，动态地为出口队列提供开/关控制的机制。IEEE 802.1Qbv 定义了一个时间触发型窗口。门控制列表（Gate Control List，GCL）被周期性地扫描，只有当门控打开时，相应队列才能被调度，以保证高优先级队列的传输，并能够进一步降低抖动。TAS 是为更低时间粒度、更严苛的工业控制类应用而设计的调度机制，目前被工业自动化领域的企业采用。时间感知整形器如图 7-16 所示。

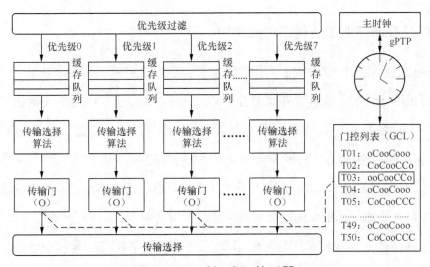

图7-16　时间感知整形器

（3）配置机制

IEEE 802.1Qcc 提出了集中式的用户与网络配置方式。IEEE 802.1Qcc 集中化配置模式如图 7-17 所示，图中提出了集中式用户配置（Centralized User Configuration，CUC）实体和集中式网络配置（Centralized Network Configuration，CNC）实体。CUC 用于接收来自终端的业务请求和业务特征信息，并将信息传递给 CNC，CNC 在进行路径优化、调度整形决策后，完成对网络传输路径中相关 TSN 交换机的配置。IEEE 802.1Qcc 支持集中式的网络配置与管理服务，也向前兼容 IEEE 802.1 Qat 分布式的网络需求与资源分配机制。此外，IEEE 802.1Qcc 还支持混合配置模式。

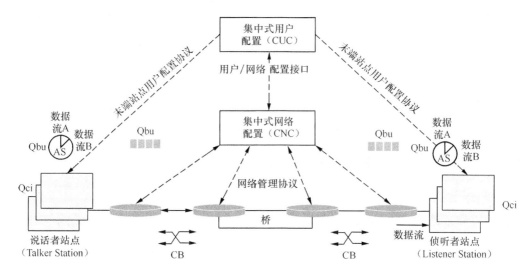

图 7-17　IEEE 802.1Qcc 集中化配置模式

2. TSN 在制造业工业网络中的应用

随着制造业的生产经营系统数字化、信息化、智能化进程不断深化升级，网络同时需要具备良好的确定性、互操作性和可靠性。TSN 主要满足工厂 OT 网络设备的互联互通及 OT 网络和 IT 网络互联需求。根据网络架构和交换机在网络中的位置，OT 内部可以分为工厂级、车间级、现场级应用。TSN 工业场景网络拓扑如图 7-18 所示。

TSN 能够保持控制类、实时运维类等时间敏感数据的优先传输，从而实现实时性和确定性。同时其大带宽、高精度调度又可以保证各类业务流量共网混合传输，可以更好地将工厂内部现场存量工业以太网、物联网及新型工业应用连接起来，根据业务需要实现各种流量模型下的高质量承载和互联互通。同时 TSN 基于 SDN 的管理架构将极大地提升工厂网络的智能化灵活组网能力，以满足工业互联网时代的多业务海量数据共网传输的要求。

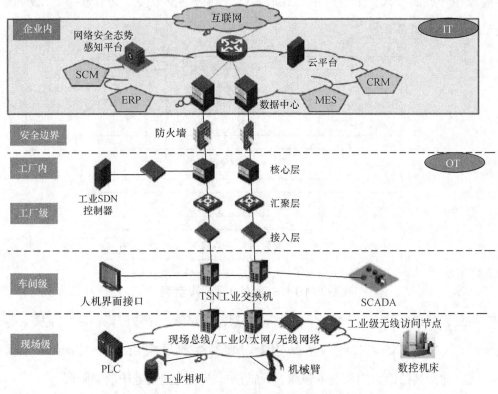

图7-18 TSN工业场景网络拓扑

7.4.3 SDN

1. SDN 技术简介

SDN 是一种新型的网络体系架构，其主要属性为将传统的紧耦合网络架构分离为控制平面、转发平面和业务平面，从而将控制逻辑集中到控制平面，实现网络的开放可编程特性。该架构的提出有效地支持了未来网络业务的创新。

SDN 的目标是通过软硬件解耦隔离，实现网络虚拟化、IT 化和软件化。底层只负责数据转发，可由相对廉价的通用商用 IT 设备（大容量服务器、存储器及以太网交换机）构成；上层负责集中的控制功能，由独立软件构成，网络设备种类与功能由上层软件决定，通过远程、自动配置部署和运行网络，提供所需的网络功能、参数和业务。这种模式符合 IT 低成本、多样化的大趋势，即硬件负责性能，软件负责功能。

传统网络设备紧耦合的架构在 SDN 体系中被拆分成应用、控制、转发 3 层分离的、全可编程和开放的架构。上层应用、底层基础设施被抽象成多个逻辑实体。SDN 的 3 层架构示意如图 7-19 所示。

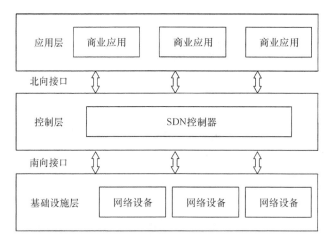

图7-19　SDN的3层架构示意

应用层为网络各种应用需求，例如移动视频、云存储、企业应用商店、桌面云等，通过北向接口（Northbound API）灵活、可编程地调用控制层提供的统一的网络抽象模型与业务功能。北向接口因为涉及业务较多，开放的标准化过程还处于研究阶段。

控制层为整个 SDN 架构的核心，也被称为网络操作系统，可集中控制拓扑和管理设备，进行流表的控制和下发。其主要功能包括路由优化、网络虚拟化、质量监控、拓扑管理、设备管理、接口适配等。

南向接口（Southbound API）定义了控制层（控制器）与基础设施层（数据转发层）之间的交互协议，通过将转发过程抽象为流表，控制器可直接控制流表、屏蔽硬件，实现网络虚拟化。物理硬件被淡化为资源池，可按需进行灵活分配和相互隔离。目前主流的控制层与转发层之间交互的协议 OpenFlow 已经发布了完善的 1.4.0 版本。

基础设施层包括标准化的网络设备和虚拟的网络设备，负责多级流表处理和高性能的数据转发，并作为硬件资源池，为控制层提供按需的网络拓扑、数据处理和数据转发。目前主流的网络设备和芯片厂商已经提供了支持 OpenFlow 的网络设备。

SDN 架构主要优势包括以下 4 个方面。

① 网络的软硬件解耦和接口开放。解耦后的软件可以实现灵活的控制层面功能，满足用户的多元化需求，还可以快速部署网络功能和参数，例如路由、安全、策略、流量工程、

QoS 等，提升链路利用率。解耦后的硬件专注转发，不仅可以采用通用 IT 设备，减少设备种类和专用软硬件平台数量，大幅降低硬件成本，简化运维管理，还可提升转发性能。

② 网络虚拟化。通过将转发过程抽象为流表，控制器可直接控制流表、屏蔽硬件，实现了网络虚拟化。物理硬件被淡化为资源池，可按需进行灵活分配和相互隔离。

③ 集中式控制。SDN 架构具有全局全网视野，掌握全网信息（拓扑和网络状态等），可最佳地利用网络带宽等资源，提升网络性能（收敛速度和时延等），确保系统路由和性能的可预测性。

④ 网络简化与集成。允许利用单一平台支持不同的应用、用户和租户，从而简化网络。利用高度统一的物理网络平台及与其他支撑平台联系的单一性，改进网络运行和维护效率。

SDN 是工业互联网技术的重要演进方向，基于 SDN 的工业网络将为 OT 网络与 IT 网络的融合提供重要的支撑。

2. SDN 技术的工业应用场景

SDN 能够动态灵活地管理异构网络，相比于传统的网络架构，SDN 架构能够支持获得网络资源的全局信息，并随时根据用户业务的需要进行资源的全局调配和优化，基于 SDN 的工业网络架构如图 7-20 所示。

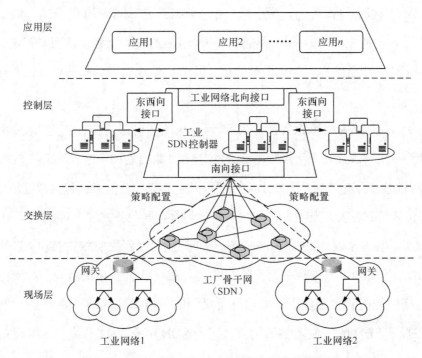

图7-20　基于SDN的工业网络架构

随着 IT 与 CT 技术向工业领域的进一步拓展，未来工业网络将呈现异构化特征，不仅有工业现场通信技术的存在，还有 5G、工业光网络等其他多种网络技术的存在，需要对多种网络进行协同管理，且需要对资源进行细粒度调配，因此，SDN 是 IT/OT 工业融合网络管控的优选手段。

基于 SDN 的工业网络架构可分为应用层、控制层、交换层和现场层。将交换层、现场层的管理控制功能抽象集成到控制层的工业 SDN 管理器中，集中处理和统一分配工业网络资源，以便实现灵活的网络管理和端到端的资源配置。

应用层由不同的工业应用组成，是 SDN 北向接口的实际调用者，负责北向接口内容的解析和构造。控制层主要完成工厂内 IT 业务骨干网络、工业骨干网络和现场网络的集成管理，包括骨干网和工业现场网络的入网、网络资源分配及跨网配置等工作。交换层主要由骨干路由器或交换机组成，承担工厂骨干网络的数据转发和路由工作；现场层由不同的网络基础设施组成，可以完成协议转换和现场数据采集和控制任务。

以 SDN 为基础的新型网络技术可实现网络资源的动态调整，打破工厂内网刚性资源配置的局限，适应未来智能工厂柔性生产和敏捷部署的要求。同时，SDN 有助于解决工厂内 OT 和 IT 网络相互独立运行、跨网络信息交互难、统一管理配置难的问题。

工业 SDN 能够支持设备的灵活组网，由于实现了控制和承载的分离，能够基于集中式的可编程平台实现控制功能的灵活增减、控制策略的灵活配置，从而能够更有效地支持柔性生产和工业生产全流程自动化、智能化，并能更好地实现异构协议互联互通、网络保障安全可靠。

基于 SDN 的工厂内网示意如图 7-21 所示。从该图可以看出，工业 SDN 由支持多种接入技术和协议的终端设备、可编程的 SDN 交换机/路由器和集中式的工业 SDN 控制器构成。终端设备通过北向接口向工业 SDN 控制器提交业务数据需求，包括数据流特征、数据速率需求和传输链路需求，集中式的 SDN 控制器结合全局业务需求、网络拓扑信息后，生成工业 SDN 的路由转发规则，通过南向接口将规则下达到可编程的 SDN 交换机/路由器中执行。

工业 SDN 的核心是通过软件定义的方式实现对交换机、路由器等多种网络设备进行统一管理、集中控制和灵活配置，并能具备良好的新技术兼容性，兼容 TSN 等工业网络新技术。在基于 SDN 的工业网络架构下，工业 SDN 能支持 IT 设备和 OT 设备的统一接入和灵活组网，不仅能够为工厂办公系统、信息化通信等 IT 业务提供带宽和连接保障，也能够为现场级工业网络提供端到端、实时的、可靠的连接保障。此外，集中式的工业SDN控制器能够对全局业务流向、流量、信息交互等特征进行监控和管理，有利于工厂流量全景视图的实现。

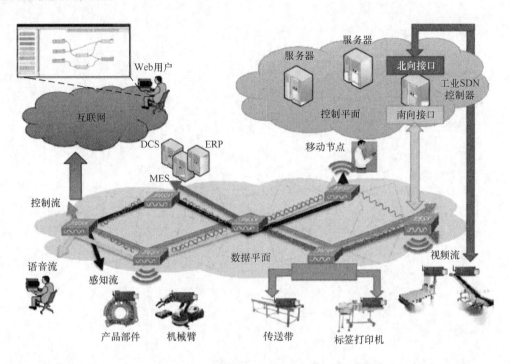

图7-21　基于SDN的工厂内网示意

 思考题

1. 简要描述工厂内网和工厂外网的主要用途及技术特征。

2. 列举工业现场总线的主要技术及其特征。

3. 简要描述工厂外网架构，并分析工厂外网在工业全过程生产中的主要功能及价值。

4. 简要描述并对比在工厂外网基于互联网的虚拟专用网络（VPN）技术中，二层和三层VPN技术的特征。

5. 互联网专线技术中，简述MPLS VPN专线与光传送网专线的技术特征及主要应用场景。

6. 简要描述5G网络系统总体架构，并列举5G的三大主要应用场景。

7. 简要描述时间敏感网络技术特征及其在制造工业场景中的应用。

8. 简要描述软件定义网络的整体架构及主要技术特征。

第8章 工业互联网标识解析体系

学习目标

- 了解工业互联网标识解析的概念。
- 掌握工业互联网标识解析体系功能架构、标识载体技术、标识解析流程。
- 了解工业互联网标识解析体系部署架构。
- 了解工业互联网标识解析工作原理。
- 了解工业互联网标识解析典型应用。

8.1 工业互联网标识解析的概念

工业互联网标识解析是根据工业互联网标识编码查询目标对象网络位置并将关联信息提供给标识解析请求方的网络功能。其中，工业互联网标识编码是指能够唯一识别机器、产品等物理资源及算法、工序等虚拟资源的身份符号。工业互联网标识解析能够对机器/物品的信息进行定位和查询，是实现全球供应链系统和企业生产系统的精准对接、产品全生命周期管理和智能化服务等新型工业互联网应用的前提和基础。

实现工业互联网标识解析功能和流程的软件、承载这些软件的硬件及连接工业互联网标识解析软硬件的网络设施等构成了工业互联网标识解析系统。工业互联网标识解析系统是工业互联网重要的组成部分，既是支撑工业互联网应用互联互通的基础设施，也是实现工业互联网数据共享共用的核心关键。

目前很多企业利用二维码、电子标签、智能卡等存储标识编码，实现对物料、产品、生产的管理。但这些编码以企业自有编码为主，且不统一，在物料、配件、产品等流通过程中，往往需要再次编码、重新赋码贴标，既降低了工作效率，又难以实现信息的准确关联和自动获取。

工业互联网的发展使企业上下游协作越来越紧密，对采用全局唯一的工业互联网标识实现信息自动关联获取的需求越来越强烈，相应地，工业互联网标识解析体系建设的需求也越来越急迫。

8.2 工业互联网标识解析体系的功能架构

8.2.1 功能架构概述

工业互联网标识解析体系中的标识对象包括机器、产品、算法、工艺等，应当对其进行唯一编码的分配和赋码，通过标识注册、解析服务查询网络位置，实现通信寻址并获取对象的相关信息，提供标识数据的管理和应用服务。工业互联网标识解析体系功能架构分为4层，自下而上分别为标识编码层、标识解析层、标识数据层和标识应用层，工业互联网标识解析体系功能架构如图 8-1 所示。

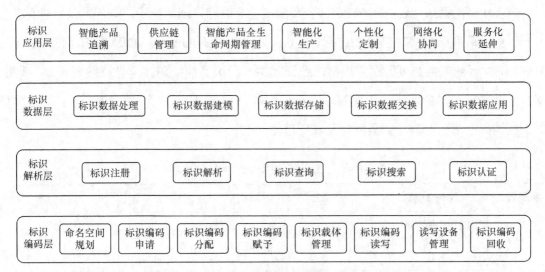

图8-1 工业互联网标识解析体系功能架构

标识编码层：定义了工业制造中各类对象进行数字化表示的技术手段和相关管理规范，为每一个对象赋予一个唯一的身份 ID，包括命名空间规划、标识编码申请、标识编码分配、标识编码赋予、标识载体管理、标识编码读写、读写设备管理、标识编码回收。

标识解析层：定义了根据标识编码查询对象网络位置或者相关信息的服务，实现标识对象精准、安全寻址、定位及查询，包括标识注册、标识解析、标识查询、标识搜索和标识认证。

标识数据层：定义了标识数据的识读、处理及在单元（组织、企业、工厂）内部与单元之间的信息传递及交互机制，包括标识数据处理、标识数据建模、标识数据存储、标识数据交换、标识数据应用。

标识应用层：定义了标识服务的具体应用场景，包括智能产品追溯、供应链管理、智能产品全生命周期管理、智能化生产、个性化定制、网络协同和服务化延伸。例如面向产品全生命周期，在生产领域协同供应链管理，在流通领域提供追溯服务，以及面向产业链、价值链协同的个性化定制、网络化协同和服务化延伸。

8.2.2 标识编码

1. 概述

标识编码是标识解析体系的核心基础资源。工业互联网标识编码规范的制定既需要考虑现有标识编码（例如 Handle、OID、Ecode 等），也需要考虑我国工业互联网发展的新需求。

自 2017 年开始，我国开始制定符合我国工业互联网发展的标识编码规范及管理体系。

工业互联网标识编码包括 ZID 标识、GS1 标识、Handle 标识、OID 标识、Ecode 标识 5 种类型，行业或企业可根据应用需求选择其中一种类型的编码，遵循该编码规则，制定本行业或企业的对象编码。工业互联网标识编码分类见表 8-1，介绍了应用于工业互联网的 5 类编码的编码形态、编码说明及其所遵循标准。

表 8-1 工业互联网标识编码分类

编码类型	编码形态	编码说明	遵循标准
ZID	以 88. 开头的使用"."和"/"分割的不定长字符	用于标识工业互联网中机器、产品、设备等物理实体和算法、工艺等虚拟实体的编码	
GS1	690～699 开头的 13 位数字	用于开展贸易流通的所有产品与服务（包括贸易项目、物流单元、资产、位置和服务关系等）的标识编码，包括但不限于全球贸易项目代码（GTIN）、系列货运包装箱代码（SSCC）、全球位置码（GLN）、全球服务关系代码（GSRN）、单个资产标识代码（GIAI）	GB 12904—2008 等
Handle	86.XXX 开头，使用"."和"/"分割的不定长字符	用于数字资产管理的标识编码	
OID	1.2.156.3001. 开头的，使用"."分割的不定长字符	用于网络资源管理的标识编码	GB/T 17969.1—2015
Ecode	1～4 开头的不定长字符	用于标识物联网单个物品的编码	GB/T 31866—2015

其中 ZID 标识是由中国通信标准化协会针对我国工业互联网发展情况制定的。GS1 标识、Handle 标识、OID 标识、Ecode 标识为已有国际标识编码。

2. ZID 标识编码

（1）编码结构

ZID 标识编码由标识前缀和标识后缀两个部分组成，前缀与后缀之间以 UTF-8 字符"/"分隔；其中标识前缀由国家代码、行业代码、企业代码组成，用于唯一标识企业主体；标识后缀由标识对象的唯一代码和安全代码组成，安全代码为可选。ZID 标识编码结构如图 8-2 所示。

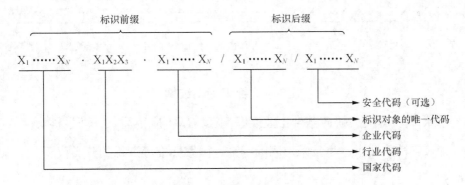

图8-2 ZID标识编码结构

（2）标识前缀

标识前缀由国家代码、行业代码、企业代码组成，以 UTF-8 字符"."分隔，标识前缀结构如图 8-3 所示。

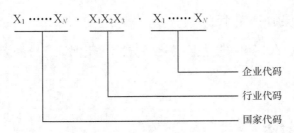

图8-3 标识前缀结构

标识前缀组成见表 8-2。

表8-2 标识前缀组成

代码段	长度（字符）	数据类型	说明
国家代码	—	—	遵从标识体系和标识注册管理机构相关要求
行业代码	3 位	字符型	唯一标识制造业门类
企业代码	≤ 20 位	字符型	唯一标识工业互联网运营单元

（3）标识后缀

标识后缀的编码规则由行业自行制定。标识后缀定义所标识对象的唯一代码，根据企业实际需求采用多段组合的方式，包括但不限于分类代码、对象代码、属性代码、自定义代码、安全代码（可选）。标识后缀结构如图 8-4 所示。

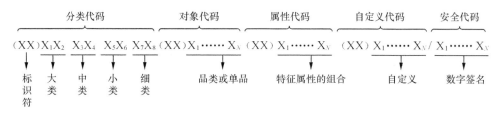

图8-4 标识后缀结构

① 分类代码。分类代码应结合工业互联网标识解析应用需求，满足科学性、系统性、可扩展性、兼容性的要求，尽量采用国际标准、国家标准等通用的分类代码，或在其基础上进行扩充。

② 对象代码。对象代码可用于明确标识的颗粒度。

③ 属性代码。属性代码规定了该对象区别于其他对象的本质属性特征。属性代码可由多个属性值组合而成。

④ 自定义代码。自定义代码根据应用场景的需要制定，应明确代码符号、长度及符号间的转换规则，以确保唯一识别和转换。

⑤ 安全代码。安全代码可采用数字签名等方式用于保证已分配编码的责任主体的数据安全。

8.2.3 标识解析系统

标识解析是指根据标识编码查询目标对象网络位置或者相关信息的过程，标识解析系统包括分层模型、通信协议、数据格式、安全机制。

标识解析系统主要包括域名系统（Domain Name System，DNS）、对象名系统（Object Name System，ONS）、OID解析系统（OID Resolution System，ORS）、Handle标识解析系统和基于区块链的分布式解析系统。其中DNS、ONS和ORS均为树形结构，解析技术较为成熟，Handle和基于区块链的分布式解析系统，具备更高的安全可靠性和更优的网络管理效率。

当前国内外面向实体对象的标识解析服务主要依赖基于DNS的网络架构，但均存在单点故障、域名欺骗等问题。工业互联网标识解析需要加强与5G、人工智能、区块链等新技术的融合，构建满足复杂工业场景下人、机、物全面互联、平等共治、自主可控的融合型解析架构，并制定相应的通信协议、安全认证等技术规范。

8.2.4 标识载体

标识载体就是指承载标识编码资源的标签。根据标识载体是否能够主动与标识数据读写设备、标识解析服务节点、标识数据应用平台等发生通信交互,可以将标识载体分为主动标识载体和被动标识载体两类。

1. 主动标识载体

主动标识载体一般是指可以嵌入工业设备的内部,承载工业互联网标识编码及其必要的安全证书、算法和密钥,具备联网通信功能,能够主动向标识解析服务节点或标识数据应用平台等发起连接,不需要借助标识读写设备来触发。

通用集成电路卡(Universal Integrated Circuit,UICC)、通信模组、安全芯片等都是主动标识载体的例子。

主动标识载体的主要特征如下。

① 嵌入在工业设备内部,不容易被盗取或者误安装。

② 具备网络连接能力,能够主动向标识解析服务器发起标识解析请求;同时也支持被其承载的标识及其相关信息的远程增删改查。

③ 除了承载工业互联网标识符,还具有安全区域存储必要的证书、算法和密钥,能够提供工业互联网标识符及其相关数据的加密传输,能够支持接入认证等可信相关功能。

2. 被动标识载体

被动标识载体一般附着在工业设备或者产品的表面以方便读卡器读取。在工业互联网中,被动标识载体一般只承载工业互联网标识编码,缺乏远程网络连接能力[某些被动标识载体,例如射频识别(Radio Frequency Identification,RFID)、近场通信(Near Field Communication,NFC)设备,只具备短距离网络连接能力],需要依赖标识读写器才能向标识解析服务器发起标识解析请求。

被动标识载体的主要特征如下。

① 一般附着在工业设备/耗材表面,标识信息易被读取、被复制、被盗用和被误用。

② 网络连接能力受限,需要借助读写器读取标识数据,然后通过企业信息系统、工业互联网平台、工业 App 等向标识解析服务器发起标识解析请求。

③ 安全能力较弱，缺乏证书、算法和密钥等必要的安全能力（例如安全存储区）。

④ 成本低，适用于承载价值低、数量多的工业单品标识。

8.2.5 标识注册

工业互联网标识的注册按照编码的分层结构采用分级注册管理机制，工业互联网标识注册与管理服务提供者分为标识注册管理机构和二级节点服务机构两类。

标识注册管理机构面向二级节点提供工业互联网标识编码中的行业代码注册服务，负责受理标识注册申请并维护注册数据库，其注册系统应实时向工业互联网标识解析国家顶级节点数据库同步注册数据。

二级节点服务机构面向企业用户或个人用户提供工业互联网标识编码中的企业代码注册服务，负责受理标识注册申请并维护标识数据库，其注册系统应实时向工业互联网标识解析国家顶级节点数据库同步注册数据。工业互联网标识注册管理框架如图 8-5 所示。

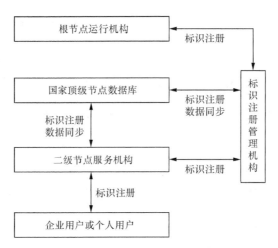

图8-5　工业互联网标识注册管理框架

工业互联网标识编码包括 GS1、Handle、OID、Ecode，其对应标识注册管理机构应面向二级节点提供规范的注册服务，二级节点应符合所申请标识对应的注册规程和协议。

① GS1 标识注册应符合 GS1 注册要求，注册规程参见 ISO/IEC 15459-2。

② Handle 标识注册应符合 Handle 注册要求，注册协议参见 RFC 3652。

③ OID 标识注册应符合 OID 注册要求，注册规程和注册协议参见 GB/T 26231。

④ Ecode 标识注册应符合 Ecode 注册要求，注册规程和协议参见 GB/T 35422。

⑤ 当采用其他标识体系时,应遵循对应标识体系的注册规程和协议要求。

工业互联网标识一般采用分级注册模式,标识注册管理机构和二级节点服务机构分别负责对应代码段的分配,完成两级注册及其注册数据同步视为该标识注册成功。工业互联网标识注册管理规程如图 8-6 所示。

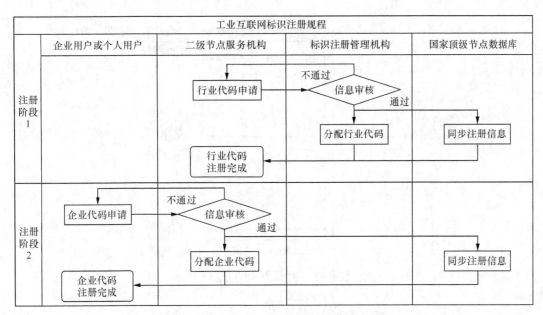

图8-6 工业互联网标识注册管理规程

8.2.6 标识解析

标识解析的流程如图 8-7 所示。

① 标识解析服务的查询触发(见图 8-7 中箭头标号 1),可以是来自企业信息系统、工业互联网平台、工业 App 等多种不同客户端,当收到客户端的标识解析请求时,递归节点会首先查看本地缓存是否有查询结果。

② 如果递归节点中有缓存,则将查询结果直接返回触发标识解析的客户端。

③ 如果递归节点中无缓存,则递归节点会将递归查询指向国家顶级节点(见图 8-7 中箭头标号 2)。

④ 国家顶级节点向递归节点返回二级节点站点信息(见图 8-7 中箭头标号 3)。

⑤ 递归节点向该二级节点发出标识解析请求(见图 8-7 中箭头标号 4)。

⑥ 二级节点向递归节点返回相应的企业节点站点信息(见图 8-7 中箭头标号 5)。

⑦ 递归节点向该企业节点发出标识解析请求（见图8-7中箭头标号6）。

⑧ 企业节点向递归节点返回标识所对应的详细信息（见图8-7中箭头标号7）。

⑨ 递归节点将获得标识对应的详细信息返回给触发标识解析的客户端（见图8-7中箭头标号8）。

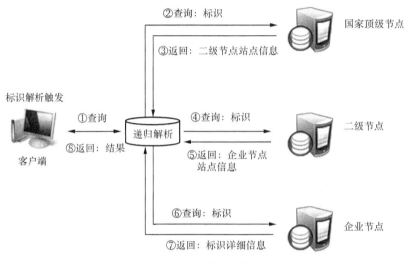

图8-7 标识解析的流程

8.3 工业互联网标识解析体系的部署架构

当前，全球存在多种工业互联网标识解析架构，以EPCglobal架构、OID架构、DOA架构等为主，其中EPCglobal由国际物品编码协会（EAN）组织推进，OID由国际标准化组织/国际电工委员会（ISO/IEC）和国际电信联盟电信标准局（ITU-T）推进，DOA的主要实现系统Handle由DONA基金会组织运行。Handle系统采用扁平化的两阶段命名机制，设计自有的handle解析系统和数据交换协议，实现了数字对象标识互操作。EPCglobal和OID均采用层级化的编码格式，设计基于域名系统（Domain Name System，DNS）、对象名系统（Object Name Service，ONS）、OID解析系统（OID Resolution System，ORS）和相应的数据交互协议，实现了标识对象全生命周期管理。

我国的工业互联网标识解析体系架构采用分层、分级的部署模式，由国际根节点、国家顶级节点、二级节点、企业节点、递归节点组成，工业互联网标识解析部署架构如图 8-8 所示。

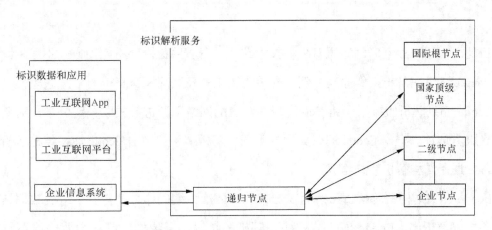

图8-8　工业互联网标识解析部署架构

国际根节点：是工业互联网标识体系的最高层级服务节点，提供面向全球范围的公共根层级的标识服务，并不限于特定国家或地区。

国家顶级节点：是国家或地区内部顶级的标识服务节点，能够面向全国/地区范围提供顶级标识解析服务，以及标识备案、标识认证等管理能力。

目前，我国国家顶级节点部署于北京、上海、广州、武汉、重庆 5 个城市。国家顶级节点之间数据互为备份，就近提供标识解析服务，以保障标识解析效率。

二级节点：是面向特定行业或者多个行业提供标识服务的公共节点。二级节点既要向上与国家顶级节点对接，又要向下为工业企业分配标识编码及提供标识注册、标识解析、标识数据服务等，同时满足安全性、稳定性和扩展性等方面的要求。

我国二级节点和企业节点主要分布在东部、中部等工业发展程度相对较高的省市。

企业节点：是企业内部的标识服务节点，能够面向特定企业提供标识注册、标识解析服务、标识数据服务等，既可以独立部署，也可以作为企业信息系统的组成要素。

递归节点：是标识解析体系的关键性入口设施，能够通过缓存等技术手段提升整体服务性能。

此外，标识解析服务的请求方，可以来自企业信息系统、工业互联网平台、工业互联网 App 等多种不同形式。

8.4 工业互联网标识解析的工作原理

目前,由于工业互联网标识有多种技术路线,各种系统内解析实现方式不尽相同。本章节以 Ecode 编码解析工作原理为例,简单讲述工业互联网标识解析的工作原理。

Ecode 编码解析服务用于将 Ecode 与其对应的网络资源进行关联,定位某一对象对应的信息服务地址。根据 Ecode 编码类型的不同,解析体系架构由 Ecode 标头结构解析系统和 Ecode 通用结构解析系统组成。

Ecode 标头结构编码解析系统为 3 层架构,依次为编码体系解析层、编码数据结构解析层和主码解析层。Ecode 通用结构编码解析系统为 2 层架构,依次为编码体系解析和通用结构主码解析。

Ecode 解析体系架构如图 8-9 所示。

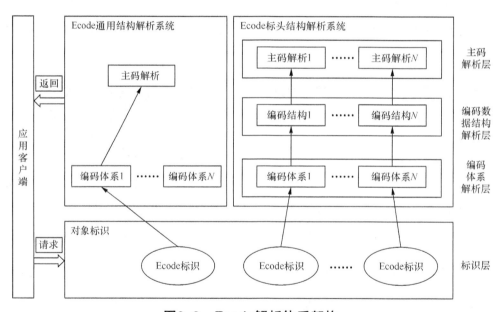

图8-9 Ecode解析体系架构

8.4.1 Ecode 标头结构编码解析流程

Ecode 标头结构编码解析由编码体系解析、编码数据结构解析和主码解析 3 个步骤组成。Ecode 标头结构编码解析流程如图 8-10 所示。

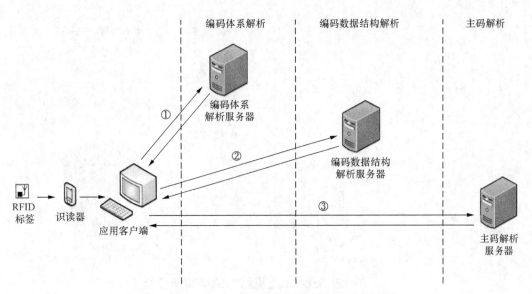

图8-10 Ecode标头结构编码解析流程

Ecode 标头结构编码解析步骤如图 8-11 所示。

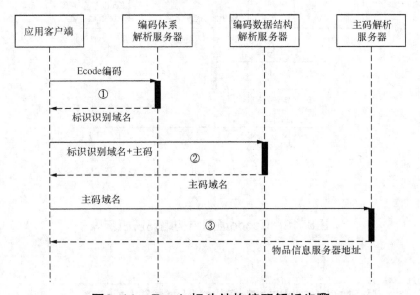

图8-11 Ecode标头结构编码解析步骤

8.4.2 Ecode 通用结构编码解析流程

Ecode 通用结构编码解析流程分为编码体系解析和 Ecode 平台主码解析两个步骤。

Ecode 通用结构编码解析流程如图 8-12 所示。

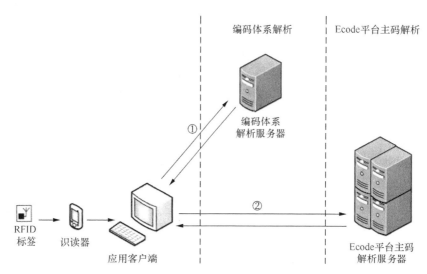

图8-12 Ecode通用结构编码解析流程

Ecode通用结构编码解析步骤如图8-13所示。

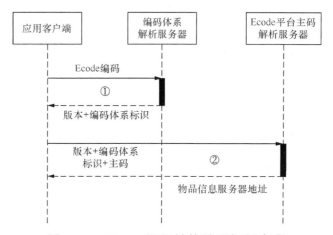

图8-13 Ecode通用结构编码解析步骤

8.5 工业互联网标识解析的典型应用

8.5.1 工业互联网标识解析在可信数据采集行业中的应用

1. 可信数据采集行业需求分析

工业数据采集作为物理世界到数字世界的桥梁,是智能制造和工业互联网的基础。工业数据采集基本功能框架包括设备接入、协议转换、边缘数据处理、中心云4个部分。

设备接入指通过工业以太网、现场总线、蜂窝网络（4G、NB-IoT及5G）等各类有线和无线通信技术，接入各种工业现场设备、智能产品。协议转换指通过中间件等兼容不同的工业协议，实现数据格式的统一。边缘数据处理通过在靠近设备侧或数据源头的网络边缘侧对数据进行分析处理和存储，以达到降低数据响应时延、降低网络拥塞等目的。最常见的一种边缘计算处理是采用边缘云的形式。根据应用需要，中心云接收来自端侧和边缘云的数据，向用户提供更大范围的服务。

2. 可信数据采集应用场景

目前，工业互联网领域的数据采集场景分为以下两类。

① 数控机床/专用智能设备：这类设备通过工业总线、以太网等与工业数据采集系统通信，通常为有线传输方式。此类方式成本较高、灵活性差，但安全性高。

② 物料标识读取设备：物料身份标识主要采用条形码/二维码、NFC、RFID。这类方式成本低，适用于低价值单品识别。

可信数据采集方案主要适用于第一种场景。

3. 可信数据采集解决方案典型案例

传统上，工业数据采集模型包括端和平台，以及连接端和平台的网络。工业数据采集模型如图8-14所示。

在该模型下，工业终端与平台之间的数据采集等互操作主要依靠用户名+密码的方式进行访问控制与权限管理。该模型的优点是结构简单、技术实现容易、成本低。该模型的缺点是当工业终端的数量较大时，用户名和密码的管理难度变大。为了便于实际操作，部署人员往往对批量终端采用相同的用户名和密码，这会为工业互联网的安全埋下重大隐患。

图8-14　工业数据采集模型

针对工业数据采集安全隐患，有必要基于UICC建立可信数据采集系统，赋能工业产品，使其从生产到使用贯穿通信服务商、网络运营商、模组生产商、工业企业等多个参与方接入认证，为工业企业数据安全提供保障。

基于UICC的可信工业数据采集模型如图8-15所示。

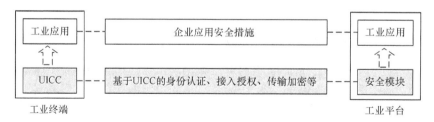

图8-15 基于UICC的可信工业数据采集模型

图8-15中，在工业终端侧采用UICC保存并保护工业互联网标识及其相关的证书密码。

UICC及其业务系统将网络层的终端身份识别、接入授权、传输加密等能力赋予应用层的企业相关应用。

工业平台可根据UICC的终端身份认证识别结果（接收/拒绝来自终端的数据写入）。

要实现图8-15所示的模型，需要在工业终端和工业平台之间增加工业互联网标识UICC验证平台，同时还需要构建对应的UICC平台，增加工业互联网标识UICC验证平台后的交互过程如图8-16所示。

① 工业终端：工业终端中需要嵌入UICC。其中UICC负责存储工业互联网标识、证书、密钥、Applet[1]等，工业终端具备通过UICC平台对UICC进行远程配置、远程激活并通过无线空中接口写入工业互联网标识的能力。

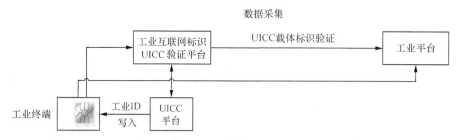

图8-16 增加工业互联网标识UICC验证平台后的交互过程

② UICC平台可在运营商用户身份识别模块（Subscriber Identify Module，SIM）卡平台的基础上改造，需支持工业终端的工业互联网标识写入，支持配置文件下载、状态管理、信息查询等功能。

③ UICC验证平台独立于现有运营商使用的eSIM认证系统，专门设计服务于工业互

---

[1] Applet采用Java编写的小应用程序。

联网应用场景。因 UICC 作为工业互联网标识载体，可承载工业互联网标识身份认证卡应用及数据。

工业平台是一个抽象的概念，本小节中主要指负责采集工业终端数据的平台，在实际场景中，数据采集能力可能会集成在不同的平台上。

8.5.2 工业互联网标识解析在数据融合中的应用

1. 数据融合行业需求分析

工业互联网的核心之一是工业数据的价值发现，即通过对工业产品在生产、销售、维护等环节数据的全面感知、实时交换、快速处理，实现智能控制。然而，企业内部、企业之间的"信息孤岛"问题普遍存在，造成了大量数据或者未被采集或者采集到未被有效利用，严重制约了传统工业企业向以工业互联为基础的智能制造转变。

面向工业互联网的数据融合问题，具体有 3 种实施方案。

① 通过采用同一标识，实现企业、行业内数据表达的统一。企业、行业采用同一种标识解析体系，实现本领域的标识数据互通。

② 通过云平台实现不同行业、不同标识体系之间的数据互通。不同标识数据在云平台汇聚，经过标识解析后，根据需求完成标识之间的转换，实现基于标识的数据互通。

③ 基于人工智能进行工业数据融合。根据各类标识对应的物理实体、应用汇聚相关的数据信息，采用人工智能、机器学习等技术对工业数据进行深层次挖掘。

本案例中主要针对采用同一种标识在行业内实现数据融合进行介绍。

2. 数据融合应用场景

在实际应用中，企业间的数据关联、融合会产生新的价值。工业互联网标识可作为不同企业间进行数据关联的媒介，实现跨企业数据的融合。

3. 典型案例

以工业企业的数据与运营商数据进行融合为例，将物联网卡作为工业互联网标识载体，实现工业企业数据与运营商数据的融合。具体示例如下。

① 承载工业互联网标识的物联网卡可关联运营商信息、物联网卡号及物联网卡相关数据存放的统一资源定位符（Unified Resource Location，URL）。承载工业互联网标识的物联网卡数据如图8-17所示。

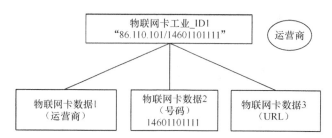

图8-17　承载工业互联网标识的物联网卡数据

② 工业互联网设备的工业互联网标识可关联供应商信息、设备内物联网卡号信息、设备数据地址URL等，工业互联网标识所关联的设备相关数据如图8-18所示。

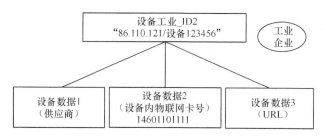

图8-18　工业互联网标识所关联的设备相关数据

承载工业互联网标识的物联网卡数据和工业互联网标识所关联的设备相关数据都可以通过自己的工业互联网标识在工业互联网标识解析系统中被解析出来，相关企业在合法的权限下可实现运营商数据与工业企业设备数据的融合。基于工业互联网标识实现运营商数据与工业企业设备数据的融合如图8-19所示。

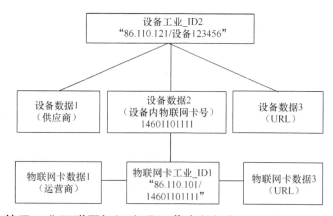

图8-19　基于工业互联网标识实现运营商数据与工业企业设备数据的融合

"设备 123456"的供应商（某工业企业）通过服务平台查询"设备 123456"的工业 ID "86.120.121/设备 123456"，除了获得设备的相关开放数据"设备数据 1""设备数据 3"，还能通过物联网卡号获得物联网卡工业 ID "86.110.101/14601101111"，以此获得更多物联网卡的相关信息，完成行业间工业数据融合。

③ eSIM 应用涉及跨运营商的数据交换与融合，eUICC 可承载工业互联网标识和 eID 标识信息，工业互联网标识可关联供应商信息、设备内物联网卡号信息、设备数据存放的 URL 等，eID 标识可关联 eSIM 对应的数据及对应的卡清单服务信息。基于 eSIM 的工业互联网标识跨运营商设备数据融合实现如图 8-20 所示。

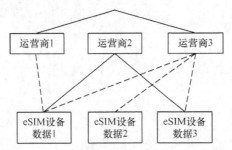

图8-20　基于eSIM的工业互联网标识跨运营商设备数据融合实现

思考题

1. 简要描述工业互联网标识解析概念。
2. 简要描述工业互联网标识解析体系功能架构。
3. 简要描述工业互联网标识解析的流程。
4. 试举例介绍常见的被动标识载体和主动标识载体，并简要描述其主要特征。
5. 简要描述工业互联网标识解析体系部署架构。
6. 试举例说明工业互联网标识解析典型应用案例。

第 9 章 工业互联网安全体系

学习目标

- 了解国内外工业生产网络攻击事件与攻击手段,以及安全威胁主要原因。
- 了解工业互联网安全框架。
- 了解工业控制系统安全防护。
- 了解工业互联网平台应用安全防护。
- 了解工业互联网安全防护应用案例。

9.1 工业网络安全威胁现状

自 1994 年全功能接入国际互联网以来，我国互联网从无到有、从小至大、高速增长，实现了跨越式发展。随着物联网、5G 等新一代信息技术不断地突破创新，互联网发展下一个阶段的发力点逐步由消费领域向生产领域拓展。互联网发展所构建起的虚拟世界，通过移动通信、大数据、云计算等技术间接地促进着社会各领域各环节实现连接融合，进而为经济发展注入了强劲动力。

与消费互联网相比，工业互联网将打通设计、生产、流通、消费与服务环节，广泛实现人与人、人与机器、机器与机器之间的互联互通和信息交换，构建起万物互联、高效运转的智能社会的生产基础。同时，工业互联网的网络化属性使之不可避免地面临网络安全风险。近年来，一系列网络安全事件表明，针对工业系统的网络攻击组织化趋势明显，网络攻击破坏力不断扩大，轻则造成企业的生产停滞，重则影响产业链的上下游连通，对产业整体安全造成严重威胁。电力、交通、石油化工、核工业、矿业、冶金等重要的行业都会采用工业控制系统，在这些行业，针对工业控制系统的攻击行为导致的安全事故对社会的影响和经济损失会更为严重，因此，加强工业互联网安全防护是护航制造业高质量发展的重要保障。

9.1.1 工业网络攻击事件与攻击手段

工业互联网具备开放、互联、跨域、融合等新特点，它打通原本相互孤立的工业设备、系统之间的壁垒，通过网络实现高度互联互通，在极大地提高生产效率的同时，也带来了更为复杂严峻的安全风险。部分工业设备由于过时的保护措施，很容易成为病毒入侵或网络攻击的突破口。传统工业领域相对封闭可信的环境被打破，网络威胁延伸渗透至生产一线，网络攻击或将造成工业生产停滞，影响范围可延伸至整个产业链，严重威胁工业、经济安全。

近年来，全世界范围内工业控制系统攻击事件呈现明显的上升趋势，并且往往会带来严重的后果。工业控制系统漏洞数量也在增加，根据国家信息安全漏洞共享平台（CNVD）数据，工业控制系统漏洞历年增长数量如图9-1所示。

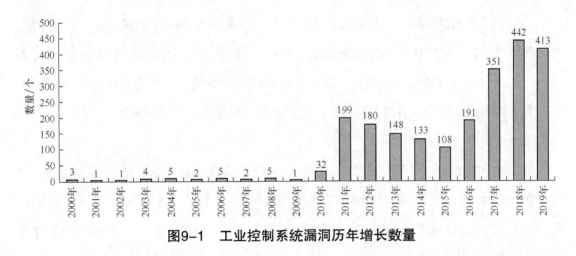

图9-1　工业控制系统漏洞历年增长数量

国家工业信息安全发展研究中心监测，2018年，共收集研判制造业、能源、税务等领域工业控制系统、智能设备、物联网等安全漏洞432个，其中高危漏洞276个，中危漏洞151个，中高危漏洞占比高达99%，远高于传统行业的比例，其中部分硬件级别的漏洞修复较为困难，漏洞高速增长导致攻击方式多元化，加剧行业安全风险。此外，针对工业企业的网络攻击呈现上升趋势。"僵木蠕"病毒、黑客入侵、高级持续性威胁（Advanced Persistent Threat，APT）攻击、拒绝服务、数据篡改等攻击手段推陈出新，安全威胁快速演进。国家互联网应急中心监测，仅2019年上半年，针对我国境内联网工业设备恶意嗅探事件高达5151万起，超过2018年全年的数量，涉及数十家国内外知名厂商的50种设备类型，有效应对工业领域安全风险已经成为国家网络安全防护的重要组成部分。

除了利用工控漏洞、勒索病毒等手段，APT等新型网络攻击手段的威胁更加突出。2019年年初，德国宝马公司受到持续APT攻击，被迫对部分信息系统进行了"脱网"。2019年4月，日本丰田公司的服务器受到黑客攻击，其服务器存储有近310万用户的信息，包括用户姓名、地址、出生日期、身份信息和就业方面的敏感信息。此外，有一些以工控系统为攻击目标的黑客组织通过长期追踪系统的生产商和制造商，获取下游用户的系统访问权限，从而实施攻击或窃取数据。

9.1.2 安全威胁主要原因分析

（1）网络互联导致的潜在攻击威胁

从工业互联网整体网络架构可知，工厂内及工厂间的 IT 与 OT 系统存在广泛的互联，打破了以往 OT 系统相对封闭的安全生态，再加上关键的工业控制系统对国计民生的重要性，近年来已成为攻击的重点对象，工业控制系统所面临的潜在攻击威胁如图 9-2 所示。工业互联网的互联特性，将使其核心工业控制系统面临更多的安全威胁。

（2）攻击方法和手段成熟

首先，当前互联网采用的 TCP/IP 等协议是公开和透明的，其较低的安全防范性能难以抵御网络攻击；其次，工厂内部局域网与工厂外部互联网逐步打通，网络拓扑架构更加复杂多变，传统的企业网络安全域划分方法和防护策略面临挑战；最后，越来越多的领域使用了无线通信技术，其需要满足工业实时性需求，难以实现复杂和兼容的安全机制，极易受到外部入侵和攻击。

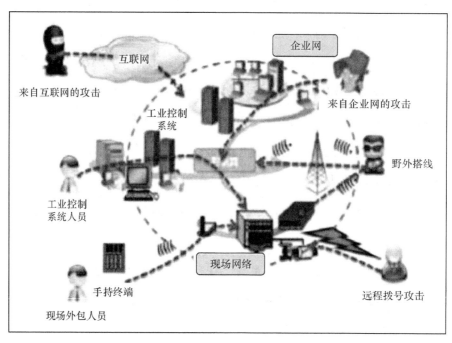

图9-2 工业控制系统所面临的潜在攻击威胁

（3）工业企业网络安全防护能力建设相对滞后

工业企业一定程度上仍存在重发展轻安全的情况，对工业互联网安全缺乏足够的认识。2019 年，国家工业信息安全发展研究中心开展工业企业网络安全专项调研，结果显示，近60%的受访工业企业使用的仍然是防火墙、网关、数据交换网等传统IT网络边界防护技术和安全产品,对于未知风险缺乏预判、防范能力,而使用网络威胁感知系统、渗透测试系统等软硬件系统的企业比例不足20%。

9.2 工业互联网安全体系

9.2.1 工业互联网安全框架

工业互联网安全框架由防护对象、防护措施及防护管理3个视角构成,工业互联网安全框架如图9-3所示。防护对象视角涵盖设备、控制、网络、应用和数据5个方面。防护措施视角包括威胁防护、监测感知和处置恢复三大环节。威胁防护环节针对5个防护对象部署安全防护措施,监测感知和处置恢复环节通过信息共享、监测预警、应急响应等一系列安全措施和机制部署,增强动态安全防护能力。防护管理视角根据工业互联网安全目标对其面临的安全风险进行安全评估,并选择适当的安全策略作为指导,实现防护措施的有效部署。

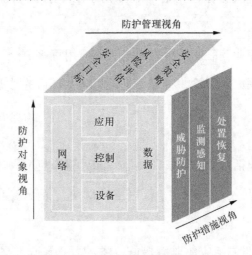

图9-3 工业互联网安全框架

1. 防护对象视角

防护对象视角主要包括设备、控制、网络、应用、数据五大防护对象,防护对象视角如图9-4所示。

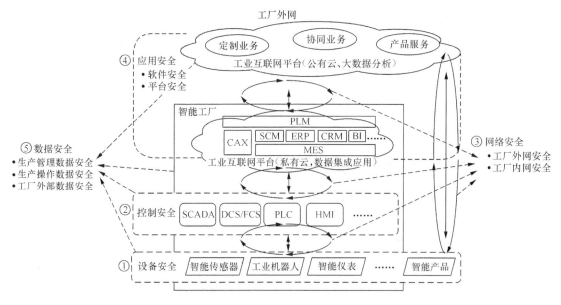

图9-4 防护对象视角

① 设备安全:包括工厂内单点智能器件、成套智能终端等智能设备的安全,以及智能产品的安全,具体涉及操作系统/应用软件安全与硬件安全两个方面。

② 控制安全:包括控制协议安全、控制软件安全及控制功能安全。

③ 网络安全:包括承载工业智能生产和应用的工厂内网、工厂外网及标识解析系统等的安全。

④ 应用安全:包括工业互联网平台安全与工业应用程序安全。

⑤ 数据安全:包括采集、传输、存储、处理等各个环节的数据及用户信息的安全。

2. 防护措施视角

防护措施视角主要包括威胁防护、监测感知和处置恢复三大环节。

① 威胁防护:针对五大防护对象,部署主被动防护措施,阻止外部入侵,构建安全运行环境,消减潜在安全风险。

② 监测感知:是指部署相应的监测措施,主动发现来自系统内外部的安全风险,具体措施包括数据采集、收集汇聚、特征提取、关联分析、状态感知等。

③ 处置恢复:是确保落实工业互联网信息安全管理,支撑工业互联网系统与服务持续运行的保障。通过处置恢复机制,在风险发生时,灾备恢复组织能根据预案及时采取措施,及时恢复现场设备、工业控制系统、网络、工业互联网平台、工业应用程序等的

正常运行，防止重要数据丢失，并通过数据收集与分析机制，及时更新优化防护措施，形成持续改进的防御闭环。处置恢复机制主要包括响应决策、备份恢复、分析评估等。

3. 防护管理视角

防护管理视角包括安全目标、风险评估和安全策略3个方面。

（1）安全目标

工业互联网安全包括保密性、完整性、可用性、可靠性、弹性和隐私安全六大目标，这些目标相互补充，共同构成了保障工业互联网安全的关键特性。

① 保密性：确保信息在存储、使用、传输过程中不会泄露给非授权用户或实体。

② 完整性：确保信息在存储、使用、传输过程中不会被非授权用户篡改，同时还要防止授权用户对系统及信息进行不恰当的篡改，保持信息内外部表示的一致性。

③ 可用性：确保授权用户或实体对信息及资源的正常使用不会被异常拒绝，允许其可靠而及时地访问信息及资源。

④ 可靠性：确保工业互联网系统在其寿命区间内及在正常运行条件下能够正确执行指定功能。

⑤ 弹性：确保工业互联网系统在受到攻击或破坏后恢复正常功能。

⑥ 隐私安全：确保工业互联网系统内用户的隐私安全。

（2）风险评估

为管控风险，必须定期对工业互联网系统的各个安全要素进行风险评估。对应工业互联网整体安全目标，分析整个工业互联网系统的资产、脆弱性和威胁，评估安全隐患导致安全事件的可能性及影响，结合资产价值，明确风险的处置措施，包括预防、转移、接受、补偿、分散等，确保在工业互联网数据私密性、数据传输安全性、设备接入安全性、平台访问控制安全性、平台攻击防范安全性等方面提供可信服务，并最终形成风险评估报告。

（3）安全策略

工业互联网安全防护的总体策略是要构建一个能覆盖安全业务全生命周期的，以安全事件为核心，实现对安全事件"预警、检测、响应"的动态防御体系，能够在攻击发生前进行有效的预警和防护，在攻击中进行有效的攻击检测，在攻击后能快速定位故障，进行有效响应，避免实质损失的发生。

9.2.2 工业设备安全防护

工业互联网的发展使工业设备由机械化向高度智能化转变，并产生了嵌入式操作系统＋微处理器＋应用软件的新模式，这使未来海量智能设备可能会直接暴露在网络攻击之下，面临攻击范围扩大、扩散速度增加、漏洞影响扩大等威胁。

工业设备安全指工厂内单点智能器件及成套智能终端等智能设备的安全，具体应分别从操作系统／应用软件安全与硬件安全两个方面出发部署安全防护措施。

1. 操作系统／应用软件安全

（1）固件安全增强

工业互联网设备供应商需要采取措施对设备固件（操作系统内核、协议栈等）进行安全增强，阻止恶意代码传播与运行。

（2）漏洞修复

设备操作系统与应用软件中出现的漏洞对于设备来说是最直接也是最致命的威胁。设备供应商应对工业现场中常见的设备与装置进行漏洞扫描与挖掘，发现操作系统与应用软件中存在的安全漏洞，并及时对其进行修复。

（3）补丁升级管理

工业企业密切关注重要现场设备的安全漏洞及补丁发布，及时采取补丁升级措施，并在补丁安装前对补丁进行严格的安全评估和测试验证。

2. 硬件安全

（1）硬件安全增强

接入工业网络的现场设备应支持基于硬件特征的唯一标识符。工业互联网平台基于硬件标识，进行身份鉴别与访问控制，确保只有合法的设备能够接入。此外，设备应支持将硬件级部件（安全芯片或安全固件）作为系统信任根，为现场设备的安全启动及数据传输机密性和完整性保护提供支持。

（2）运维管控

工业互联网企业在工业现场网络重要控制系统(例如机组主控 DCS 系统)的工程师站、操作员站和历史站部署运维管控系统，实现对外部存储器（例如 U 盘）、键盘和鼠标等使用 USB 接口的硬件设备的识别，对外部存储器的使用进行严格控制，同时，注意部署的运维管控系统不能影响生产控制区各系统的正常运行。

9.2.3 工业控制系统安全防护

工业控制系统由各种自动化控制组件和实时数据采集、监测的过程控制组件共同构成，常见的工业控制系统有 SCADA 系统、DCS、安全仪表系统（Safety Instrumented System，SIS）和其他一些小型控制系统装置，例如 PLC 等。

传统工业控制系统的出现时间要早于互联网，它需要采用专用的硬件、软件和通信协议，设计上以保障物理安全为主，对通信安全问题缺少考虑。互联网技术出现后，工业控制网络中开始采用 TCP/IP 技术，使工业控制系统网络与信息系统网络互联，增加了安全风险。此外，工业控制系统的应用软件类型多样，各工业控制系统厂家开发了自己的组态软件，缺少统一的安全要求和规范，存在潜在的安全漏洞。

工业控制系统安全防护主要包括控制协议安全和控制软件安全两个方面。

1. 控制协议安全

（1）身份认证

为了确保工业控制系统执行的控制命令来自合法用户，必须对使用系统的用户进行身份认证，未经认证的用户发出的控制命令不被执行。在控制协议通信过程中，需要加入认证方面的约束，避免攻击者通过截获报文获取合法地址建立会话，影响控制过程安全。

（2）访问控制

不同类型的操作需要不同权限的认证用户来实现，如果没有基于角色的访问机制，没有对用户权限进行划分，则会导致任意用户可以执行任意功能。

（3）传输加密

在设计控制协议时，应根据具体情况，采用适当的加密措施，保证通信双方的信息不被第三方非法获取。

（4）健壮性测试

控制协议在应用到工业现场之前应通过健壮性测试，测试内容可包括风暴测试、饱和测试、语法测试、模糊测试等。

2. 控制软件安全

（1）软件防篡改

工业控制软件包括数据采集软件、组态软件、过程监督与控制软件、单元监控软件、过程优化软件、专家系统等类型。软件防篡改是保障控制软件安全的重要环节，具体措施包括以下4种。

① 在投入使用前应进行代码测试，以检查软件中的公共缺陷。

② 采用完整性校验措施对控制软件进行校验，及时发现软件中存在的篡改情况。

③ 对控制软件中的部分代码进行加密

④ 做好控制软件和组态程序的备份工作。

（2）认证授权

控制软件的应用要根据使用对象的不同设置不同的权限，以最小的权限完成各自的任务。

（3）恶意软件防护

对于控制软件应采取恶意代码检测、预防和恢复的控制措施。控制软件恶意代码防护具体措施如下。

① 在控制软件上安装恶意代码防护软件或独立部署恶意代码防护设备，并及时更新恶意代码防护软件和修复软件版本及恶意代码库，更新前应进行安全性和兼容性测试。防护软件包括病毒防护、入侵检测、入侵防御等具有病毒查杀和阻止入侵行为的软件；防护设备包括防火墙、网闸、入侵检测系统、入侵防御系统等具有防护功能的设备。应注意防止在实施维护和紧急规程期间引入恶意代码。

② 采用具有白名单机制的产品，构建可信环境，抵御零日漏洞和有针对性的攻击。

（4）补丁升级更新

工业控制软件的变更和升级需要在测试系统中仔细测试，并制订详细的回退计划。对重要的补丁需要尽快测试和部署。对于服务包和一般补丁，仅对必要的进行测试和部署。

（5）漏洞修复加固

及时对工业控制软件中出现的漏洞进行修复或采用其他替代解决方案，例如关闭可能被利用的端口等。

（6）协议过滤

采用工业防火墙对协议进行深度过滤，对工业控制软件与设备间的通信内容进行实时跟踪，同时确保协议过滤不得影响通信性能。

（7）安全监测审计

对工业互联网中的控制软件进行安全监测审计，可及时发现网络安全事件，避免发生安全事故，并可以为安全事故的调查提供翔实的数据支持。

9.2.4 工业互联网网络安全防护

工业互联网网络安全防护包括工厂内网、工厂外网及标识解析系统3个方面，主要包括边界安全防护、接入认证、通信内容防护、通信设备防护、安全监测审计等多种防护措施，构建全面的网络安全防护体系。

1. 网络边界安全

根据工业互联网中网络设备和业务系统的重要程度，整个网络可划分为不同的安全域，形成纵深防御体系。安全域是一个逻辑区域，同一安全域中的设备资产具有相同或相近的安全属性，例如安全级别、安全威胁、安全脆弱性等，同一安全域内的系统相互信任。在安全域之间采用网络边界控制设备，以逻辑串接的方式进行部署，对安全域边界进行监视，识别边界上的入侵行为并进行有效阻断。

2. 网络接入认证

接入网络的设备与标识解析节点应该具有唯一性标识，网络应对接入的设备与标识解析节点进行身份认证，保证合法接入和合法连接，对非法设备与标识解析节点的接入行为进行阻断与告警，形成网络可信接入机制。网络接入认证可采用基于数字证书的身份认证等机制来实现。

3. 通信和传输保护

通信和传输保护是指采用相关技术手段来保证通信过程中的机密性、完整性和有效性，防止数据在网络传输过程中被窃取或篡改,并保证合法用户对信息和资源的有效使用。同时,在标识解析体系的建设过程中,需要对解析节点中存储及在解析过程中传输的数据进行安全保护,具体包括以下措施。

① 通过加密等方式保证非法窃取的网络传输数据无法被非法用户识别和提取有效信息,确保数据加密不会对任何其他工业互联网系统的性能产生负面影响。在标识解析体系的各类解析节点与标识查询节点之间建立解析数据安全传输通道,采用加密算法及加密设备,为标识解析请求及解析结果的传输提供机密性与完整性保障。

② 网络传输的数据采取校验机制,确保被篡改的信息能够被接收方有效鉴别。

③ 应确保接收方能够接收到网络数据,并且能够被合法用户正常使用。

4. 网络设备安全防护

为了提高网络设备与标识解析节点自身的安全性,保障其正常运行,网络设备与标识解析节点需要采取一系列安全防护措施,主要如下。

① 对登录网络设备与标识解析节点进行运维的用户进行身份鉴别,并确保身份鉴别信息不易被破解与冒用。

② 对远程登录网络设备与标识解析节点的源地址进行限制。

③ 对网络设备与标识解析节点的登录过程采取完备的登录失败处理措施。

④ 启用安全的登录方式,例如安全外壳(Secure Shell,SSH)或超文本传输安全协议(Hypertext Transfer Protocol Secure,HTTPS)等。

5. 安全监测审计

网络安全监测指通过漏洞扫描工具等方式探测网络设备与标识解析节点的漏洞情况,并及时提供预警信息。网络安全审计指通过镜像或代理等方式分析网络与标识解析系统中的流量,并记录网络与标识解析系统中的系统活动和用户活动等各类操作行为及设备运行信息,发现系统中现有的和潜在的安全威胁,实时分析网络与标识解析系统中发生的安全事件并告警。

9.2.5 工业互联网平台应用安全防护

工业互联网平台应用安全主要包括工业互联网平台与工业应用程序两个方面。目前工业互联网平台面临的安全风险主要包括数据泄露、篡改、丢失、权限控制异常、系统漏洞利用、账户劫持、设备接入安全等。对于工业应用程序来说,最大的风险来自安全漏洞,包括开发过程中编码不符合安全规范而导致的软件本身的漏洞及使用不安全的第三方库而出现的漏洞等。工业互联网平台应用安全防护措施如下。

1. 平台安全

(1)安全审计

安全审计主要是指对平台中与安全有关的活动的相关信息进行识别、记录、存储和分析。平台建设过程中应考虑具备一定的安全审计功能,将平台与安全有关的信息进行有效识别、充分记录、长时间的存储和自动分析。能对平台的安全状况做到持续、动态、实时、有依据的安全审计,并向用户提供安全审计的标准和结果。

(2)认证授权

工业互联网平台用户分属不同企业,需要采取严格的认证授权机制保证不同用户能够访问不同的数据资产。同时,认证授权需要采用更加灵活的方式,确保用户间可以通过多种方式将数据资产分模块分享给不同的合作伙伴。

(3)分布式拒绝服务防御

部署分布式拒绝服务(Distributed Denial of Service,DDoS)防御系统,在遭受 DDoS 攻击时,保证平台用户的正常使用。平台抗 DDoS 的能力应在用户协议中作为产品技术参数的一部分被明确指出。

(4)安全隔离

平台不同用户之间需要采取必要的措施实现充分隔离,防止蠕虫病毒等安全威胁通过平台向不同用户扩散。平台不同应用之间也要采用严格的隔离措施,防止单个应用的漏洞影响其他应用甚至整个平台的安全。

(5)安全监测

应对平台实施集中、实时的安全监测,监测内容包括各种物理和虚拟资源的运行状态等。通过对系统运行参数(例如网络流量、主机资源和存储等)及各类日志进行分析,确保工业互联网平台提供商可执行故障管理、性能管理和自动检修管理,从而实现平台运行状态的实时监测。

（6）补丁升级

工业互联网平台搭建在众多底层软件和组件基础之上。由于工业生产对于运行连续性的要求较高，中断平台运行进行补丁升级的代价较大。因此平台在设计之初就应当充分考虑如何对平台进行补丁升级的问题。

（7）虚拟化安全

为避免虚拟化出现安全问题影响上层平台的安全，在平台的安全防护中要充分考虑虚拟化安全。虚拟化安全的核心是实现不同层次及不同用户的有效隔离，其安全增强可以通过采用虚拟化加固等防护措施来实现。

（8）通用 PaaS 资源调度安全

对工业互联网平台通用 PaaS 资源调度的相关服务进行安全加固，避免通用 PaaS 组件出现安全缺陷为平台引入安全威胁。

2. 工业应用程序安全

（1）应用开发环境安全

确保工业应用开发框架、工具和第三方组件的安全，避免工业应用开发环境被恶意代码污染而出现安全隐患。

（2）代码审计

代码审计指检查源代码中的缺点和错误信息，分析并找到这些问题引发的安全漏洞，并提供代码修订措施和建议。工业应用程序在开发过程中应该进行必要的代码审计，发现代码中存在的安全缺陷并给出相应的修补建议。

（3）漏洞发现

漏洞发现是指基于漏洞数据库，通过扫描等手段对指定工业应用程序的安全脆弱性进行检测，发现可利用漏洞的一种安全检测行为。在应用程序上线前和运行过程中，要定期对其进行漏洞发现，及时发现漏洞并采取补救措施。

（4）审核测试

对工业应用程序进行审核测试是为了发现功能和逻辑上的问题。在上线前对其进行必要的审核测试，有效避免信息泄露、资源浪费或其他影响应用程序可用性的安全隐患。

（5）行为监测和异常阻止

对工业应用程序进行实时的行为监测，通过静态行为规则匹配或者机器学习的方法，发现异常行为，发出警告或者阻止高危行为，从而降低影响。

9.2.6　工业互联网数据安全防护

工业互联网数据涉及数据采集、传输、存储、处理等各个环节。随着工厂数据由少量、单一、单向向大量、多维、双向转变，工业互联网数据体量不断增大、种类不断增多、结构日趋复杂，并出现数据在工厂内网与外网之间的双向流动共享。由此带来的安全风险主要包括数据泄露、非授权分析、用户个人信息泄露等。

对于工业互联网的数据，应采取明示用途、数据加密、访问控制、业务隔离、接入认证、数据脱敏等多种安全防护措施，覆盖包括数据收集、传输、存储、处理在内的全生命周期的各个环节。

1. 数据收集

工业互联网平台应遵循合法、正当、必要的原则收集与使用数据及用户信息，公开数据收集和使用的规则，向用户明示收集使用数据的目的、方式和范围，经过用户的明确授权同意并签署相关协议后才能收集相关数据。授权协议必须遵循用户意愿，不得以拒绝提供服务等形式强迫用户同意数据采集协议。

2. 数据传输

为防止数据在传输过程中被窃听而泄露，工业互联网服务提供商应根据不同的数据类型及业务部署情况，采用有效手段确保数据传输安全。例如，通过安全套接字层（Secure Socket Layer，SSL）保证网络传输数据信息的机密性、完整性与可用性，实现对工业现场设备与工业互联网平台之间、工业互联网平台中虚拟机之间、虚拟机与存储资源之间及主机与网络设备之间的数据安全传输，并为平台的维护管理提供数据加密通道，保障维护管理过程的数据传输安全。

3. 数据存储

（1）访问控制

数据访问控制需要保证不同安全域之间的数据不可直接访问，避免存储节点的非授权接入，同时避免对虚拟化环境数据的非授权访问。

① 存储业务的隔离。借助交换机，将数据根据访问逻辑划分到不同的区域内，使不同区域中的设备相互间不能直接访问，从而实现网络中设备之间的相互隔离。

② 存储节点接入认证。对于存储节点的接入认证，可通过成熟的标准技术来实现，包括互联网小型计算机系统接口（Internet Small Computer System Interface，iSCSI）协议本身的资源隔离、挑战握手认证协议（Challenge Handshake Authentication Protocol，CHAP）等，也可通过在网络层面划分 VLAN 或设置访问控制列表等来实现。

③ 虚拟化环境数据访问控制

在虚拟化系统上对每个卷定义不同的访问策略，以保障没有访问该卷权限的用户不能访问，各个卷之间互相隔离。

（2）存储加密

工业互联网平台运营商可根据数据敏感度采用分级的加密存储措施（例如不加密、部分加密、完全加密等）。平台运营商按照国家密码管理有关规定使用和管理密码设施，并按规定生成、使用和管理密钥。同时针对数据在工业互联网平台之外加密之后再传输到工业互联网平台中存储的场景，应确保工业互联网平台运营商或任何第三方无法对用户的数据进行解密。

（3）备份和恢复

工业互联网服务提供商应当根据用户业务需求及与用户签订的服务协议制定必要的数据备份策略，定期对数据进行备份。当发生数据丢失事故时能及时恢复一定时间前备份的数据，从而降低用户的损失。

4. 数据处理

（1）使用授权

数据处理过程中，工业互联网服务提供商要严格按照法律法规及在与用户约定的范围内处理相关数据，不能扩大数据使用范围，使用中要采取必要的措施防止用户数据泄露。

（2）数据销毁

在重新分配资源给新的租户之前，必须对存储空间中的数据进行彻底擦除，防止数据被非法恶意恢复。

（3）数据脱敏

当工业互联网平台中存储的工业互联网数据与用户个人信息需要从平台中输出或与第三方应用进行共享时，应当在输出或共享前对这些数据进行脱敏处理。脱敏采取不可恢复的手段，避免数据分析方通过其他手段对敏感数据复原。

9.3 工业互联网安全防护应用

9.3.1 汽车制造工厂安全防护案例

1. 案例背景

近年来，我国制造业取得了巨大进步，工业控制系统已经成为国家先进制造和关键基础设施的重要组成部分。以前的工业控制网络与企业管理信息网络是物理隔离的。随着工业化和信息化深度融合，越来越多的工业控制网络实现与企业管理信息网络的互联互通。在企业实现管控一体的同时，两个网络之间的数据交换很可能导致来自互联网的外部攻击通过企业办公网络渗透到工业控制网络，从而形成很大的安全威胁。

病毒问题一直是威胁工业控制系统主机安全的棘手问题。国内某知名新能源汽车制造企业遭受病毒侵袭，生产线几台上位机莫名出现频繁蓝屏死机现象，并迅速蔓延至整个生产园区内的大部分上位机，生产线被迫停止生产。该企业日产值超百万元，停产造成的直接损失严重，虽然信息安全部门采取了若干紧急处理措施，但收效甚微。工业现场的上位机大多老旧，服役10年以上仍在运行的主机也很常见，而工业现场的相对封闭性使补丁升级、病毒处理变成一件很复杂的事情。工业生产的稳定性往往会因为上位机脆弱而面临挑战，上位机一旦感染病毒就会造成巨大影响。

2. 安全风险

该企业生产网络与办公网络连通，未部署安全防护措施，生产线上位机运行异常，由于上位机操作系统都是老旧的 Windows XP，感染病毒之后频繁蓝屏重启，无法在问题终端采样进行病毒分析。安全保护服务人员在生产网络核心交换机位置旁路部署工业安全检查评估系统，对生产网络数据流量进行检测，该设备基于行业领先的安全大数据能力生成多维度海量恶意威胁情报数据库，对工业控制网络进行自动化数据采集与关联分析，识别网络中存在的各种安全威胁。借助工业安全检查评估系统的检测分析能力，判定该企业上位机感染了"永恒之蓝"蠕虫病毒（也被称为 WannaCry 病毒）。问题处理及安全防护示意如图 9-5 所示。

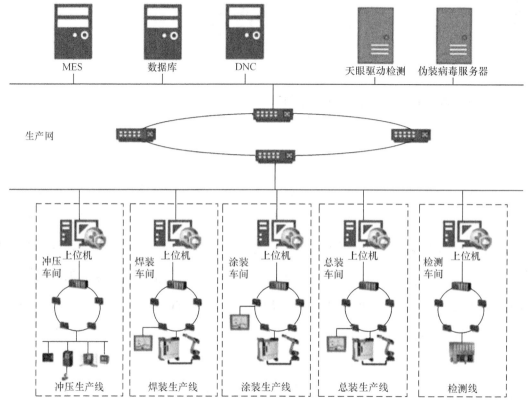

图9-5　问题处理及安全防护示意

3. 安全解决方案

第一，应急处置。安全保护服务人员发现上位机感染 WannaCry 病毒之后，为了避免上位机中数据被加密带来进一步的危害，在生产网络中紧急部署一台伪装病毒服务器，域名设定为病毒网站，并通过策略设置将生产网上位机 DNS 指向此伪装服务器，阻止了 WannaCry 病毒的后续影响。该企业生产园区占地范围很大，感染病毒的上位机几乎遍布整个园区，单纯依靠人力难以逐一定位问题终端。工业安全检查评估工具箱在此过程中发挥了巨大作用，不仅给出了感染病毒的准确研判，而且详细统计出所有问题终端的 IP 地址和 MAC 地址，结合企业提供的资产清单，安全保护服务人员和厂方技术人员很快确定了绝大部分问题终端的具体位置。

第二，定位之后，安全保护服务人员即刻赶往最近的问题终端，第一时间关闭了 445 端口，避免病毒进一步扩散，经过与厂方生产技术工程师细致沟通，得知以下信息。

① 上位机硬件配置资源有限，无法安装杀毒软件。

② 专用的生产软件对操作系统版本有严格限制，无法对操作系统进行打补丁操作。

③ 重装系统会导致专用软件授权失效，带来经济损失。

结合上述信息，安全保护服务人员只能对问题终端采取杀毒处理。为了避免杀毒过程中对上位机系统和数据造成影响，安全保护服务人员首先备份了问题终端系统及数据，然后用 WannaCry 病毒专杀工具进行杀毒处理，清除感染的病毒。

第三，安全加固。为了避免处理完成的上位机再次感染病毒，安全保护服务人员在上位机上部署了工业主机防护软件，该软件基于轻量级"应用程序白名单"技术，能够智能学习并自动生成工业主机操作系统及专用工业软件正常行为模式的"白名单"防护基线，放行正常的操作系统进程及专用工业软件，主动阻断未知程序、木马病毒、恶意软件、攻击脚本等运行，为工业主机创建干净安全的运行环境。

同时，为了避免 U 盘混用带来的病毒串扰风险，安全保护服务人员利用工业主机防护软件对 U 盘使用进行合法性注册和读写控制策略配置，仅允许生产技术工程师专用的 U 盘识别和使用。此外，为了限制 Windows 网络共享协议相关端口开放带来的风险，安全保护服务人员通过访问控制列表（Access Control List，ACL）策略配置关闭了 TCP 端口 135、139、445 和 UDP[1] 端口 137、138，并关闭存在高危风险的服务。以上病毒清除和安全加固手段不仅解决了 WannaCry 病毒带来的蓝屏重启问题，而且极大地提升了上位机的主动防御能力，实现了上位机从启动、加载到持续运行全生命周期的安全保障。

9.3.2 卷烟生产工厂安全防护案例

1. 案例背景

烟草行业在生产系统中使用了大量工业控制系统，在信息化和工业化融合的大趋

---

[1] UDP：User Datagram Protocol，用户数据报协议。

势下，行业中的工业控制网络与办公网络的互联互通是一个必然的趋势。从烟草行业普遍性角度来看，工业控制网络与办公网络的连接基本上没有进行逻辑隔离和检测防护，工业控制网络不具备任何发现、防御外部攻击行为的手段，外部威胁源一旦进入公司的办公网络，则可以畅通无阻地连接到工业网络的现场控制层网络，直接影响工业生产。另外，工业控制网络内部设备（例如各类操作站、终端等）大部分采用 Windows 系统，为保证工业软件的稳定运行无法进行系统升级，甚至不能安装杀毒软件，存在大量漏洞。在自身安全性不高的情况下运行，工业控制系统的安全风险不言而喻。

某烟草公司在工业控制安全建设方面存在一些亟待解决的问题，制丝、卷包、物流、动力这几个工业控制系统的安全防护措施存在不足。控制网络边界访问控制策略缺失，服务器或操作站感染病毒后，很可能迅速通过控制网络传播到其他设备，直接影响 HMI、PLC 等设备的正常运行。此外，公司对整个制丝集控网络中存在的风险情况不能及时掌握，缺少针对工业控制异常行为的检测手段，亟须加强工业控制安全建设以提高防护水平，确保卷烟生产安全有序进行。

2. 安全风险

通过对该烟草公司制丝、卷包、物流、动力 4 类工业控制系统的现状进行分析后，发现该烟草公司工业控制系统目前存在以下风险。

（1）管理网和生产网互联，管理网风险容易引入生产网

随着工业控制系统的集成化越来越高，烟草生产系统中各个子系统的互联程度大大提高。管理网中的 MES 需要与制丝、卷包、物流、动力各个车间互联，向各个车间下发生产数据。但管理网和生产网边界访问控制策略缺失等问题导致管理网服务器感染病毒后，病毒可以迅速通过工业控制网络传播到现场控制设备，直接使操作员站、工程师站发生故障，影响正常生产。

（2）网络访问关系无审计

由于工业控制系统的特殊性，设备之间访问关系及访问所使用的协议、端口都比较固定，如果出现设备间的异常访问，则应及时关注是否为入侵行为。该烟草公司有些工业控制系统经过多次技改建设，存在整个工业控制系统内设备间访问关系不明确的现象，目前

没有任何网络层面和业务层面对系统内设备异常访问的发现及审计。

（3）工业控制设备存在风险

该烟草公司现场所使用的 PLC 及所使用的主要组态软件在投产运行后未进行过更新，存在着大量漏洞，时刻威胁着工业控制设备正常运行。

（4）工业协议存在风险

目前，该烟草公司工业控制系统中所使用的工业协议更多考虑协议传输的实时性等，但是在安全性方面考虑不足，存在着信息泄露或指令被篡改等风险。

（5）缺乏统一监控管理

目前，该烟草公司缺乏统一有效的信息安全监控工具对工业控制系统中的网络设备、服务器、数据库等进行有效的安全监控和管理，在工业控制系统和工业控制网络的设备出现故障时，不能提供及时地进行预警和故障定位，造成排障时间较长。

3. 安全解决方案

本方案的整体思路主要依据行业网络安全"分级分域、整体保护、积极预防、动态管理"的总体策略。首先，对该烟草公司的整个工业控制系统进行全面的风险评估，掌握目前工业控制系统风险现状。通过管理网和生产网隔离，确保生产网不会引入来自管理网的风险，保证生产网边界安全。其次，在各车间内部工业控制系统进行一定手段的监测、防护，保证车间内部安全。最后，对整个工业控制系统进行统一安全呈现，将各个防护点组成一个全面的防护体系，保证整个工业控制系统安全稳定运行。

（1）全面风险评估

对烟草公司整个工业控制网络的评估过程如图 9-6 所示。

在技术方面，从应用、网络、上位机、下位机 4 个层面展开评估。在管理方面，从合规、组织与人员、风险管理、安全策略、业务连续性、第三方管理等方面展开评估。最终通过风险评估准确了解工控网络系统安全现状，详细掌握工业控制系统威胁和风险。通过评估结果，找出工业控制安全的具体建设需求，以便真正满足企业的实际情况，为进一步提出安全建议提供有力支撑。通过评估找出安全隐患的处理优先级，以确保工业控制安全建设的阶段，合理规划工业控制安全建设和安全投入。

（2）管理网和生产网隔离

风险分析中已经说明了管理网和生产网互联互通存在的风险。针对这一问题，本解决方案在该烟草公司各车间工业控制系统生产网和管理网之间部署工业防火墙，进行管理网和生产网的逻辑隔离，对两网间的数据交换进行安全防护，确保生产网不会引入管理网面临的风险。

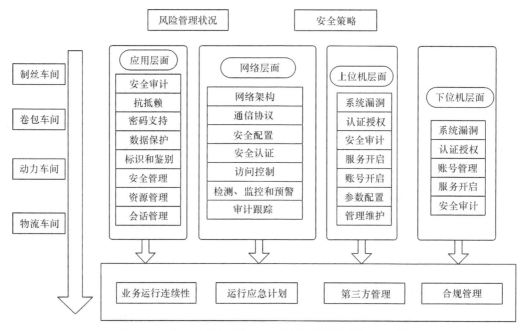

图9-6　对烟草公司整个工业控制网络的评估过程

（3）各车间内监测与防护

车间内部主要包括 5 个方面的风险：① 各类操作站的安全风险；② 网络访问关系不明确；③ PLC 等工控设备安全风险；④ 通信协议存在风险；⑤ 无线通信安全性不足。

针对各方面风险采取对应的防护手段如下。

① 在操作员站、工程师站、HMI 等各类操作站部署安全系统对主机的进程、软件、流量、U 盘的使用等进行监控，防范主机非法访问网络其他节点。

② 部署工业异常监测系统，监测工业控制网络的相关业务异常和入侵行为，通过工业控制网络中的流量关系图形化展示梳理发现网络中的故障，出现异常及时报警。

③ 部署工业漏洞扫描系统，发现各类操作系统、组态软件及工业交换机、PLC 等存在的漏洞，为车间内各类设备、软件提供完善的漏洞分析检测。

④ 在 PLC 前端部署工业防火墙，对 PLC 进行防护。

⑤ 在车间现场通过部署 Wi-Fi 入侵检测设备，对烟草工业控制系统中的 AGV 等其他无线网络设备进行安全防护。

（4）统一安全管理

对于管理人员来说，面对整个企业各个车间内繁多的各类工业控制网络设备、服务器、操作站及安全设备，如何高效管理，掌握各个点的风险现状，能够对整个工业控制系统安全现状统一掌握，及时处理各类设备故障与威胁同样是工业控制安全中建设至关重要的一环。

针对这一情况，通过在生产执行层部署工业控制信息安全管理系统，对烟草生产中各个车间工业控制系统进行可用性、性能和服务水平的统一监控管理，包括各类主机、服务器、现场控制设备及各类网络设备、安全设备的配置，以及事件分析、审计、预警与响应，风险及态势的度量与评估，对整个系统面向业务进行主动化、智能化安全管理，保障烟草工业控制系统整体持续安全运营。管理人员需要及时掌握丝叶生产系统的整体安全状况及系统中的操作站、服务器、PLC、安全设备的运行状态。

全面风险评估可让生产运维人员和管理人员清晰地获悉工业控制网络中的风险，以便提前做到适度防护，提升运维人员效率，为管理人员对安全的规划提供了有力的支撑。通过生产网和管理网隔离实现了对 MES 到制丝、卷包等车间的访问控制，阻断来自管理网的非法行为。多项安全防护措施能够有效保障工业控制系统中的网络、主机应用等各个层面的多数安全问题发生，降低公司生产业务中断的风险。

9.3.3 电站信息安全监管与预警平台建设案例

1. 案例背景

近年来，电力行业中的自动化与控制系统的网络安全问题受到关注与重视。网络安全防护措施至关重要。在过去的 10 年内，包括水电站在内的各种电站均配有自动化保护与控制系统。基于开放式标准并采用可靠以太网技术进行开发，使不同厂家间的产品和系统实现了操作互通。系统越来越复杂，互联也越来越多，为电站的运行人员提供了更多信息，进一步提高了实时监控水平。该变化不是发生在单个电站,而是涉及整个公用设施系统。伴随着电力能源市场中电站控制系统、调度和交易系统之间网络通信应用的稳步发展,公用设施系统发展也与时俱进。从经营角度来看,先进技术带来了巨大效益,但与传统工业控制系统面临的问题类似,电站也面临网络安全威胁。

过去几年来,电力领域网络攻击事件显著增多,控制系统中的漏洞也越来越多。因此如何更有效地结合水电站既有防护措施和业务系统,提高安全防护等级,保障业务持续稳定,是一个需要考虑的关键问题。

某水电站工程以发电为主,兼有防洪、灌溉、拦沙及航运等综合利用效益。

2. 安全风险

现某水电站生产控制系统中,生产控制大区与管理信息区已实现单向隔离,已与某集控中心、某省中调和南网总调远动通道实现纵向加密,控制Ⅰ区与Ⅱ区通过南网调度数据网实现逻辑隔离。但与此同时,当前的安全措施也存在一定的不足,网络边界防护、监控大区病毒防护、安全审计、操作系统加固等还不完善。

① 目前水电站内各系统(各机组测温系统、开关站系统、共用系统、水电站用电系统和坝区系统等)之间未进行有效的网络隔离,可随意互访,单区域或单节点遭受病毒感染或恶意攻击将直接影响其他区域的正常运转,尤其是底层控制系统,需要按照相关要求采取安全隔离措施,防范病毒扩散及恶意攻击行为对其他系统造成影响。

② 随着水电站智能化、信息化等新技术的应用,"无人值班,少人值守"的远程监控管理模式快速发展,机组和远方集控中心通过网络进行数据及控制指令传输,使生产控制大区遭受攻击的风险增加,需要采取相应手段对关键指令下发及误操作等行为进行实时监测和告警。

③ 水电站生产控制系统中的管理终端(例如服务器、工程师站、操作员站等)存在移动介质、串口设备、并口设备等外设滥用和主机安全策略配置级别较低的情况,需要采取有效措施对移动U盘等外设的使用进行管理,并增强主机安全防护能力。

④ 水电站在执行特定工作(例如系统调试和维护)时,需要通过本地或远程方式接入第三方设备,需要对接入的人员及终端设备采取有效的安全监管措施,需要重点管控维护过程中的关键操作行为并对所有操作行为进行取证。

3. 安全解决方案

经过对现场网络结构、主机设备、系统软件、安全设备等运行情况进行安全调研和分析，识别出系统资产和脆弱性，确认了水电站现场存在的安全隐患和安全防护缺失项，明确了采用自主可控的工控安全核心技术的路线。为加强对水电站网络安全防护，构建的安全防护方案如下。

① 在各机组现地控制单元（Local Control Unit, LCU）与控制网络之间部署工控防火墙，通过对 Modbus 协议进行深度解析与"白名单"控制，有效保护水电站使用的 PLC，防止针对 PLC 漏洞的恶意攻击行为及违规操作。

② 在水电站环网交换机上旁路部署工业控制安全监测与审计系统，对控制网络中的流量进行实时监测，特别是异常指令下发、违规操作等行为。

③ 在旁路部署入侵检测设备，通过收集和分析网络行为、安全日志、审计数据、其他网络上可以获得的信息及计算机系统中若干关键点的信息，检查网络或系统中是否存在违反安全策略的行为和被攻击的迹象。

④ 在主控层的工程师站、操作员站和服务器上部署主机加固系统，对系统中安全相关的设置进行全面扫描及策略设置，对关键业务进程、程序予以保护，建立"白名单"库，将普通操作系统提升为安全操作系统，大大提高工业主机的安全性。

⑤ 在控制环网交换机上部署安全运维管理系统，实现账号统一管理、资源和权限统一分配、操作全程审计，提升运维过程的安全性。

⑥ 通过统一安全管理平台对所部署的安全设备进行统一的安全管理，包括策略下发、日志审计、报警展示等，简化运维管理工作流程，提高运维管理工作效率。水电站安全防护方案如图 9-7 所示。

基于可信任网络"白环境"和"白名单"防护理念，以自主可控的核心技术投入，以完全符合工业现场的产品设计，为该水电站构筑"安全白环境"整体防护体系，保护该电站生产控制系统信息安全监管与预警平台系统设施的稳定运行。

该方案的实施效果如下。

① 有效检测工业网络中的通信异常和协议异常并进行阻断，实现控制系统的安全网络隔离、访问控制及专用工业控制协议的深度解析，避免关键控制设备被攻击，防止造成重大生产事故。

工业互联网基础

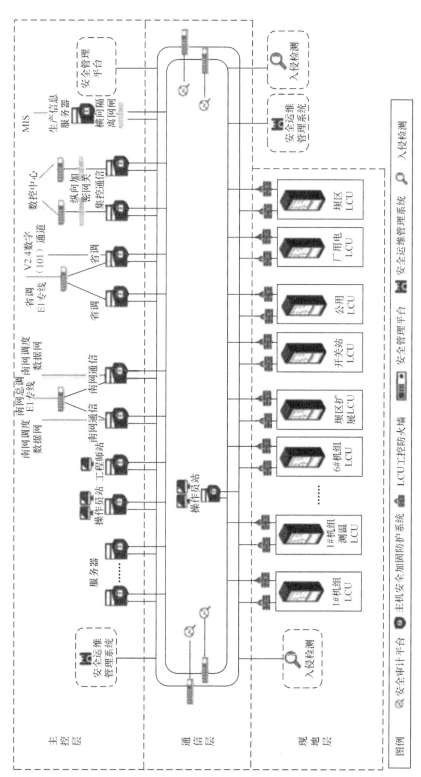

图9-7 水电站安全防护方案

② 对服务器日常访问、操作进行监控和审计，实现对用户运维过程的标准化管理。

③ 实时监测针对工业协议的网络攻击、用户误操作、用户违规操作、非法设备接入及蠕虫病毒等恶意软件的传播，及时采取应对措施，避免发生安全事故。

④ 对工业控制网络中的安全设备和系统统一管理，减少管理人员的工作量，降低企业人力资源的投入，通过技术手段弥补人工管理方式上的不足，提高企业工业控制网络安全管理效率。

思考题

1. 简要描述工业互联网安全威胁的主要原因。
2. 从防护对象、防护措施及防护管理3个视角分析工业互联网安全框架。
3. 简要描述工业设备安全防护中可采用的安全机制。
4. 工业控制系统安全防护主要包括哪些方面，并进行具体阐述。
5. 工业互联网网络安全防护主要包括哪些方面？
6. 从平台安全和应用程序安全两个方面分析工业互联网平台安全防护。
7. 简要描述在数据的各个生命周期内所采取的安全防护措施。
8. 结合实际案例简要分析生产中的安全风险并给出安全防护措施。

第 10 章 工业互联网应用

学习目标

- 了解工业互联网典型应用模式。
- 了解企业数字化转型解决方案。
- 了解工业互联网在产业集群中的应用。

10.1 工业互联网典型应用模式

《工业互联网创新发展行动计划（2021—2023年）》指出我国工业互联网发展成效显著，2018—2020年起步期的行动计划全部完成，部分重点任务和工程超预期，网络基础、平台中枢、数据要素、安全保障作用进一步显现，同时该文件也明确规划了新型模式培育行动内容。

（1）发展智能化制造

鼓励大型企业加大5G、大数据、人工智能等数字化技术应用力度，全面提升研发设计、工艺仿真、生产制造、设备管理、产品检测等智能化水平，实现全流程动态优化和精准决策。

（2）加强网络化协同

支持龙头企业基于平台广泛连接，汇聚设备、技术、数据、模型、知识等资源，打造贯通供应链、覆盖多领域的网络化配置体系，发展协同设计、众包众创、共享制造、分布式制造等新模式。

（3）推广个性化定制

鼓励消费品、汽车、钢铁等行业企业基于用户数据分析挖掘个性需求，打造模块化组合、大规模混线生产等柔性生产体系，促进消费互联网与工业互联网打通，推广需求驱动、柔性制造、供应链协同的新模式。

（4）拓展服务化延伸

支持装备制造企业搭建产品互联网络与服务平台，开展基于数字孪生、人工智能、区块链等技术的产品模型构建与数据分析，打造设备预测性维护、装备能效优化、产品衍生服务等模式。

（5）实施数字化管理

推动重点行业企业打通内部各管理环节，打造数据驱动、敏捷高效的经营管理体系，推进可视化管理模式普及，开展动态市场响应、资源配置优化、智能战略决策等新模式应用探索。

10.1.1 智能化制造

江西铜业集团贵溪冶炼厂（以下简称贵冶）是目前世界上最大的单体铜冶炼工厂，经过30余年的发展，贵冶多项技术经济指标位居世界前列，管理技术水平处于行业领先地位。在"巩固冶炼"战略的要求下，贵冶发展面临着原材料、人力资源等生产成本上升，资源环境承载能力接近上限，环境约束进一步增强，自主创新能力亟待提高等一系列问题。

贵冶未来在生产管理的精益化、自动化、标准化上深入发展，站在全流程的角度进行更多工序的集成优化和协同运作。以物联网、大数据、云计算为代表的新一代信息通信技术与工业的融合发展，以及以智能化、网络化、自动化为核心特征的智能工厂模式正在成为产业发展和变革的重要方向，是实现工厂转型升级、提质增效、绿色发展的重要途径。基于上述背景，贵冶与用友网络合作启动"铜冶炼智能工厂"项目，打造贵冶智能工厂。

贵冶智能工厂基于用友精智工业互联网平台搭建，贵冶智能工厂整体架构如图10-1所示。

图10-1　贵冶智能工厂整体架构

采集层：包括DCS、PLC等，通过通信手段接入各种控制系统、数字化产品和设备、物料等，采集海量数据，实现数据向平台的汇集。

数据层：包括各种数据库，其中业务数据保存在关系数据库中，物联数据保存在实时数据库中。

技术平台：使用最新一代的用友iUAP平台，包括主数据、流程引擎、应用服务器、开发框架（移动/前端/服务端）、消息服务、调度服务等。

应用层：主要包括指标管理、生产计划、调度协同、工艺巡检、智能监视、安环管理、能源管理、作业管理、金属平衡、异常管理、质检管理、设备管理、物料管理、汽运管理、铁运管理等。

该解决方案关键应用体现在智能物联、智慧监视、智慧熔炼、智能物流、智能配料、能源优化调度6个方面。

（1）智能物联

智能物联系统结构如图10-2所示。

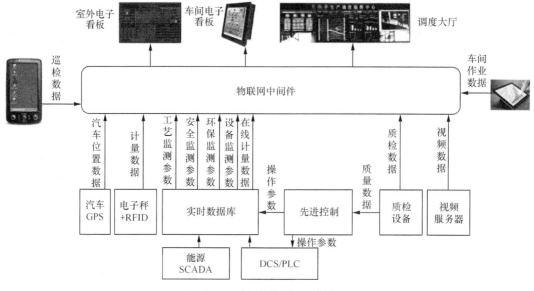

图10-2 智能物联系统结构

① 系统支持从实时数据库获取实时数据。

② 系统支持将视频数据集成到系统中的多种显示终端进行展示。

③ 进厂汽车配备 GPS 定位设备，实现汽车行驶轨迹的实时监视和预警。

④ 原料、中间产品和最终产品通过电子秤（地磅或台秤）计量，系统从电子秤获取数据。

⑤ 不同质检设备有不同的接口协议，系统支持这些协议的数据转换。

（2）智慧监视

通过综合调度指挥平台实现厂级的综合调度指挥，实时多角度监视全厂的生产、安环、能源、设备、供应链和厂级重点经济指标的运行状况，发挥综合调度的优势，针对问题进行多部门现场联动分析与处置。

（3）智慧熔炼

基于熔炼装备的自动化、数字化和网络化，构建智能化生产作业的熔炼系统。通过系统实时反馈作业状态，实现生产作业指令自动化，智能计算熔炼作业的物耗能耗，精准判断熔炼作业终点。熔炼系统的核心包括以下内容。

① 熔炼节奏控制。根据熔炼作业数据自动按熔炉组实时状态形成节奏时序图，提升

整个熔炼系统调度指挥管理的智能化水平,以信息共享、过程可控、科学预判为重心,构建闪速炉、转炉、阳极炉的生产管控的智能化支撑,共享三大炉完整的作业进度,及时、准确调整作业要求,实现作业预期判断和产品质量最优控制。

② 行车智能调度。

③ 铜酸协同通信。

④ 闪速炉智能控制(数字控制、协同作业、智能调节)。

⑤ 转炉智能吹炼(精准投料、终点预测、数字控制)。

⑥ 阳极炉智能精炼(终点预测、用能平衡、数字控制)。

智慧熔炼系统如图 10-3 所示。

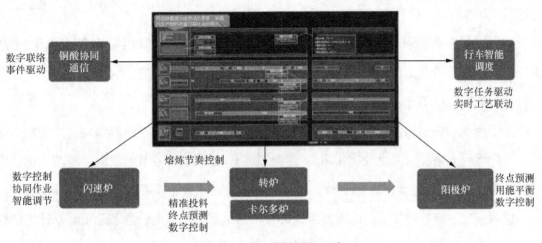

图10-3　智慧熔炼系统

(4)智能物流

智能物流管理以贵冶这一生产主体为核心,以满足生产及经营需要为前提,管理包括铁路运输(铁运)、汽车运输(汽运)等物流业务各环节。

通过智能物流管理可实现以下应用效果。

① 铁运资源优化提升:实现铁运全过程环节高效沟通与协同,缩短车辆驻厂时间,节约运力,加快物流周转。

② 汽运过程智能管控:通过人机监控、业务闭环,及时发现并阻止汽车违规行驶、货运作弊情况。

③ 无人值守减员增效:软硬件结合优化汽车衡计量工作,自动采集磅秤数据,提高计量时效与精度,减轻司磅员工作。

④ 过程物料规范管理：实现全厂中间物料转运工作程序规范、作业高效、过程透明、数据精准，为生产上下游环节做好衔接服务。

⑤ 材料备件供需统筹：实现全厂材料备件的供需平衡与统筹，减少浪费。

⑥ 购销存运均衡闭环：通过系统应用与信息集成，实现全厂供应链物料采购入厂、销售出厂、仓储作业、运输计量的完整闭环操作，数据共享，业务管控，过程透明，帮助企业均衡管理物资供应与生产需求。

（5）智能配料

通过智能配料，对不同品质的铜精矿合理搭配使用，保障产出质量稳定。当库存质量发生重大变化时，主动提醒，实现配料业务主动安全；实现配料执行情况的对比分析，优化配料控制指标。

智能配料系统记录配料相关的各种约束（约束条件在使用过程中进行迭代优化），动态调用最新原料的存量和元素含量，由智能算法进行原料的投入配比规划输出。

（6）能源优化调度

基于企业设备和工艺明确的运行策略，通过对生产运行情况持续跟踪监视，辅助企业调度优化运行方案，帮助企业优化用能、回收利用、提高能效、节约成本。能源优化调度包括总降压站主变压器运行台数优化、运行负荷优化和透平发电机组低压透平投运停运优化。

能源管理系统是智能工厂的重要组成部分，通过对能源计量信息汇总平衡及计划预测数据的管理，实现企业能源运行状况、指标执行等的监视，及时发现异常、处理异常，优化能源运行调度，为企业稳定生产提供能源保障，保证能源高效利用。同时，能源管理系统利用数据分析手段进行数据挖掘，追踪能耗影响因素，为工艺改善提供数据支撑。

10.1.2　网络化协同

非标件的使用贯穿船舶建造全过程，非标件涉及的品种多、标准化程度低、数量多，根据不同船厂自身的特点和规格定制的需求大，导致船舶物流管理难度增大。当前传统的非标件入库管理、识别及清点，基本通过人工的方式进行，不仅成本高、效率低，还会造成船舶企业信息流通不畅、物流和生产脱节的现象发生。

中船工业互联网有限公司作为海洋科技工业领域具有影响力的信息科技公司，致力于打造自主、安全、可控的高端专用装备工业互联网平台——船海智云。其通过船舶行业标识解析二级节点统一分配供需双方所需的物资标识,开展船舶非标件管理系统建设,以采销协同服务方式为制造商、分包商、供应商等提供价值链协同云服务,用于船舶生产过程中的物资采销流程,实现合格供应商的选择、配送全过程监控,并结合企业应用服务所产生的数据,最终打通供应链企业与其上下游合作伙伴在计划、采购、订单履行、库存等方面的核心信息流,有效控制库存,满足柔性生产的要求,进而提升整体产业链的柔性化水平,推动供给侧结构性改革与智能制造的进程。船舶非标件管理系统架构如图10-4所示。

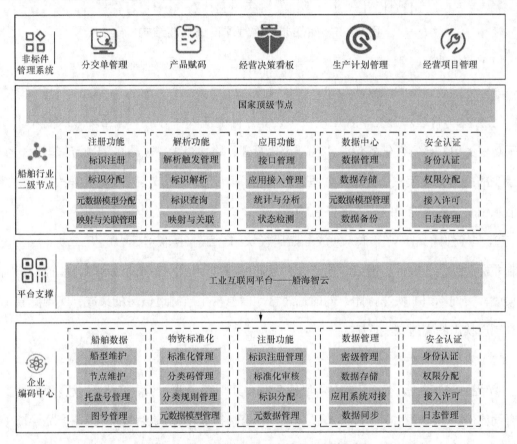

图10-4 船舶非标件管理系统架构

通过建设船舶非标件管理系统,船舶企业内部以非标件生产计划为主线,整合设计、制造各环节各部门,实现研发设计、生产制造等的协同;在供应链上,通过执行计划监控、经营项目监控、经营指标数据监控等,提前做出风险防控,建立具备货品调配、网络组织、快速保障、响应及时等特点的运营服务链。

船舶非标件管理系统主要包含非标件赋码管理、生产经营管控、标识解析二级节点。船舶非标件管理系统功能结构如图10-5所示。

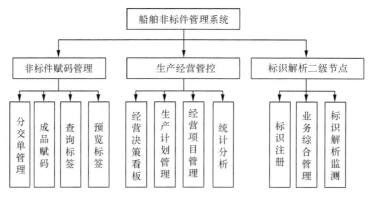

图10-5 船舶非标件管理系统功能结构

（1）非标件赋码管理

非标件赋码管理的部分功能如下。

① 分交单管理。分交单管理模块包含非标件的流入、分流、流出环节。流入环节编制采购任务包、自制件任务包，实现托盘化管理，将数量大、规格多的物资管理模式变为数量少的托盘管理模式。分交单管理模块梳理采购任务包和安装任务包之间的逻辑关系，让信息化软件生成准确的采购任务包纳期。

② 非标件成品赋码。非标件成品赋码模块结合工业互联网标识解析二级节点，获取在制非标件编码、属性、图纸等信息，并且通过与打印机、扫描设备等赋码和标识识别设备集成，实现标识的快速打印，同时通过打印信息与生产制造信息的集成，实现配套企业生产制造状态的实时在线反馈。

（2）生产经营管控

① 经营决策看板。该模块主要包括企业及其配套企业看板，企业看板展示配套企业的合同比例、总金额比例、订单情况、生产状态情况、拖期风险清单、拖期产品详情（承接方、采购方、设备类型、当前节点、状态）、拖期比例、平均拖期天数。配套企业看板展示合同数量，合同总金额，月度、在跟踪、手持订单情况，外部委托非标件的生产状态详情，拖期风险清单，拖期详情等核心信息。

② 生产计划管理。该模块由计划查询反馈、拖期风险管理、产品类型维护、节点经验维护4个部分组成。计划查询反馈功能主要用于配套企业在系统上反馈对应计划的实际进展情况和监控节点的实际完成情况，企业用户可在系统上进行查询配套企业上报的所有信息。

③ 经营项目管理。该模块主要包括经营报表管理、经营指标管理功能。经营报表管理用于查询每个配套企业的月度承接项目、在跟踪项目、手持订单、历史订单等情况。其中月度承接项目管理被定义为月度新增的生产计划；在跟踪项目管理被定义为尚未形成合同签订的项目；手持订单管理被定义为已签订合同但尚未完成交付的项目；历史订单管理被定义为已完成交付的项目。

④ 统计分析。该模块主要用于由拖期项目统计、经营项目统计、月度运行数据3个部分组成。脱期项目统计主要基于产品类型、配套企业、采购方及关键词等，对脱期项目数据进行筛选统计，形成包含脱期台数、脱期天数、脱期比例、脱期占比等数据的统计表格，并形成趋势图。

（3）标识解析二级节点

二级节点通过部署智能分布式标识系统为船舶行业提供注册、解析、应用及监测功能，让企业用户通过接入二级节点实现标识注册、标识解析到标识管理的一站式服务体验。标识注册由注册子系统和分配子系统实现，包含对标识的注册、删除、修改等管理操作，以及查询操作，基于区块链技术建立注册认证模式，形成"去中心化"的信任机制；业务综合管理支撑二级节点业务开展财务管理、统计分析及提供统一的服务入口功能；标识解析监测兼具访问控制与隐私保护机制，通过安全技术与监测分析手段保障标识解析节点的安全、稳定、高效运行。

除了船舶非标件原理，网络化协同制造模式还可以有效规避电子元器件、纺织印染等行业的产能风险，即淡季产能闲置浪费，旺季产能不足。

智锐科技是一家专业生产软性电路板的企业，自2017年起采取外派订单协同生产的方式，在旺季产能不足时，委托裕申科技的云加工服务进行补强自动贴合、激光切割打孔等工序的代加工。裕申科技所属的线下生产中心，距离智锐科技仅有5分钟车程，具备"7×24小时"、13台智能生产设备的生产能力。此外，裕申科技对厂内核心生产设备进行物联网改造，使其具备远程监测功能，让数据真实、客观、准时。智锐科技可通过云加工的App，随时随地了解设备的运行和产能情况，尤其是外发加工订单的生产进度，利用设备远程监测云服务开展制造能力协同，大大减轻了生产管理人员的沟通成本，同时也为制订生产计划提供了准确的数据依据和便利。

智布互联是纺织印染行业性平台，依托纺织印染产业集群的配套能力为全球纺织印染企业提供服务。智布互联拥有 SaaS 版纺织印染全产业链系统（智布网），一端对接订单，另一端对接工厂机器，通过获取传统纺织印染工厂生产流水线的运行数据，根据纺织印染的每个工序剩余产能，利用产能匹配功能将面料订单智能分解后分配到对应的机器进行生产。一方面这样能解决生产淡季的问题，帮助工厂更好地消化剩余产能，使合作联盟工厂达到 95% 以上的开机率，使客户以更低的价格，找到合适的产能，获得更稳定质量、更准交货期的产品；另一方面平台通过打通上下游生产、仓储、物流等信息，实时掌握订单生产进度，使各企业间实现协同办公、信息及时准确互通。

10.1.3 个性化定制

海尔作为中国最早的一批探索工业互联网的企业之一，自 2012 年就开始了智能制造转型的探索实践，从大规模制造转型大规模定制。传统大规模制造以企业为中心，由库存驱动生产；大规模定制以用户体验为中心，由用户订单驱动生产。该模式实现的不是简单的自动化，而是真正的智能制造，是高精度驱动下的高效率，体现的是用户交互体验，以及满足用户动态的体验迭代。海尔将多年制造实践经验产品化、服务化、社会化，自主打造具有自主知识产权的工业互联网平台卡奥斯 COSMOPlat，其核心是大规模定制模式。COSMOPlat 的大规模定制模式体现在全流程、全生命周期、全价值链的创新。COSMOPlat 的大规模定制模式如图 10-6 所示。

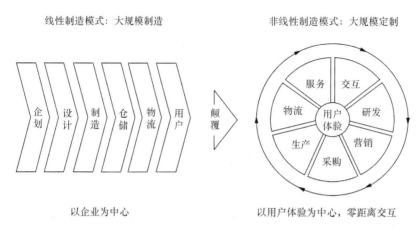

图10-6　COSMOPlat的大规模定制模式

① 全流程：传统的大规模制造是串联的，流程是低效的、线性的。大规模定制模式是并联的、分布式的。全流程包括交互、研发、营销、采购、生产、物流、服务七大节点，

始终和用户保持零距离的沟通与交流,时刻满足用户的需求。

② 全生命周期:由原来的以产品为生命周期,转到以用户为生命周期,围绕着用户,从采购开始,一直到用户停止使用。

③ 全价值链:COSMOPlat 通过生态改变了生产中的各个环节及企业之间的价值链分配关系,改变了生产关系,让价值链重新分配。COSMOPlat 是一个开放的平台,把用户引入全流程,改变了传统的制造逻辑,使制造不再局限于原来的工厂和企业内部,而是变成了一种社会的变革,把用户和企业融合在一起,变成一个生生不息的生态。

COSMOPlat 将大规模定制模式软件化、云化,为企业提供定制化、多场景、灵活部署的解决方案,可扩展、可迭代,平台技术架构如图 10-7 所示。

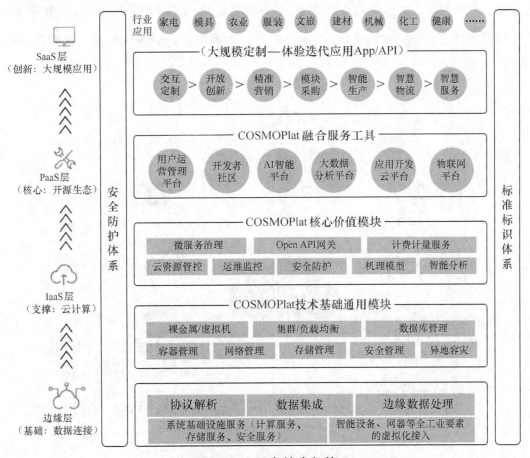

图10-7　平台技术架构

① SaaS 层:建立一个根据不同业务场景重新编排和场景重构的产品应用及管理平台。

② PaaS 层:通过软件化、云化支持,第三方开发者在平台上进行迭代开发,构建

COSMOPlat 六大类融合服务工具。

③ IaaS 层：通过公有云、私有云建设，实现数据的存储管理、网络管理、数据库管理、安全管理、异地容灾管理等。

④ 边缘层：构建边缘管理平台、通过各种通信协议实现设备的连接、数据采集、边缘数据管理。

⑤ 安全方面：搭建安全防护体系和标准标识体系，确保企业的数据安全。

COSMOPlat 关于大规模定制的解决方案如图 10-8 所示，COSMOPlat 的平台架构可总结为"1+7+N"，即 1 个平台（COSMOPlat 平台）、7 个模块（交互定制、开放创新、精准营销、模块采购、智能生产、智慧物流、智慧服务覆盖全流程的七大环节）在 N 个行业建立一个架构。通过泛在物联能力、知识沉淀能力、大数据分析能力、生态聚合能力、安全保障能力五大能力实现 COSMOPlat 的灵活部署、跨行业快速复制，赋能企业转型升级。

图 10-8　COSMOPlat 关于大规模定制的解决方案

基于以用户体验为中心的大规模定制模式，COSMOPlat 孕育出建筑陶瓷、房车、农业等15个行业生态，覆盖全国12个区域，并在20个国家复制推广，为全球用户提供衣、食、住、行、康、养、医、教等全方位的美好生活体验。

以COSMOPlat赋能环球服装股份有限公司为例，海尔COSMOPlat环球智能制造项目为服装行业打造了第一个女装互联工厂，实现从平台下单到工厂生产及发货全过程的数据驱动，实现自动化、数字化和智能化的女装个性化定制示范工厂，并通过平台数据分析，提升产品设计与研发，构建产业供应链的快速协同。原先只能进行大货批量生产的产业形态，正在向设计定制化、产品精品化、采购销售物流一体化的高效率、高品质、高价值方向转变。

女装互联工厂从展厅、仓储、生产车间、物流到园区的整体布局规划、展示设计要符合数字、智能、精益、生态、互联要求，通过从订单到仓储全流程系统构建，实现个性化定制智能生产，能够适应个性化、小批量、快返等市场的多样化需求，从下单到出货，全部系统贯通，全流程数据驱动。

工厂从布局、流程、标准、体系到培训，涉及组织、现场、管理、效率、成本、品质各个环节的规划、改善，可实现精益生产，达成个性定制顺畅，小批量、快返等快速切换，柔性生产，人均效率、品质提升，单件成本降低，并形成可持续精益的团队与机制。环球服装股份有限公司能够在海尔COSMOPlat平台实现接单功能，使版型与工艺等自动匹配，并使数据传输至工厂，实现数据驱动工厂订单生产。

环球服装股份有限公司应用COSMOPlat服装行业大规模定制解决方案，其项目全线投入生产后的年均产量可达到每套220万件，定制服装从下订单到客户收到产品由4天缩减至2天，单件周期降低50%。产品一次下机率由91%提升至98%，单条生产线由18人变为12人，人工成本降低33%。

10.1.4　服务化延伸

高端装备的运行维护多以定期检查、事后维修的预防性维护策略为主，不仅耗费大量的人力和物力，而且效率低下。故障预测与健康管理（PHM）是综合利用人工智能技术而提出的一种全新的管理健康状态的解决方案。预测是指通过评估产品偏离或退化的程度与预期的正常操作条件来预测产品未来可靠性的过程；健康管理是实时测量、记录和监测正常运行条件下偏差和退化程度的过程。PHM的发展是人们自我学习和提升的过程，即从对设备的故障和失效的被动维护，到定期检修、主动预防，再到事先预测和综合规划管理，实现了基于工业大数据的装备售后远程维护。

传统的 PHM 模式存在很多的局限性，无法实现各个 PHM 环节之间的连续性、多要素的有效采集，海量数据的存储，众多关联因素的实时分析及精准的故障预测，而且也很难实现同其他系统的集成。

新一代的 PHM 系统有以下特点。

① 更丰富的数据采集：支持更多的新型传感器和控制系统的数据采集，并提供本地的边缘计算能力。

② 海量历史数据的存储能力：支持 PB 级别的时序数据的保存，以及高性能的查询，可以保存长达数十年的设备历史数据。

③ 更高性能的分析能力：通过分布式的大数据分析引擎，提供更强的处理性能，支持更多维度的关联分析，保障更多实时性要求更高的分析。

④ 更精准的预测能力：提供更多神经网络、深度学习的算法和模型，结合更多维度的输入，实现更精准的预测。

⑤ 更丰富的智能反馈：提供丰富的 API，与不同的业务系统和控制系统进行对接，实现更智能的反馈。

寄云科技基于 NeuSeer 工业互联网平台协助国内某石油钻机生产厂商构建了石油钻机的预测性维护和故障辅助诊断系统，实现石油钻机实时数据的采集，提供远程的实时监测与告警，并基于历史数据构建泥浆泵、绞车、顶驱等关键子部件的故障诊断和性能预测模型，实现故障的快速诊断和备品备件的优化管理，为实现完整的石油钻机故障预测和健康管理奠定了坚实的基础。石油钻机 PHM 系统功能架构如图 10-9 所示。

（1）边缘端

边缘端通过寄云科技工业网关实现了对包括泥浆泵、绞车、顶驱等 10 余种关键设备 PLC 的高频数据采集，提取了电流、电压、扭矩、钻速、压力、流量等关键工作指标参数；提供了数据采集频率对齐、数据差值填充的数据质量管理功能；还基于物理规则和数据模型，在边缘端实现了钻机工作状态的实时判决模型，增加了相应的工况判决信号，为平台侧的时序切片分析提供了支持。在平台的对接上，边缘端将采集的数据以物联网协议通过无线网络发送给平台，不仅实现了数据传输加密，还实现了传感器数据增量传输、数据压缩等功能，在保证数据安全的同时，减少了不必要的数据传输。

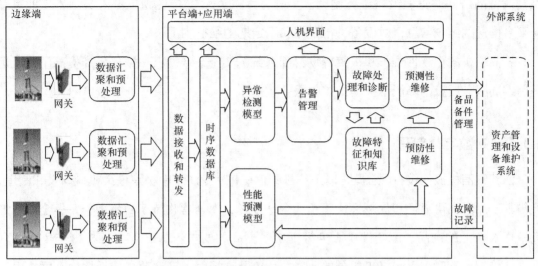

图10-9 石油钻机PHM系统功能架构

（2）平台端

针对通过加密网络发送到平台的传感器实时数据，寄云科技NeuSeer工业互联网平台通过高效的消息分发机制，将数据发送至实时应用监测数据库和时序数据库。

NeuSeer时序数据库能够为大型高端装备提供海量时序数据的高性能存储和查询功能，支持单节点每秒数百万数据点的写入、秒级的查询响应及分布式线性扩展的功能，为多应用的高性能写入和查询及针对不同工作场景的工业数据分析提供了强大的支持。

NeuSeer工业大数据分析和建模平台针对石油钻机的1500多个包括电流、电压、扭矩、钻速、压力、流量在内的高频特征，基于钻机的设计原理、工作特征，结合部分的统计分析、机器学习和神经网络算法，分别实现了钻机的工况识别、关键工作参数的统计过程控制（Statistical Process Control，SPC）、设备的健康度和故障的相关性分析，以及部分的故障特征提取功能，开发了多个异常检测、性能评估、故障诊断和故障预测的模型。

（3）应用端

基于实时数据和历史数据及各类模型，寄云科技开发了包括大屏3D动态展示、实时状态监控和告警、故障智能诊断、设备健康档案、预防性维护和预测性维护策略的功能模块，并基于人工智能技术构建了故障特征库，可以实现对特征故障的保存、模型训练和实时比对，针对异常检测产生的告警进行实时的故障诊断。同时，同外部的设备资产管理和运维系统进行对接，提取相应的部件维修记录，构建相应的性能预测模型，并根据预测结果，对备品备件的管理策略进行调整。另外，手机 App 支持现场工作人员基于工业互联网平台推送的维护信息，对设备进行定期和不定期的维护和记录。

石油钻机的预测性维护和故障辅助诊断系统的实施，帮助石油钻机厂商提高了钻机远程运维的服务质量，降低了被动维护的服务成本。

10.1.5　数字化管理

江苏泰信机械科技有限公司（以下简称泰信机械）专注于中小型桩工机械研发和制造，凭借其产品的高可靠性和优越性快速布局全球市场，海外营收持续稳步增长，但全球化的竞争也对企业的产品、配套件、服务等提出了更高的要求。2018 年泰信机械与树根互联合作，将工业互联网引入桩工机械的研发、生产及现场服务等环节，依托树根互联的根云平台，将分布于全球各地的百余台设备互联并接入，为设备提供远程管理、远程监控、故障诊断和预测、智能售后等功能，建立起设备全生命周期智能管理体系，有效提升泰信机械在研发、售后、营销等方面的效率，并由此构建数据驱动的产品研发体系，打通机器使用和研发环节的数据通路，通过对产品使用过程中的状态数据进行分析，挖掘可以进行产品改善的地方，实现快速的产品迭代升级。泰信机械借助根云平台，实现了全球设备的远程管理，工程师足不出户便可解决各类现场问题，保证了设备的正常运转，为客户正常业务开展提供了强有力的保障。

基于对工程机械行业的深入理解，树根互联开发了智能后市场服务解决方案，构造了完善的数据采集与分析闭环，实现智能调度、服务订单管理、业绩可视化报表、关键件追溯等核心服务，主要包括以下内容。

① 实时数据采集与回传。实时采集各品类设备运行的各项参数，并存储和实时分析数据。

② 资产远程管理、电子围栏与解/锁机。支持随时随地监控管理设备，管理设备作业状况，统计设备作业量（总工作时间、作业方量、油耗、发动机转速等），方便工作安排，也为维修提供依据。此外，电子围栏可对位置异常的机器进行锁机，防止失窃。

③ 智能故障预测、诊断。通过对设备整体或零部件工况数据、使用参数、零部件磨

损程度等技术参数进行大数据分析,结合零部件更换数据、历史故障记录,进行设备故障、服务、零部件需求的预测,为主动服务提供技术支撑,延长设备使用寿命,降低故障率。

④ 机群管理。客户对拥有的不同品类设备进行集中管理;已购机客户、有设备需求的客户、项目承建方等可以在平台上进行需求管理,客户可以发布设备使用需求或项目承建方发布设备需求并以虚拟项目形式对项目中涉及的设备进行机群管理,并主动推送相关信息。

国内水环境治理行业的生力军——重庆川仪环境科技有限公司(简称川仪环境)与树根互联合作,基于根云平台打造覆盖污水处理全产业链的智慧水务运营云平台,赋能污水处理厂、环卫处理设备,实现对环保设施的智能监控,以及资产全生命周期的管理。依托根云平台,利用大数据、云计算和 GIS 信息技术及物联网数据采集仪、监测仪等传感设备,智慧水务运营云平台改变了传统环保设施的运维模式。

① 统一上云。在覆盖 95% 主流工业控制器、支持 600+ 种工业协议解析的根云平台的支撑下,智慧水务运营云平台实现了设备联网。原有散落各处的设施统一接入平台,连接入云,实现环保设施的运行参数、工作状态、设备使用效率等重要的设备指标全生命周期的自动采集、记录及随时随地查看,实现了移动化、数字化、集中化的管理。

② 智能分析与故障预警。通过 AI 大数据,将采集的数据与各个工艺环节的要求达标数据进行比较、分析、评估和处理;通过分析与识别系统,及时发现设备故障,发布故障预警提示。

③ 全程可视化。不论是综合显示大屏,还是设备监控,智慧水务运营云平台全部采用树根互联的"云视界"可视化解决方案,对接设备、业务和运维系统获取关键数据、设备效率、设备综合效率、维修保养报告、服务流程工况、人员状态等关键指标,实时动态的数据更新让真实的水务运行状态跃然"屏"上。

④ 提升后市场效益。在树根互联智能售后管理系统的支持下,智慧水务运营云平台可有效地为客户提供在线、远程和现场的全方位服务支持,可随时随地查看设备的运行状态,结合历史故障参数,完成远程诊断;对于疑难问题,还可在线精准指导客户工程师进行处理,有效避免现场设备停机误工,为川仪环境带来显著的经济效益。

10.2 工业互联网在企业的应用

10.2.1 企业数字化转型解决方案一：装备制造企业智能工厂

1. 项目背景

装备制造企业包括船舶、航空航天、重型机械、工程施工装备、钢结构桥梁、发电设备制造企业及典型的按项目设计、制造、交付的开展多品种、单件或小批量制造业务的企业，它们具有产品交付周期要求严格、设计及制造过程复杂、过程管理及控制内容多、产业链协作紧密等特点。

2. 问题分析

装备制造企业主要存在以下 6 种典型问题。

① 按单生产，采取多品种、小批量生产模式，多单混合生产，采购、外协、生产、工艺装备、设备等各类信息不对称，协同效率低。

② 产品生产技术准备和制造周期长、工艺复杂、工艺路线不固定，用传统的 MRP 方法难以处理，不能有效安排主计划和车间作业计划，生产效率低。

③ 制造过程受多种因素的制约（外协加工进度、采购进度、设计变更、客户资产），影响交付，按期交付率低。

④ 材料入厂及复验、生产过程质量保障、问题处理、质量归零等产品全过程质量追溯困难。

⑤ 插单多、排产难、调度难、按时配套难、质量数据整合难、成本核算难、分析控制难。

⑥ 设备状态不透明、利用率低、计划外故障影响生产进度，关键设备生产存在能力瓶颈造成制造过程产生诸多问题。

3. 解决方案

装备制造业智能制造解决方案依托浪潮公司自主研发的云洲工业互联网平台，面向装备制造企业，实现研发设计、生产制造、供应链管理、车间智能化生产、设备联网采集、运营管理等产品全生命周期管理。

浪潮云洲工业互联网平台与设备、工艺装备、仓库、运输车辆等连接，为设计、制造、经营管理等生产经营活动提供数据资源支撑和服务保障，帮助装备制造企业实现端到端全价值链管理，打通从顶层精益分析到底层基础设施的连接，全局实时管控、保持信息一致、高效协同，提高产品生产效率与按期交付率。

装备制造业智能制造解决方案整体架构如图 10-10 所示。该方案架构主要包括现场管理、云洲平台、制造执行、业务协同、管控治理和战略决策 6 个管理层级，通过设备连接、数据采集与处理、制造执行管理与数字化应用和以项目为主线的全业务链协同深入实施数字化工程。

（1）设备连接

实现联网与智能化设备改造，设备包括：智能生产装备（含机器人与自动化生产线、生产设施等），例如钢结构加工生产线、自动化拼焊生产线、自动化封头生产线、自动化柔性接头生产线等；智能物流装备，例如立体库、AGV 及工装夹具等；能源测量与监控装置，例如智能水电表等；智能质量检测仪器与数据采集装置等。

（2）数据采集与处理

基于浪潮云洲工业互联网平台，实现对车间底层智能设备的集中监测与控制，包括数据采集、协议转换、存储计算、实时监控、反馈控制、机器视觉。采集所有底层智能设备的核心运转数据，例如能源数据、设备运行数据、质量检测数据、物料识别数据、工艺加工数据等，实现对所有设备运行情况可视化、报警实时提示与处理等，并实现部分设备的远程操作与控制。

（3）制造执行管理与数字化应用

① 对与生产车间紧密关联的"人、机、料、法、环"等资源进行全面的管理，构建适合多品种、小批量的生产执行管理系统，全面监控与指导车间的生产执行，包括高级计划排程、工厂建模、计划管理、生产调度与执行、现场质量管理、智能仓储等。

② 基于三维工艺设计与仿真，实现工艺的结构化和可视化，更有效地指导现场作业，并为现场作业控制和质量控制提供依据。

图10-10 装备制造业智能制造解决方案整体架构

③ 通过虚拟制造的工厂布局仿真、物流仿真、加工仿真等优化现有的物理布局、物流仓储、工艺路线等，实现虚拟与物理系统的充分融合。

④ 通过智能仓储与物流系统，实现物料、在制品、刀夹量具的精细化仓储管理和物流智能管理及配送。

（4）以项目为主线的全业务链协同

适应装备制造行业按订单设计、生产的模式，以项目为主线，以产品为核心，对产品设计、生产、物流、销售、售后等全生命周期实现一体化协同。

① 在企业内部，需要各工厂、各部门之间协作。

② 在企业外部，需要与客户、供应商、外协单位等上下游合作伙伴协作。利用网络技术及信息技术实现及时有效的信息共享是协同制造的关键。浪潮云洲工业互联网平台将串行工作变为并行工程，实现供应链内及跨供应链的设计、制造、管理和商务等合作的生产模式，达到了降本增效的目的。

③ 在业务层面，建立了以设计数据为源头、以项目管控为手段的协同体系，打通了各业务环节的业务流、数据流，解决了传统管理方式下设计生产串行、计划断层的问题。

④ 在组织层面，企业内部各工厂、各部门之间基于统一的平台进行协作，企业上下游合作伙伴之间基于企业门户上发布的接口或界面与企业内部平台交互信息，实现了全供应链的协同制造。

⑤ 在企业运营、人力资源、财务、成本、资产、质量、投资及客户关系等层面，分别构建相应的系统，将企业生产与管控有机结合起来，实现企业精细化管控。

⑥ 建立工业大数据中心，以全过程的工业大数据为对象，通过清洗、建模、展现，建立大数据分析平台。面向企业各级领导，以不同决策层的视角，动态、及时和可视化地呈现决策层关注领域的生产及运营情况，及时发现运营问题的本质原因，并以此为依据辅助进行决策，规避运营风险或解决运营问题，为企业管理层决策提供全过程可视化应用。

4．应用效果

装备制造业智能制造解决方案有效提高企业市场响应效率、产业链协作能力，缩短研制周期，变被动服务为主动服务，增强企业的国际竞争能力。该方案被应用于航空航天、高端装备、船舶制造、钢结构桥梁等典型装备制造企业。

渤海造船的复杂协同制造系统工程在多源异构数据链集成、多生命周期协同等方面进行创新，生产效率、造船量平均提高20%～30%，综合建造成本降低2%～3%，产品设计和建造周期缩短60～90天。

中铁工程装备集团实现了集团化的数据统一，降低信息系统集成难度，通过软硬件一体化集成，自动化数据采集率达90%以上，研发效率提升23%，供应链效率提升31%，人员成本降低12%，设备运维成本降低20%；实现了移动作业、移动消息、移动审批、移动报表分析等功能，大幅提高工作效率。

10.2.2 企业数字化转型解决方案二：大数据技术驱动湛江钢铁转型

1. 项目背景

宝钢湛江钢铁有限公司（以下简称湛江钢铁）是全球领先的现代化钢铁联合企业——宝山钢铁股份有限公司的四大基地之一。其生产的主要产品包括热轧板、冷轧薄板、热镀锌板、电工钢及宽厚板等，同时预留热轧超高强钢生产能力。产品满足我国南方市场和"一带一路"新兴经济体对中高端钢铁产品的需求。

互联网时代，高端钢材应用行业例如汽车和家电制造等，正发生颠覆性的变革。互联网使汽车、家电制造商和消费端低成本地实现连接，消费端个性化需求被不断放大，汽车、家电产品迭代速度越来越快，汽车、家电制造商对钢铁材料的需求也由性价比基础需求转向质量、价格、速度、服务、个性化等多样化需求，这对湛江钢铁全流程质量管控提出了更高的要求。

2. 问题分析

湛江钢铁生产质量方面存在的典型问题有：质量管理人少事多，质量信息流通不畅，质量精细化管理缺乏。

在市场的驱动下，构建以客户为导向，以产品一贯制为主线，以大数据挖掘技术为基础,面向全体系质量人员,从客户需求识别到客户使用,从结果向过程/状态,从定性向定量,从点线向全面,从人工向自动,从事后向预防转变的智慧质量应用系统成为湛江钢铁的迫切需求。

3. 解决方案

湛江钢铁智慧质量系统以工业互联网技术和大数据技术为基础,以大数据中心为核心,包括数据采集、数据接入和数据建模,在此基础上构建了面向现场工艺工程师的工序质量系统和面向产品工程师的产品质量系统,并通过数据接口服务与各层级的制造管理和制造执行系统实现数据通信。智慧质量系统总体架构如图10-11所示。

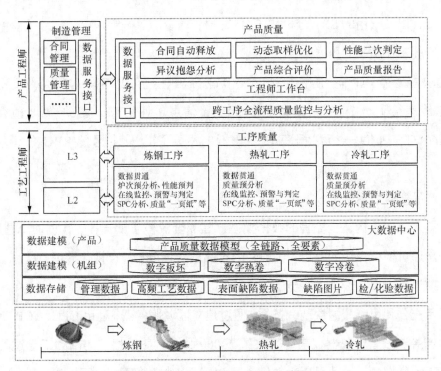

图10-11 智慧质量系统总体架构

湛江钢铁智慧质量系统主要实现数据采集方案及炼钢工序、热轧工序、冷轧工序和产品质量应用方案。

(1) 数据采集方案

本项目结合现场的实际情况,分别对炼钢、热轧、冷轧和表面监测数据采集方案进行改造,补充采集数据并将数据传递给大数据中心。

（2）炼钢工序质量应用方案

在钢铁企业中，信息化系统一般分为4层，自上而下分别为 ERP 系统（L4）、MES（L3）、数据采集系统（L2）、基础自动化系统（L1）。炼钢工序模块能够管理炼钢中用于判定、预警的规则，实现自动判定，将过程异常报警信息传递给 L3，在 L3 实现预警。同时，为炼钢厂提供一个数据获取、分析的平台，以及常用的 SPC 分析和符合性分析，并实现针对具体问题而进行的专题分析。

（3）热轧工序质量应用方案

本模块能够管理热轧中用于判定、预警的规则，实现自动封闭与判定，将表面缺陷信息传递给下一个工序，将过程异常报警信息传递给 L3。同时，为热轧厂提供一个数据获取、分析的平台，以及常用的 SPC 分析和符合性分析。

（4）冷轧工序质量应用方案

本模块能够管理冷轧中用于判定、预警的规则，实现自动封闭与判定，将表面缺陷信息传递给下一个工序，将过程异常报警信息传递给 L3，在 L3 实现预警。同时，本模块为冷轧厂提供一个数据获取、分析的平台，以及常用的 SPC 分析和符合性分析。

（5）产品质量应用方案

通过接入数据、构建全流程的数据模型，建立全流程质量一贯的数据信息透明化、共享化平台。通过模型算法的应用，实现面向产品的数据分析、可视化展现、产品智能分析，以及分析结果应用，提升技术人员的工作效率。

本项目充分利用湛江钢铁现有条件，通过建立区域服务器，利用 OPC、TCP/IP 等协议，从各类生产控制设备、仪器仪表中采集了 20000 个左右质量相关的高频工艺过程数据项，集中存储于大数据中心。项目以大数据中心为核心，构建智慧质量系统应用，实现了前后工序质量信息贯通和数据共享，方便业务人员查找前后工序的数据，提高分析质量问题的工作效率，同时，以大数据中心为核心，打通了大数据中心与周边 L3、L4 系统的通信连接，并以微服务方式实现系统之间的服务调用。

智慧质量系统应用功能如图 10-12 所示，湛江钢铁智慧质量系统实现了生产前质量预分析，避免重复出现类似的质量问题。生产过程中，通过实时采集的数据和历史数据，对生产过程进行优化调整；生产后，系统提供多种数据分析手段，提高技术人员追溯质量问题、解决质量问题的效率。

4. 应用效果

湛江钢铁智慧质量系统覆盖了质量全业务流程的事前、事中和事后管理。基于采集全工序的工艺过程大数据，系统实现了钢铁制造全流程（炼钢、热轧、冷轧等）质量的智能管控。以质量大数据中心实现信息的传递与分析利用，通过生产线在线监测得到质量信息（包括表面监测、工序工艺高频监测信息等），快速分析缺陷产生原因，快速实现产品生产工艺的调整，指导本工序及后工序的作业，有效提升了现场的工作效率及产品质量。

湛江钢铁智慧质量系统（一期）是以产品一贯制为主线，面向全体系质量人员的系统，应用效果主要体现在以下 5 个方面。

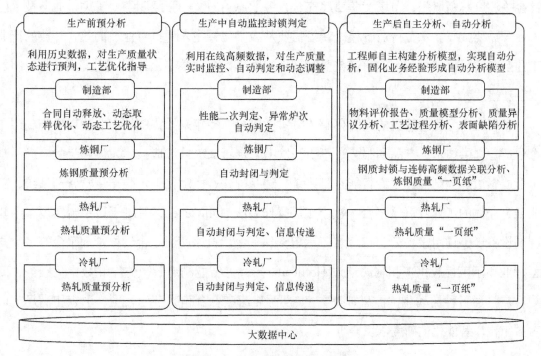

图10-12　智慧质量应用功能

① 促进一贯质量管理由结果管理向过程、状态管理转变。

② 提升工艺过程异常响应速度。

③ 提供全流程产品质量、工艺过程等关键信息的共享平台。

④ 提供各方面应用开发的公用数据平台，减少质量工程师、管理人员 60% 以上的数据收集，极大地提升了质量工作人员的工作效率。

⑤ 为企业知识传承创造环境，促进湛江钢铁综合制造技术进步。

10.2.3 企业数字化转型解决方案三：智慧水务运营管理平台打通"信息孤岛"

1. 项目背景

北控水务集团（以下简称北控水务）是北京控股集团有限公司旗下专注于水资源循环利用和水生态环境保护事业的旗舰企业。北控水务集团集产业投资、设计、建设、运营、技术服务与资本运作于一体，是综合性、全产业链、领先的专业化水务环境综合服务商。

近年来，水务行业的大跨步发展给全体从业者带来了挑战和机遇，行业标准逐年提升，社会关注度不断增强，市场竞争日趋充分，各业态趋向"一张图"统一管理，业务技术能力提升需要突破。水务行业的模式转型需要从数字化转型入手。专业、高效、开放的行业工业互联网平台容易被行业普遍接受和使用，助力行业的数字化转型，实现高效可复制的行业新模式。

和利时作为我国领先的自动化解决方案供应商，多年来始终围绕工业现场生产制造和企业运营提供技术、产品和服务，不断开发出融合新 ICT 或顺应技术发展趋势的产品，基本形成集边缘控制器、边缘智能控制系统、边缘网关、数字化工厂生产运营管理系统、工业云为一体的工业互联网平台（数字工厂操作系统 HolliCube），并基于该平台实现了中药调剂设备云、通用设备云、智慧水务运营管理平台、轨道交通综合运维管理平台等多个典型行业和示范性应用。和利时通过 HolliCube 产品、智能制造解决方案和数字化服务，助力客户打通各种自动化"信息孤岛"，实现两化深度融合和数字化转型，引领和满足市场对数字化、智能化的新需求。

2. 问题分析

目前，大多数水厂的运行与管理严重依赖经验，这种方式调控粗放，控制精度低，时效性弱，造成电、药的大量浪费，水厂运行成本居高不下。开发可有效实现水厂稳定、低碳、高效运行的全流程智能控制策略变得日益迫切。然而，智能控制技术要以大量的水厂实际运行数据为依托，目前各地水厂数据管理松散，数据存储形式各不相同，阻碍了标准智能控制技术的推广，水厂数据质量参差不齐，影响了水厂的现代化管理和生产。

3. 解决方案

北控水务与和利时联合，基于北控水务在行业内的专业理论经验及和利时数字工厂操作系统 HolliCube，开发出一套面向水务行业的智慧水务运营管理平台 BECloudTM，面向北控水务的水厂，建立数字化应用和标准化运营体系，实现运营管理能力的深度提升。

智慧水务运营管理平台在技术创新上采用了融合边缘计算和云计算的基础架构，包括边缘计算层、PaaS 层和 SaaS 层和模式层。系统总体架构如图 10-13 所示。

边缘计算层在靠近物或数据源头的边缘侧，通过大范围、深层次的数据采集，以及异构数据的协议转换与边缘处理，构建智慧水务运营管理平台 BECloudTM 的数据基础，包括通过各类通信手段接入不同的设备、系统和产品，采集海量数据，以及依托协议转换技术实现多源异构数据的归一化和边缘集成。

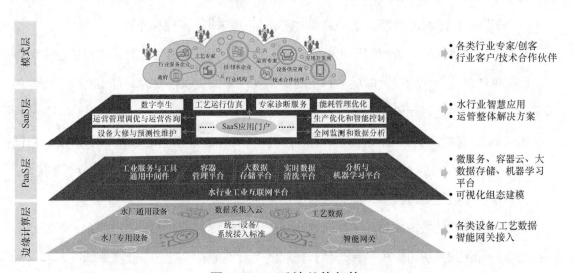

图10-13　系统总体架构

PaaS 层在通用 PaaS 层之上叠加工业模型、数据管理、大数据处理、工业数据分析、工业微服务等创新功能，构建可扩展的开放式云操作系统。PaaS 层主要有以下 3 个功能。

① 提供工业数据管理能力，将数据科学与工业机理结合，帮助水厂构建工业数据分析能力，实现数据价值挖掘。

② 将大量的工业技术原理、行业知识、基础工艺、模型工具等规则化、软件化、模型化，封装成微服务组件，可重复使用。

③ 构建应用开发环境，借助微服务组件、工业建模和应用开发工具，帮助客户快速构建定制化的工业 App。

SaaS 层针对水务行业场景，开发业务逻辑功能，通过调用边缘计算层和 PaaS 层的微服务，推动工业技术、经验、知识和最佳实践的模型化、软件化和再封装，从而形成满足不同场景的工业 App，包括数字孪生、工艺运行仿真、专家诊断服务、能耗管理优化、运营管理调优与运营咨询、生产优化和智能控制、设备大修与预测性维护、全网监测与数据分析等，从而形成智慧水务运营管理平台 BECloudTM 的最终使用价值。

智慧水务运营管理平台 BECloudTM 创造了新的业务开发和商业模式：开发和沉淀专业模型以平台服务的模式开放，建立服务盈利模式，基于模型开发专业 App，建立流量盈利模式；打造开发者社区，激发创新活力，部分专业鼓励算法模型开源，吸引行业开发者共同迭代，提升开发效率；探索数据商品化，将运营数据脱敏后以平台资源的模式开放。

智慧水务运营管理平台 BECloudTM 的具体应用场景和应用模式包括以下 6 个方面。

（1）基于专业数据模型管理，实现工业大数据的实时采集、监控和分析

对水厂不同种工艺段进行图形化展示，展示每种工艺段中设备实时状态和仪表实时数据。将数据的最新变化情况及时展示，当现场出现设备或仪表告警时，可实时获取这些告警信息，在第一时间展示给现场操作人员。

将关键工艺参数以趋势曲线方式实时展示，分析实时数据当前及过去的曲线走势，对同一个数据指标进行环比和同比数据分析，对现场的设备和仪表运行维护提供数据分析支持。

（2）基于大数据分析技术，实现数据质量判别和清洗

展示判别异常的数据，对异常数据统计分析，延长设备和仪表的使用寿命，降低设备维护成本，择优选择更可靠的品牌产品。在地图上看到所有水厂分布及在线情况，对异常数据进行多维度统计，全方位剖析数据异常统计情况。平台能够实现按照各类清洗规则对大数据进行清洗，为大数据分析、数据挖掘、大数据模型开发等创造数据条件。

（3）基于平台，整合数据、模型、工具，实现水厂数字孪生

作为北控水务卓越运行"智慧大脑"的核心模块，数字孪生的实质是通过 BECloudTM 将水厂的实时数据、静态数据与机理模型、BIM 模型进行整合开发，实现物理资产及其运营状态的数字全方位、透彻、可感知的呈现。结合水厂业务和大数据分析技术，通过建模和数据挖掘，对水厂的数据分析、水质预测、生化分析、控制参数优化、设

备状态监测、能效分析等进行深入剖析和可视化展示，结合各类工况预测、仿真模拟和控制优化等功能，为水厂的运营管理提供全方位的运营辅助决策，并探索基于云端的实时控制，追求实现极致的高效、稳定运行和人工的最优化利用。数字孪生将为北控水务建立起卓越的运营模式，为提升运营管理能力提供工具支撑。

（4）开发全套云化管理系统，实现大集团高效、数字化、全业态管控模式

基于BECloudTM，北控水务开发部署了水厂运营管理成套系统、村镇污水智慧化管理系统、供水业务运营管理成套系统、水环境运营管理系统、统一数据管控系统、自控专业化管控系统等全套云化管理系统，基于系统的快速应用，北控水务探索并实现了广东数字化"组团式"管理模式、广西贵港供水"全打通"管理模式、鹤山"六个一体化"管理模式及秦皇岛"厂网一体化"管理模式等行业先进管理理念的试点。北控水务依托BECloudTM，推进各类先进管理模式的快速复制。

（5）基于大数据、人工智能等技术，结合平台实现各类业务解决方案

北控水务将大数据、人工智能等技术与业务理论和经验相结合，开发污水生化全流程智能控制解决方案，实现精准保证厌氧、缺氧、好氧等各工艺段的工艺环境；利用大数据技术与业务数据的合理关联，对水厂进水流量进行精准预测，实现智能提升控制；开发总磷虚拟仪表，实现对生化除磷的精确预测和智能加药控制；基于人工智能及其识别基础，开发虫脸识别系统，对活性污泥中的指示性生物进行分析判别，为工艺人员提供水厂运行依据，为水厂运行提供预判信息。

（6）搭建远程协助平台，实现远程指导设备运维模式

水厂和村镇污水整治工作人员缺乏专业技术能力，难以独立开展设备的日常运维，例如对专业设备维修等，需要专业人员的远程指导和实时监督。结合AR、远程协助和机器识别等技术，配合成套辅助工具实现远程实时指导系统，针对水厂、村镇污水、乡镇泵站的远程维护和日常巡检，提供远程视频指导、富媒体双向推送、AR指导等创新交互。

4. 应用效果

智慧水务运营管理平台BECloudTM实现运营大数据的收集；通过大数据分析，开发出与项目实际条件和工况相适应的管理模型和机理模型，建立厂级数字孪生和专家系统，实现运营辅助决策和精确控制；应用智慧化全业务管理系统，建立起高效流转的运营管理

体系，实现一体化、组团式管理模式。

以广东东莞数字化水厂项目试运行为例，BECloudTM 通过水厂全流程的智能管控、区域中心的集中监控、移动巡检的智能管理、运维平台的信息化管理，实现以自控系统代替人的工作，曝气、提升、加药等重点工艺智能控制，运营、设备、设施、巡检、维修等流程互联互通，打通"信息孤岛"。全厂移动化、无纸化的办公方式极大地提高了一线工作效率，也实现了总部、大区及水厂的有效协同。该项目最终节省人力 30%，减少综合运营成本 6%。

10.3 工业互联网在产业集群的应用

产业是社会分工和生产力不断发展的产物。产业是社会分工的产物，它随着社会分工的产生而产生，并随着社会分工的发展而发展。

产业集群也称"产业簇群""竞争性集群""波特集群"，是指某一行业内的竞争性企业及与这些企业互动关联的合作企业、专业化供应商、服务供应商、相关产业厂商和相关机构（例如，大学、科研机构、制定标准的机构、产业公会等）聚集在某特定地域的现象。

随着世界贸易和经济一体化的不断发展，全球市场竞争日趋激烈，企业与企业之间的竞争已经发展为供应链与供应链之间的竞争与合作，各大企业纷纷探索尝试在供应链领域与上下游企业展开多种形式的业务协同，建立战略合作关系，发展利益共同体，以期在日益严峻的市场竞争压力下争取生存和盈利的机会。

但是，多数企业还停留在电子商务业务方面，各类客户通过在上游企业（多为钢铁企业）提供的平台上订购期货或者现货，再根据生产需求和生产组织方式进行委外加工等，较以往传统的销售模式而言，供需之间增加了基于互联网的电子商务交易平台，但在产业链协同上，并没有本质的变化，上游企业的生产和下游客户的需求链没有被打通，下游企业为了保证生产，需要贸易单位等提前采购保证库存。总体来看，上下游产业在局部有强化和升级，但是在打通整体产业链方面还存在很大的提升空间。

10.3.1 工业互联网在箱包皮具产业集群的应用

1. 应用场景描述

我国生产了全球近三分之一的箱包,而广州作为我国箱包皮具产业生产与批发销售的重要基地,经过多年发展,已经形成以"花都狮岭"与"广州白云"为代表的箱包皮具产业集群,这些集群具有天然的共享、集中特征,但近些年,随着电商的崛起和消费者个性化需求的变化,箱包皮具作为快时尚消费品,产品迭代速度不断加快,对供应链的响应速度提出了更高要求。

随着销售渠道的变迁和消费者需求的变化,箱包皮具产品的生命周期越来越短,市场测试款开发量大、开发成本高,返单周期要求短但实际供应链的协同效率低造成货期长,传统的供应链协同无法提高反应速度,款多量少加大了经营难度和降低了盈利能力。

箱包皮具从设计到出厂成品是长链条生产过程,可细分为十八大类工作项,成品企业需要将不同的工序(例如开料、油边等)外发给不同的加工配套商,其中的过程依靠跟单员跟踪,管理成本高、时间长,同时品质难以控制。

基于产业集群的集群效应和完备的供应链体系,在"互联网+产业"的思维模式下,通过工业互联网平台 SaaS 层,利用国家标识解析体系的编码规则,对订单、企业、设备、原材料等产业集群全生产要素进行编码标识,通过编码及 ERP、MES,打通各环节信息壁垒,实现"包""料""人"的数字化、网络化、协同化,提高产业集群整体供应链效率,降低成本,提高质量。

2. 应用案例之广州市数字化箱包皮具产业集群建设项目

广州市数字化箱包皮具产业集群建设项目基于广州地区箱包皮具产业的集群效应和完备的供应链体系,由浪潮云湾和盖特软件提供解决方案,在云洲工业互联网平台的基础上,利用云洲链的悬挂式关键数据采集功能,与盖特软件的 ERP、MES、SCM 系统相关联,结合生产设备和物联网技术,对全生产要求进行数据采集和关联。产业集群系统架构如图 10-14 所示。

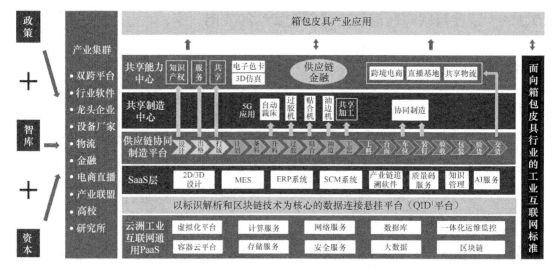

1. QID 指质量码,是国家标识解析体系与区块链、商用密码技术融合的"云码"平台相结合形成的标准化规模应用。

图10-14 产业集群系统架构

云洲链平台的业务架构如图10-15所示。云洲链平台主要进行标识统一注册与解析、悬挂式关键数据采集。通过云洲链平台可迅速实现各生产要素间的数据关联与信息锁定,有利于各系统间的快速数据连接及供应链上下游数据的贯穿。

图10-15 云洲链平台的业务架构

盖特软件的ERP系统利用标识解析,可以实现从接单、纸格报价、主生产计划到物料需求计划,将订单准时有效地转换为可执行的生产计划和备料计划,使企业均衡生产得到有效保证,减少生产过程中物料短缺、生产进度跟不上、开料损耗控制乏力的发生,提高准时交货率,提高产品报价可信度和准确度。

广州市数字化箱包皮具产业集群建设项目标识解析及数据流通如图10-16所示。

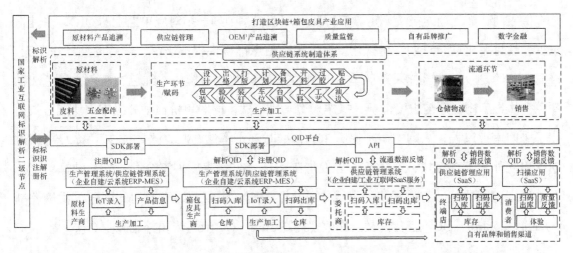

1. OEM：Original Equipment Manufacture，原厂委托制造。

图10-16　广州市数字化箱包皮具产业集群建设项目标识解析及数据流通

① 订单环节。利用云洲链平台进行标识注册，建立标识与订单的联系。

② 物料采购与仓储环节。对原材料携带的标识进行解析并与仓储货架标识进行关联，利用 MES 统一管理仓储原材料信息等。

③ 生产环节。利用 ERP 系统、MES 和 SCM 系统，进行物料查询与设计匹配，将订单标识与原材料标识通过云洲链平台进行数据关联，并按照 MES 进行统一排产和信息数据采集。

④ 出库环节。SCM 系统与云洲链平台信息查询与调用，根据订单信息、生产关键信息、客户信息等，通过信息分析查询的方式进行数据锁定，不同授权的客户可以通过手机或者扫码设备获取不同的信息。

3. 应用效果

（1）广州市盛隆斯纺织皮革有限公司

该公司的档口面料有 200 种左右，每种多达 5～12 个颜色，因为品类太多，货品搬来搬去存放位置不定，导致出货经常出错。在使用系统之后，利用 QID，实现"一物一码、一架一码"，将货品与货架绑定，进出仓管理变得简单、高效，节省工人 2 人、开单人员 2 人、减少材料浪费 150 万元 / 年～ 250 万元 / 年。

（2）广州市永菲尔皮具有限公司

该公司通过订单上的 QID（二维码形式）建立进度跟踪看板，全流程每个岗位人员（含外部供应商、加工商人员)绑定微信,在微信小程序中扫一扫对应单据上的QID,快速报进度,让订单进度全透明、可视化,订单跟踪信息准确性提高10%,跟踪周期缩短2天,准时交货率达98%;通过采购订单QID建立采购进度数据模块,红色、蓝色、黑色3种颜色字体显示物料采购进度情况,操作人员一目了然,同时单价自动分级审核功能有效简化了采购审批过程,采购协同率提高30%,准时到货率达98%,采购成本下降2%;通过QID建立外发管理模块,有效组织外发加工生产,具备生成加工合同、外发结算单、外发进度跟踪等功能,有效解决外发成本结算不清楚、进度跟踪不及时的问题,质量控制(Quality Control,QC)查货人员工作效率提高30%,QC查货人员外勤减少2次/周,QC查货人员减少2人。

(3)广州市凯实皮具有限公司

该公司利用箱包皮具行业工业互联网平台SaaS软件——盖特升产亿生产现场绩效系统,通过扫描订单二维码,实现手机填报生产进度和各工序生产进度情况可视化,通过数据调整工序间制造速度匹配进度、生产节拍,内部生产协同效率提高15%,准时交货率提高2%,日产能提高4%,助推全员精益生产。

10.3.2 工业互联网在钢铁产业集群的应用

1. 应用场景描述

目前,在钢铁企业工业互联网建设方面呈现以下情况。

① 钢铁企业建立了完善的企业内部数据总线,努力打通企业内部"数据孤岛",但与下游客户企业之间的数据传输壁垒仍然存在。

② 信息不对称导致厂内制造与厂外渠道在供应链协同上存在诸多盲区:厂内制造关注未来品种结构、订货稳定性,重心是集批、瓶颈、小炉次需求,催交订单紧急程度和优化排序;厂外渠道关注订单交付时间点的不确定性,紧急催交缺乏保障,技改、年修影响无预判。双方的关注点不同,无论是用户计划变动从渠道加工中心向制造单元传递,还是制造变动从制造单元向渠道传递,均为串行传递方式,沟通协同和风险应对效率低。

③ 订单交付二段式管理,管理系统多,信息落地后未实现全程信息实时共享、可视;订单交付模式单一,全程供应链周期超长,渠道库存超高,市场响应速度及供应链抗风险

能力弱化。

④ 需要迫切建立企业间的数据交换标准与规范，真正实现基于工业互联网的跨业务界面、跨信息系统的基础代码定义及转换的标准化，支撑全程供应链业务流程、管理职责的标准化，以及全程供应链分段目标周期标准化、断点管理标准化，实现集成客户的制造工程。

钢铁企业与下游客户企业供应链协同系统如图10-17所示。

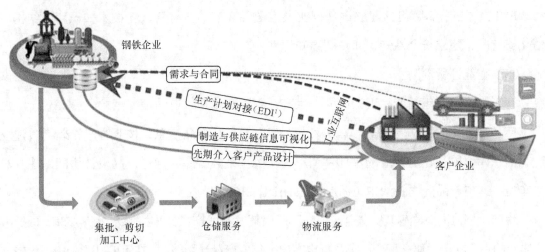

1. EDI：Electronic Data Interchange，电子数据交换。

图10-17　钢铁企业与下游客户企业供应链协同系统

2. 应用案例之集成客户的制造工程实施

（1）钢铁企业与下游汽车整车企业供应链协同

这一商业模式创新的经典案例来自宝钢集团与下游汽车整车企业的全程供应链协同，贯通业务流程及系统流程，其中双方生产计划的自动对接和协同是核心，基于宝钢集团的制造单元内部按周交货、合同全程跟踪管理，以及渠道公司、汽车板销售部服务客户、预测需求、组织订货、断点及库存管理的能力，实现汽车客户需求拉动及全程周期管理，分散业务链的高效集成和快速互动响应，从制造到客户端的全程供应链合同按需交付，全供应链周期压缩与库存降低，全供应链信息实时共享、可视。

（2）EVI[1]

通过开展EVI项目，钢铁企业与下游汽车客户零距离接触，尽早明确客户的个性化消费需求，再根据需求研发，用技术生产个性化的产品，避免产品和市场需求之间可能存在

1　EVI指 Early Vendor Involvement，早期供应商参与。

的脱节，摆脱同质化产品的恶性竞争，将营销真正有效结合到产品研发中，有助于实现上下游企业共赢。

EVI 系统涉及 EVI 基本信息管理、程序启动管理、车身设计管理、模具开发管理、车型投放管理、批量生产阶段管理。系统实现 EVI 信息及时传送，当下游汽车客户相关产品的相关设计、生产计划等信息发生变化时，系统会及时传送到上游企业中。

EVI 技术支持库：包括建立钢铁行业供应链各环节的新材料、新技术知识库，结构轻量化支持库，建立安全性知识库、耐磨知识库。

（3）智能订货预测

智能订货预测包括产品设计协同、生产计划协同和需求自动预测生成。

产品设计协同：跟踪管理汽车及家电大客户的所有产品信息，按照客户管理模式建立产品信息库，以及建立相应的零部件清单模块的基础数据库，通过产品设计协同，建立汽车车型、家电产品的物料清单（Bill of Material，BOM）。

生产计划协同：对汽车及家电客户在不同时期发布的产量计划按版本进行管理。依据客户来年的生产状况，建立每个汽车及家电客户的年度产量计划档案；在月度订货阶段，比较年度计划及最新计划之间的差异，生成钢材的采购规模和采购结构；根据客户月度实际产量制订钢材库存计划；根据客户新产品的量产计划，预计钢材采购的增量，提前做好供货的各项准备。

需求自动预测：对于实施供应商库存管理的钢铁企业，实现对其客户月度用钢需求量的准确预测，以及保证较高的实际订货满足率，是保证客户正常稳定生产的首要条件。为此，需要建立高效可靠的用钢量需求预测模型，并结合客户定期发布的生产计划，得出最终的预测结果，然后根据结果进行企业生产计划的编排和理论订货量的计算。

（4）智能配送

实现钢铁企业交付原卷到加工配送中心，并按照客户的拉动计划自动生成物流配送计划，并可实现各个关键业务节点的全过程监控预警，使物料能够以最合适的时间，最准确的数量交付给客户。

资源管理：物流商资质管理、运输资源管理、仓储资源管理。

车辆调度模型：以月台调度智能排序为目标，针对车辆和仓库量大等影响因素，制定最优装车方案，提高仓库货物配送率，缩短装车时间。

计划与执行：根据客户生产计划安排、在途材料、现场库存等动态信息，计算客户产品使用计划（即要货计划）；根据要货计划，系统智能配卷，并自动生成第二日的发货清单。

（5）预警处置

原料断料预警：实时获取车型所有的库存信息，包括原卷库存和成品库存等，结合车型产量计划，自动计算出断料日期；自动查询其对应的合同进程信息便于进行催货，或推荐出可用于替代的材料信息。

成品断料预警：根据客户的要货计划，结合目前的成品库存量及物流运输时间，自动测算出成品断料的时间，并进行分级预警，对于发生警报的零件会自动安排加工中心的生产计划进行补料，并实时监控工厂生产情况。

（6）EDI

供应链EDI功能模块主要包括采购订单模块、采购合同模块、合同变更模块、合同执行状态模块、发票模块、生产状态模块、出厂状态模块、发运信息模块等多个模块。

（7）移动可视化

面向承运商，采用手机移动终端、手持扫码器等手段，对运输过程进行分阶段、分模块、分角色分析，从事后管理向过程管理转变，进行大数据收集、分析，并对跟踪发现运输过程中质量、安全、系统中存在的问题实时快速地解决，保障运输过程安全稳定运行。

面向物流计划人员，通过移动智能终端的方式向用户提供便捷的物流（产成品）信息获取窗口，使用户能够减少物流信息获取环节，避免信息流转过程中的滞后问题，及时掌握最新物流事件，提升服务战略用户的能力，提高用户满意度。

10.3.3 工业互联网在模具产业集群的应用

1．应用场景描述

高端装备的研发、生产过程非常复杂，产业链条很长。传统的研制模式是由一个超大型企业集团独立负责整个产品的研制，产品的总体研发设计和总装环节在企业集团内部进行，仅部分零部件会涉及外协生产。

未来的高端装备研制模式会越来越开放，研发设计和生产装配环节会和企业外部资源进行高效协同合作。在原来的模式下，只有超大型企业集团才能生产高端装备；而基于工业互联网的社会化大协同，有实力的中型企业也可以高效利用社会资源，研制出高端装备。

社会化协同研制的业务场景主要有两种：一种是跨企业间的协同研发设计，另一种是跨企业间的协同生产。跨企业间的协同设计过程，需要统一的软件系统实现产品研发过程中的BOM管理、图文档管理、流程管理、电子签名、更改管理、打印管理、阶段控制、机电软一体化设计、系统集成和安全保密管理等服务内容。跨企业间的协同生产，需要统一的软件系统支持多工厂协同业务、设备能力接入、资源能力平台发布，并与企业原有MES、ERP系统进行信息集成，进行跨企业间的生产计划管理。

2. 应用案例之模具行业社会化协同研发与生产应用

某模具企业面对全球化终端用户，有大量个性化定制需求，研制生产周期长，生产过程涉及全球化外协、外购供应链，制造工艺流程复杂，质量要求高，交期紧张。

该企业基于航天云网的 INDICS+CMSS[1] 平台，通过模具云、3C 系统（即 CRP[2]、CMES[3]、CPDM[4]）和公司内 MES、ERP 等系统的集成，实现了设计协同、生产协同和供应链协同。

① 模具云+CRP：某模具公司采购人员在模具云发布采购需求信息和外协需求信息，并在线上对接供应商，签订合同。CRP 能从模具云接收订单需求，生成采购订单，支撑开展有限产能的计划排程，整体实现线上线下业务闭环管理，增强生产计划功能，同时打通供应商之间的信息通路，实现信息从客户到企业再到供应商的交互。

② 模具云+ CPDM：某模具公司设计人员在模具云发布设计需求信息，对接设计人员，签订外协合同。CPDM 能从模具云接收设计订单需求和设计订单，导入模具设计模型库，并生成订单管理计划。基于 CPDM，设计人员可与外协设计人员实现图文和设计工艺的共享与沟通，以及跨企业场景下的协同签审业务，以保持产品结构、BOM 结构的一致性，提高企业与客户、企业与供应商沟通协调的准确性和效率。

③ 模具云+ CMES：模具云 + CMES 不仅能实现某模具公司模具加工能力的外协，还能为公司寻找具备不同模具加工能力的外协供应商。首先，某模具公司将设备生产线接入

---

1 INDICS+CMSS 即 Industrial Internet Cloud Space+Cloud Manufacturing Support System，工业互联网云空间 + 云制造支持系统。
2 CRP 指云化企业资源管理。
3 CMES 指云化制造执行过程管理。
4 CPDM 指云化产品数据管理。

INDICS 平台，公司的实时产能信息可分享到模具云系统，在后台不仅可在线展示公司的总体加工制造能力，还能了解公司的剩余加工能力，支持线上资源的智能匹配，为公司寻找加工服务需求。其次，公司外协人员在模具云发布外协加工需求，对接外协供应商，签订合同。CMES 能从模具云接收外协需求和订单信息，生成外协订单管理计划，并共享订单进度和配送物流信息。

3. 应用效果

某模具公司内部 App 与模具云、3C 系统集成，实现了模具设计、生产供应链协同供需信息的及时对接，交易过程各种信息的共享与及时沟通协调，提升了公司的运营能力和效率。经评估测算，该模具公司的产品研发设计周期和工艺设计周期缩短 30%，设备利用率从 40% 提高到 85%，生产计划完成率和准时率提高 35%，资源调配效率提高 50%。

 思考题

1. 归纳描述工业互联网的典型应用模式。
2. 试分析工业互联网如何赋能企业提质、降本、增效。
3. 举例阐述工业互联网在产业集群中的应用成效。

参考文献

[1] 王建伟. 工业赋能：深度剖析工业互联网时代的机遇和挑战（第 2 版）[M]. 北京：人民邮电出版社，2021.

[2] 《工业互联网》编写组. 工业互联网 [M]. 北京：党建读物出版社，2021.

[3] 刘韵洁. 工业互联网导论 [M]. 北京：中国科学技术出版社，2021.

[4] 于蓝帆. 2020 工业大数据企业排行榜 [J]. 互联网周刊，2021(7): 44-45.

[5] 中国电子技术标准研究院. 工业大数据白皮书（2019 版）[Z]. 2019.

[6] 孔宪光. 工业互联网技术与应用 [M]. 武汉：华中科技大学出版社，2022.

[7] 中国工业互联网研究院. 工业互联网创新发展成效报告（2018-2021 年）[Z]. 2021.

[8] 工业和信息化部. 关于发布"5G+ 工业互联网"十个典型应用场景和五个重点行业实践情况的通知 [R]. 2021-05-31.

[9] 工业和信息化部，国家标准化管理委员会. 工业互联网综合标准化体系建设指南（2021 版）[R]. 2021-11-24.

[10] 工业和信息化部. 工业互联网平台评价方法 [R]. 2018.

[11] 李君，邱君降. 工业互联网平台的演进路径、核心能力建设及应用推广 [J]. 科技管理研究，2019, 39(13): 182-186.

[12] 李君，邱君降，窦克勤. 工业互联网平台参考架构、核心功能与应用价值研究 [J]. 制造业自动化，2018, 40(6): 103-106.

[13] 孙小东，王劲松，李强，等. 工业互联网平台的架构设计 [J]. 工业加热，2020, 49(5): 48-50.

[14] 周志勇，任涛林，孙明，等. 工业互联网平台体系架构及应用研究 [J]. 中国仪器仪表，2021(6): 45-50.

[15] 刘棣斐，李南，牛芳，等. 工业互联网平台发展与评价 [J]. 信息通信技术与政策，2018(10): 1-5.

[16] 李燕. 工业互联网平台发展的制约因素与推进策略 [J]. 改革，2019(10): 35-44.

[17] 王昊. 航天云网平台：中国工业互联网先锋 [J]. 中国工业评论，2017(Z1): 80-84.

[18] 柴旭东. 中国企业的工业互联网实践——以航天云网为例 [J]. 中国工业和信息化，2018(7): 48-57.

[19] 吕文晶，陈劲，刘进. 工业互联网的智能制造模式与企业平台建设——基于海尔集团的案例研究 [J]. 中国软科学，2019(7): 1-13.

[20] ISA. Enterprise-Control System Integration, Part 1: Models and Terminology: ANSI/ISA-95.00.01-2000[S]. North Carolina: ISA, 2000.

[21] 马克斯·库恩，谢尔·约翰逊. 应用预测建模 [M]. 林荟, 邱怡轩, 马恩驰, 等译. 北京：机械工业出版社，2016.

[22] 田春华，李闯，刘家扬等. 工业大数据分析实践 [M]. 北京：电子工业出版社，2021.

[23] Charles L. Forgy. Rete: A Fast Algorithm for the Many Pattern/Many Object Pattern Match Problem[J]. Artificial Intelligence, 1982, 19(1): 17-37.

[24] Pete Chapman, Julian Clinton, Randy Kerber, et. al. CRISP-DM 1.0: Step-by-step Data Mining Guide [EB/OL]. 1999.

[25] 西门子工业软件公司，西门子中央研究院. 工业 4.0 实战：装备制造业数字化之道 [M]. 北京：机械工业出版社，2015.

[26] Yan Lu, KC Morris, Simon Frechette. Current Standards Landscape for Smart Manufacturing Systems[R/OL].NISTIR, 2016: 8107(3).

[27] Michael E. Porter，James E. Heppelmann. How Smart, Connected Products Are Transforming Competition[J]. Harvard Business Review, 2014(11).

[28] PwC. 2016 Global Industry 4.0 Survey: Building the Digital Enterprise[R/OL]. 2016.

[29] 中国工业技术软件化产业联盟. 工业互联网 APP 发展白皮书 [Z]. 2018.

[30] 何珺. 工信部发布《工业数据分类分级指南（试行）》[J]. 今日制造与升级，2020(3): 18-19.

[31] Jeffrey Dean and Sanjay Ghemawat. MapReduce: Simplified Data Processing on Large Clusters[C]. Proceedings of OSDI, 2004: 10-22.

[32] 覃雄派，王会举，杜小勇，等.大数据分析——RDBMS 与 MapReduce 的竞争与共生 [J]. 软件学报，2012(23): 32-45.

[33] Matei Zaharia, Mosharaf Chowdhury, Tathagata Das, et al. Resilient Distributed Datasets: A Fault-Tolerant Abstraction for In-Memory Cluster Computing[C]. Proceedings of NSDI, 2012: 2-15.

[34] 陈定方，李文锋. CAD/CAM 的起源与发展 [J]. 机械工人.冷加工，2001(4): 11-12.

[35] 工业互联网产业联盟. 2019 年工业互联网案例汇编——测试床、应用案例等 [Z]. 2020.

[36] 工业互联网产业联盟. 2019 年工业互联网案例汇编——垂直行业应用案例 [Z]. 2020.

[37] 徐毅，孔凡新.三维设计系列讲座（3）计算机辅助工程（CAE）技术及其应用 [J]. 机械制造与自动化，2003(6): 146-150.

[38] 曾声奎，Michael G. Pecht，吴际.故障预测与健康管理（PHM）技术的现状与发展 [J]. 航空学报，2005(5): 626-632.

[39] 何强，李义章.工业 APP：开启数字工业的时代 [M]. 北京：机械工业出版社，2019.

[40] 吕华章，陈丹，范斌，等.边缘计算标准化进展与案例分析 [J]. 计算机研究与发展，2018, 55(3): 487-511.

[41] 王哲，时晓光，罗松，等.工业互联网边缘计算在离散制造业应用展望 [J]. 自动化博览，2019(11): 50-54.

[42] 中国信息通信研究院，工业互联网产业联盟.流程行业边缘计算解决方案白皮书 [Z]. 2022.

[43] 王哲，王峰，胡钟颢，等.边缘计算在流程行业应用展望 [J]. 中国电信业，2022(6): 53-57.

[44] 肖羽，王帅.5G 和 MEC 在工业互联网中的应用探讨 [J]. 邮电设计技术，2020(7): 7-11.

[45] 谢希仁.计算机网络（第 7 版）[M]. 北京：电子工业出版社，2017.

[46] 廖智军，冯冬芹，褚健，等.无线局域网应用于工业控制系统研究 [J]. 仪器仪表

标准化与计量，2002(3).

[47] 工业和信息化部. "5G+工业互联网"典型应用场景和重点行业实践（第二批）[R]. 2021-11-18.

[48] 邬贺铨. 工业互联网的网络技术 [J]. 信息通信技术，2020, 14(3): 4-6.

[49] 夏志杰. 工业互联网的体系框架与关键技术——解读《工业互联网：体系与技术》[J]. 中国机械工程，2018, 29(10): 1248-1259.

[50] 李庆，刘金娣，李栋. 面向边缘计算的工业互联网工厂内网络架构及关键技术 [J]. 电信科学，2019, 35(S2): 160-168.

[51] 郭其一，黄世泽，薛吉，等. 现场总线与工业以太网应用 [M]. 北京：科学出版社，2013.

[52] 夏继强，邢春香，耿春明，等. 工业现场总线技术的新进展 [J]. 北京航空航天大学学报，2004(4): 358-362.

[53] 吴爱国，梁瑾，金文. 工业以太网的发展现状 [J]. 信息与控制，2003(5): 458-461, 466.

[54] 张浩，谭克勤，朱守云. 现场总线与工业以太网络应用技术手册 [M]. 上海科学技术出版社，2004.

[55] 工业互联网产业联盟. 工业互联网垂直行业应用报告（2019版）[R]. 2019.

[56] 蔡岳平，姚宗辰，李天驰. 时间敏感网络标准与研究综述 [J]. 计算机学报，2021, 44(7): 1378-1397.

[57] 王敬超，高先明，黄玉栋，等. 时间敏感网络的控制架构 [J]. 北京邮电大学学报，2021, 44(2): 95-101.

[58] 王峰，于青民，黄颖，段世惠. 工业互联网网络关键技术与发展研究 [J]. 电信科学，2022, 38(7): 106-113.

[59] 余晓晖，张恒升，彭炎，等. 工业互联网网络连接架构和发展趋势 [J]. 中国工程科学，2018, 20(4): 79-84.

[60] 付波. 工业互联网与工厂网络通信技术 [J]. 通讯世界，2018(4): 83-84.

[61] 贾雪琴，黄蓉，李振廷，等. 面向边缘计算的工业园区网络技术研究 [J]. 自动化博览，2022, 39(2): 50-53.

[62] 工业互联网产业联盟，工业互联网标识解析 标识编码规范：AII/012-2021[S]. 2021.

[63] 谢家贵，齐超，朱佳佳. 工业互联网标识解析 体系架构及部署进展 [J]. 信息通信技术与政策，2020(10): 10-17.

[64] 工业互联网产业联盟. 工业互联网标识解析——主动标识载体技术白皮书 [R].2021.

[65] 工业互联网产业联盟,工业互联网标识解析 标识注册管理协议与技术要求：AII/003—2022[S].2022.

[66] 全国物品编码标准化技术委员会. 物联网标识体系 Ecode 解析规范：GB/T 36605—2018[S]. 北京：中国标准出版社，2018:9.

[67] 程薇宸，肖俊芳，赵慧. 浅谈国外应对工业互联网安全风险的主要做法及启示建议 [J]. 保密科学技术，2018(3): 10-12.

[68] 傅扬. 国内外工业互联网安全态势和风险分析 [J]. 信息安全研究，2019, 5(8): 728-733.

[69] 闫寒，李端. 工业互联网安全风险分析及对策研究 [J]. 网络空间安全，2020, 11(2): 81-87.

[70] 李鸿培，李强. 工业互联网的安全研究与实践 [J]. 电信网技术，2016(8): 20-26.

[71] 王明武，王楠. 工业互联网安全风险及关键防范技术研究 [J]. 工业控制计算机，2019, 32(11): 112-114.

[72] 工业和信息化部. 工业互联网创新发展行动计划（2021—2023 年）[R]. 2020.